Nenad Ivanković · Bonn. Die zweite kroatische Front

Nenad Ivanković

Bonn.
Die zweite
kroatische Front

Fachbereich 07 der
Justus-Liebig-Universität Giessen
1996

Texte zum Ost-West-Dialog 11

Herausgegeben
von Rudolf Grulich und
Adolf Hampel

© 1996
Justus-Liebig-Universität Gießen
Fachbereich 07
Karl-Glöckner-Straße 21
D-35394 Gießen
Druck: Funk-Druck, Eichstätt

ISBN 3-923690-29-0

Inhaltsverzeichnis

Vorwort zur deutschen Ausgabe 7
Vorwort des kroatischen Autors 9

Einführung 11

Genscher und Lončar 15
Am Vorabend einer blutigen Zukunft 19
Wir sind das Volk 22
Der kroatische Mann in Bonn 25
Das serbisch-slowenische *Gentleman agreement* 29
Ein »Mandat« für Marković? 33
Der Bundestag hat genug! 38
Der entscheidende Schachzug des kroatischen
Parlamentes 45
Neue Perspektiven, alte Interessen 56
Tudjman bei Kohl 61
Van den Broek ist beleidigt 68
Ein Tag zum Erinnern 73
Šeparović – Warten auf den Westen 77
Rupels »Plan« für Kroatien 86
»So wahr ich Hans-Dietrich heiße!« 93
Die Greuel der Tschetniks und Carrington 100
Mitterand stoppt Kohl 109
Erst den Serben, dann den Kroaten 120
Sozialistischer »Frieden« für Kroatien 128
Die diplomatische Bombe vom Tiber 136
Frankreichs alte Liebschaften 145
Moral und System der Jugo-Diplomatie 153
Tudjman - Kuharić 166
De Cuellar rettet Jugoslawien 173
Genschers Pokerpartie 181
Kroatiens glücklichste Weihnachten 190

Auch er war bei von Weizsäcker —————————199
Fünf Jahre danach —————————————205

Dokumentation über die Anerkennung ————207

  1. B. Lončar: Über die Situation in Jugoslawien auf der KSZE
     in Berlin (19. Juni 1991)   207
  2. Erklärung der KSZE vom 19. Juni 1991 zu Jugoslawien   209
  3. Resolution des Deutschen Bundestages vom 19. Juni 1991
     zur Situation in Jugoslawien   210
  4. Resolution des Deutschen Bundestages vom 18. Juni 1991
     zur Lage in Kosovo   212
  5. Pressemitteilung des Presse- und Informationsamtes der Bundes-
     regierung zu den Gesprächen Kohl-Tudjman vom 18. Juli 1991   214
  6. Information des Pressereferates des Auswärtigen Amtes
     vom 18. Juli 1991   214
  7. Information des Pressereferates des Auswärtigen Amtes
     vom 8. August 1991   215
  8. Information des Pressereferates des Auswärtigen Amtes
     vom 24. August 1991   216
  9. Gemeinsame Erklärung des Präsidenten der Französischen
     Republik, François Mitterand, und des Bundeskanzlers
     der Bundesrepublik Deutschland, Dr. Helmut Kohl,
     zu Jugoslawien   217
10. Positionspapier der SPD-Bundestagsfraktion zur
     Jugoslawienkrise vom 16. Oktober 1991   218
11. Resolution des F.D.P.-Parteitages in Suhl vom 3. November 1991   221
12. Resolution des Deutschen Bundestages vom 14. November 1991   223
13. Mitteilung des Sprechers der Bundesregierung
     vom 5. Dezember 1991   226
14. Pressemitteilung des Auswärtigen Amtes
     vom 17. Dezember 1991   227
15. Mitteilung des Presse- und Informationsamtes der
     Bundesregierung vom 17. Dezember 1991   233
16. Beschluß der deutschen Regierung über die diplomatische
     Anerkennung Kroatiens und Sloweniens
     vom 19. Dezember 1991   234
17. Protokoll über die Aufnahme diplomatischer Beziehungen
     zwischen der Bundesrepublik Deutschland
     und der Republik Kroatien.   236

Karten —————————————————238

Vorwort der deutschen Herausgeber

Der Autor dieses Buches, Nenad Ivanković, wurde am 18. März 1948 in Zagreb geboren. 1973 beendete er das Studium der Philosophie und vergleichenden Literaturwissenschaften an der Universität Zagreb. Sein Doktorexamen legte er an der Fakultät für Politische Wissenschaften in Zagreb ab.

Seit 1976 arbeitete er ohne Unterbrechung als Journalist für das Zeitungshaus »Vjesnik« in Zagreb, wo er zu Beginn als Mitarbeiter, später als Kommentator und Redakteur (der Wochenblätter »VUS« und »Danas« sowie der Tageszeitung »Vjesnik«) tätig war. Im Herbst 1988 kam er als ständiger Korrespondent des »Vjesnik« und »Vječernji list« nach Bonn, wo er bis zum März 1996 in dieser Funktion tätig war, ehe er als Chefredakteur des »Vjesnik« in die kroatische Hauptstadt berufen wurde.

Zur Zeit der ostdeutschen »sanften Revolution« berichtete er aus der ehemaligen DDR. Er befand sich in Berlin, als am 9. November 1989 die Berliner Mauer fiel, er war in Leipzig Zeuge der dortigen berühmten Montagsdemonstrationen, ebenso in Dresden und schließlich am 3. Oktober 1990 in Berlin, als sich Deutschland auch formaljuristisch in einem Staat vereinigte.

Im Jahr des Krieges in Kroatien und dem Jahr der internationalen Anerkennung der kroatischen staatlichen Unabhängigkeit 1991 berichtete er aus Bonn, aber auch aus anderen deutschen Städten wie Hamburg, Köln, Frankfurt, Stuttgart und München. Aus diesen Erfahrungen heraus entstand dieses Buch als der Versuch, die diplomatische Anerkennung Kroatiens schriftlich nachzuvollziehen und gleichzeitig alle wichtigen Personen und Gruppen, die in diesen äußerst dramatischen Augenblicken viel für Kroatien getan haben, vor der Vergessenheit zu bewahren, wobei über viele von ihnen wenig oder gar nichts bekannt ist.

Dieses Buch soll aber auch an diejenigen erinnern, die sich diesen Entwicklungen widersetzt haben und versucht haben, sie zu verhindern. Beim Abschied von Ivanković aus Bonn bedauerte Johann Georg Reißmüller in der Frankfurter Allgemeinen Zeitung, daß dieses Buch nicht deutsch erschienen sei. Nun liegt es in der Reihe »Texte zum Ost-West-Dialog« vor, deren Herausgeber Rudolf Grulich und Adolf Hampel zu denen gehören, die wie Reißmüller von Anfang an für die gerechte Sache Kroatiens eingetreten sind. Das zeigen weitere Titel dieser Reihe wie »Maastricht starb in Sarajevo« oder »Advocata Croatiae«. Professor Grulich hat darüber hinaus mit der deutschen Ausgabe des Buches von Dominik Mandić »Kroaten und Serben. Zwei alte verschiedene Völker« und der Neuauflage von Ivo Pilars Buch über die südslawische Frage viel dazu beigetragen, die historischen Hintergründe des heutigen Geschehens dem deutschsprachigen Leser deutlich zu machen. Das hat auch Kardinal Kuharić im Vorwort zu »Advocata Croatiae« gewürdigt. Die Neuausgabe der Stepinac-Biographie von Ernest Bauer gehört ebenso zu diesem Engagement Grulichs.

Heute taucht oft die Behauptung auf, Deutschland habe Kroatien zu früh anerkannt und damit den Krieg erst heraufbeschworen. Dies entspricht schlichtweg nicht den Tatsachen, denn zum Zeitpunkt der diplomatischen Anerkennung war Vukovar bereits vernichtet, gab es Massengräber, Tausende von Toten und die Beschießung von Dubrovnik. Eher muß festgestellt werden, daß leider die Anerkennung einige Monate zu spät kam.

Dr. Stanislav Janović
Vorsitzender des Kroatischen Weltkongresses
in Deutschland

Idstein, 30. Mai 1996,
am Tag der kroatischen Staatlichkeit

Vorwort des Autors
zur kroatischen Ausgabe

In den Augenblicken, als ich mit Zittern die Berichterstattung aus den kroatischen Kampfgebieten verfolgte, als der Kroatische Rundfunk den Fall von Kostajnica, die Angriffe auf Dubrovnik, die Tragödie von Vukovar meldete, als das Deutsche Fernsehen sozusagen von Stunde zu Stunde, von Tag zu Tag die erschreckenden Fakten dieses schmutzigen und aufgezwungenen Krieges zeigte, als es mir schien, daß ich ein Deserteur sei und daß meine Freunde und meine Geburtsstadt Zagreb noch einsamer seien, also in solchen Augenblicken, wie sie nur die Fremde kennt, sagte ich mir immer wieder, daß wir noch unglücklicher und einsamer wären, gäbe es nicht Deutschland und die Deutschen.

Jetzt, da aller Wahrscheinlichkeit nach das Schlimmste vorbei ist, da wir mit Hilfe Bonns »über den Berg sind« und da niemand mehr Kroatien die Staatlichkeit und Unabhängigkeit nehmen kann, sollte nicht vergessen werden, was Kanzler Kohl, sein Minister Genscher, Dutzende anderer Politiker und nicht zuletzt das gesamte deutsche Volk für uns getan haben. Es sollte nicht vergessen werden, welche Rolle in diesem geschichtlichen Ringen die Kroaten in Deutschland, aber auch die anderen gespielt haben, die gegen die kroatische Freiheit gekämpft haben.

Der Autor

Einführung

Als ich im Herbst 1988 als Korrespondent des »Vjesnik« nach Bonn kam, befand sich die Bundesrepublik Deutschland in ihrem sechsten biblischen fetten Jahr. Der Wirtschaft ging es glänzend, das Bruttosozialprodukt verzeichnete phantastische Wachstumsraten, die Deutschen schlugen Rekorde in Tourismus und Export.

Berlin war durch die Mauer geteilt, und noch immer saßen die Kommandanten der Siegermächte aus dem Zweiten Weltkrieg dort und erinnerten die Deutschen auf der einen wie an der anderen Seite der Spree daran, daß Unabhängigkeit und Souveränität eine Sache der Relativität sind.

Den Zustand der deutschen Teilung kompensierte man im Westen mit Wohlstand und Gewöhnung an das »Provisorium«, im Osten dagegen mit Diktatur und Angst, die nur für die allergewöhnlichsten Alltagssorgen Platz ließen.

So war es etwa bis zum Sommer 1989, als die ersten Flüchtlinge aus der DDR begannen, die bundesdeutschen Botschaften zu besetzen. Zuerst in Budapest, dann auch in Prag und Warschau. So kam es zu einer nicht gekannten Fluchtbewegung aus dem Honeckerstaat, die innerhalb einiger weniger Monate die Geschichte auf den Kopf stellte. Die DDR brach zusammen, die Mauer fiel, und Deutschland vereinigte sich. Dann folgten die sanften und härteren Revolutionen auch in den anderen osteuropäischen Ländern, was dann insgesamt im Zerfall des Warschauer Paktes und später auch der Sowjetunion selbst kulminierte.

Diese Ereignisse waren in zweierlei Hinsicht schicksalhaft für Kroatien. Ohne diesen neuen außenpolitischen Zusammenhang, den Zerfall des sozialistischen Lagers und das Ende des Kalten Krieges, hätte sich Kroatien sicherlich nicht die Chance geboten, den Schritt in die Freiheit und Unabhängigkeit zu wagen. Der Zerfall Jugoslawiens wäre in der nach den Gesichtspunkten des Kalten Krieges geteilten Welt, gleich was sich auch in ihr ereignet hätte, absolut unmöglich gewesen.

Aber von gleicher Wichtigkeit war für Kroatien auch die Vereinigung Deutschlands. Wäre es dazu nicht gekommen, hätte Deutschland bei weitem nicht über den nötigen politischen Einfluß und das politische Gewicht verfügt, wie sie die Vereinigung mit sich brachte. Seine Reichweite wäre in dieser Hinsicht auf die Stabilität seiner Währung reduziert worden, es wäre ein Wirtschaftsriese, aber ein politischer Zwerg geblieben, wie in der Zeit der Teilung oft zu hören war. Und ein solches Deutschland wäre sicher nicht in der Lage gewesen, sich auf solch ein schweres und dramatisches Ringen um die Anerkennung Kroatiens einzulassen, dessen Zeugen wir im Herbst 1991 geworden sind.

Wenn wir all das als selbstverständliche Voraussetzung für die Anerkennung ansehen, dann war der Leiter des Kommissariats der deutschen Bischöfe, des Katholischen Büros in Bonn, Prälat Paul Bocklet, völlig im Recht, als er dem ersten kroatischen Botschafter am Rhein, Ivan Ilić, im Sommer 1992 sagte, welch ein Glück die Kroaten gehabt hätten, weil sowohl der Papst als auch die deutsche Regierung und der liebe Gott auf ihrer Seite waren. Insbesondere, wenn man zu Gottes Hilfe auch die politische Kurzsichtigkeit und die militärische Unfähigkeit des Belgrader Regimes sowie die nicht alltägliche Entschiedenheit und den Mut der kroatischen Menschen bei der Verteidigung ihrer Heimat zählt.

12

Deutschland hat bei dieser »kroatischen Dreieinigkeit« in jedem Fall die Schlüsselrolle gespielt. Deutschland war der politische Motor der Anerkennung, und es war der erste große und bedeutende Staat Europas bzw. der Welt, der Zagreb anerkannt, andere mit sich gezogen und so den kroatischen Traum der Unabhängigkeit zu einer außenpolitischen Realität gemacht hat.

Die Verdienste Kanzler Kohls und seines Ministers Genscher auf dem Weg dorthin sind in der Tat nicht meßbar. Doch gleichzeitig muß gesagt werden, daß sie allein diese Last nicht hätten tragen können, wären ihnen in Gestalt vieler Bonner Politiker nicht Mitkämpfer zur Seite gestanden, wäre in dieser Frage nicht ein Konsens aller deutschen politischen Parteien hergestellt worden und hätte - mit einem Wort - nicht ganz Deutschland in all seinen gesellschaftlichen, politischen, kulturellen Bereichen, Kirchen und Medien hinter dieser Politik gestanden. Manchmal gingen sogar diese anderen als Pioniere voran, übten Druck auf Kohl und Genscher aus, wie beispielsweise in den Tagen, als Bonn noch gänzlich an die unproduktive Politik der Europäischen Gemeinschaft gebunden war.

Dieses Buch ist daher nicht nur ein Versuch, den Prozeß der diplomatischen Anerkennung Kroatiens zu beschreiben, sondern auch eine Bemühung, all die bedeutenderen Persönlichkeiten und Gruppen, die in diesen äußerst dramatischen Augenblicken viel für Kroatien getan haben und über die zu wenig oder gar nichts bekannt ist, nicht der Vergessenheit anheim fallen zu lassen. Dieses Buch soll aber auch an diejenigen Menschen und Mächte erinnern, die sich diesem Weg widersetzt und quergestellt haben. Natürlich wird hier kein Anspruch auf Ganzheitlichkeit und Vollständigkeit erhoben, denn hier ist die Rede vom Blick aus Bonner Sicht, von Ereignissen, die sich zum größten Teil auf dem hiesigen politischen Parkett abgespielt haben oder zu ihm in Verbindung stehen. Man könnte sagen, daß hier dem Leser eine Art »Bonner Fragment« in Form einer dokumentierten Chronologie vorliegt. So beginnt jedes Kapitel mit einem in Journalistenmanier geschriebenen Bericht über ein Schlüsselereignis, einen zentralen Handlungsschritt oder wichtiges Vorkommnis, gesäumt von Datum und Ort. Dann folgt die »Geschichte«, einmal als Hintergrundinformation zu dem Ereignis, ein andermal zu einer Persönlichkeit, ein weiteres Mal als »Bemerkung«

Am Ende des Buches wird eine Auswahl der wichtigsten Dokumente gegeben, die dem Leser einen Blick in die Quellen bieten.

Genscher und Lončar

Der deutsche Außenminister Hans-Dietrich Genscher empfing heute in Bonn seinen Belgrader Kollegen Budimir Lončar. Wie in der offiziellen Verlautbarung des deutschen Außenministeriums zu lesen ist, informierte Lončar Genscher über die Entwicklung der Ereignisse in Jugoslawien, während Genscher die Unterstützung der deutschen Bundesregierung für eine demokratische Entwicklung Jugoslawiens ankündigte. Die deutsche Regierung ist bereit, sich für den Wunsch Jugoslawiens nach einer Assoziierung an die Europäische Gemeinschaft einzusetzen, sobald auf jugoslawischer Seite die Bedingungen dafür erfüllt seien, hob der Chef der Bonner Diplomatie hervor, »wobei er das große Interesse der deutschen Regierung an der Integrität Jugoslawiens betonte«. Aus der Delegation Lončars wurde bekannt, daß Genscher genau genommen festgestellt hatte: »Wir sind in elementarer Weise an der Integrität Jugoslawiens interessiert«, denn die Stabilität Europas gründe sich auf der Stabilität der bestehenden Staaten. Er fügte noch hinzu, daß sich Deutschland bemühen werde, dazu beizutragen, daß man »in den jugoslawischen Republiken zu der Einsicht gelangt, daß separatistische Tendenzen schädlich für die Gesamtheit und außerdem sehr teuer sind«.

Donnerstag, den 6. Dezember 1990

Bonn war für Lončar in diesen Tagen besonders wichtig. Marković glaubte, mit einem Kredit von einigen Milliarden D-Mark die Risse in den Mauern des erschütterten Staates kitten zu können. Außerdem hegte er die Hoffnung, Jugoslawien erfolgreich in Europa »integrieren« zu können und damit das Schicksal des »separatistischen« Slowenien und Kroatien zu besiegeln. Deshalb suchte Lončar bei Genscher auch um Unterstützung für seine Bemühungen nach, Jugoslawien den Status eines »assoziierten Mitglieds« Europas zu verleihen.

Bonn war für Belgrad nicht nur der wichtigste Handelspartner im Westen, sondern auch eine Art Anwalt Jugoslawiens in der Europäischen Gemeinschaft. Daher lautete die Kalkulation: Deutschland ist der kürzeste Weg zu Geld und politischer Unterstützung. Dies galt insbesondere für Lončar, der sich hier wie zu Hause fühlte, war er doch zu seiner Zeit am Rhein jugoslawischer Botschafter gewesen. Außerdem lebte er in dem Glauben, daß er und Genscher Freunde seien.

Der weise Chef der Bonner Diplomatie ließ sich allerdings, obwohl er gänzlich die Linie vertrat, a priori die »Einheit Jugoslawiens« zu erhalten, dennoch nicht bis ins letzte auf eine solche Politik festnageln. Er hielt sich auch die Spur einer Rückzugsmöglichkeit offen. Lončar sagte er, was dem Belgrader Diplomaten genehm war: daß Deutschland in elementarer Weise an der Erhaltung Jugoslawiens interessiert sei. Gleichzeitig würde er auch gerne den Wunsch Jugoslawiens nach einer assoziierten EG-Mitgliedschaft unterstützen, sobald die dafür nötigen Vorbedingungen erfüllt seien.

Hinter dem letzteren steckte in Wahrheit die Forderung nach Ermöglichung des Unmöglichen, obgleich allem Anschein nach dies wohl nicht nur Genscher selbst so erschien - die Forderung nämlich, daß sich der Balkanstaat in eine demokratische Gemeinschaft von Völkern verwandeln sollte, in der sowohl die Menschenrechte als auch die Rechte nationaler Minderheiten garantiert wären. Heute würde man sagen, die Rechte der Nicht-Serben.

Lončar war zufrieden. Man hätte ihn nur am selben Abend in der Konrad-Adenauer-Stiftung sehen sollen, wo er einen Vortrag hielt. Er war sicher, daß Jugoslawien gerettet war, denn in der gemeinsamen Politik Washingtons mit Moskau, Paris, London, Brüssel und nun auch

Bonn waren keine sichtbaren Risse zu erkennen. Und wie sich bald herausstellte, war auch Geld dafür vorhanden: ein europäischer Kredit in Höhe von 1,7 Milliarden Deutsche Mark, die Belgrad nur deshalb nicht kassierte, weil sich Marković mit dem Einsatz der Armee in Slowenien verrechnete. Aber darüber später.

An diesem Dezemberabend retuschierte Lončar, wie es ansonsten typisch für die jugoslawische Diplomatie war, völlig die jugoslawische Wirklichkeit, indem er das gesamte Problem auf die untereinander zerstrittenen Führungen der einzelnen Republiken reduzierte, die sich den »Luxus reiner Politik« erlaubten, während »sie uns die schweren wirtschaftlichen Probleme des Landes überlassen«. Aber auch diese würden gelöst werden, sobald Marković' Reform greife. Natürlich mit Hilfe aus dem Westen.

Sowohl sein Vortrag als auch die freie Interpretation der Fakten befanden sich auf der selben analytischen Ebene. So hatte Lončar gesagt, daß die Serben in Kroatien 20% der Bevölkerung stellten und daß sie in Bosnien-Herzegowina sogar das zahlenmäßig größte Volk seien. So antwortete er auch auf Fragen. Nicht um zu sagen, was er dachte, oder um Tatsachen auf den Tisch zu legen, sondern so, wie es für anderer Ohren am gefälligsten klang. So bemerkte der alte Bolschewik auch beispielsweise unter anderem: »Wenn Sie mich nach der katholischen Kirche in Jugoslawien fragen, muß ich sagen, daß ich ebenso katholisch bin wie Herr Walters, der hier sitzt (als damaliger amerikanischer Botschafter in Bonn). Zwar gehe ich vielleicht nicht so häufig in die Kirche wie er, aber ich bin ebenso in Verbindung mit Gott wie der Herr Botschafter.«

Zwei Jahre zuvor, als er ebenfalls in Bonn weilte, zeigte sich Lončar weit weniger geistreich. Damals gab Genscher zu seinen Ehren in Bad Godesberg ein Abendessen, bei dem unter anderem auch Johann Georg Reißmüller, Redakteur und Mitherausgeber der »Frankfurter Allgemeinen Zeitung«, anwesend war. Ein Mann, der seit Jahren Verständnis für die kroatischen Freiheitsbestrebun-

gen und die Katholische Kirche in Kroatien zeigte.
Lončar verabreichte ihm in seiner Grußrede eine symbolische Ohrfeige, indem er voller Stolz zu erkennen gab, welche Welten und Götter diese beiden Männer trennten.
Doch damals befand sich der Kommunismus in Jugoslawien noch fest mit beiden Beinen auf der Erde.

Und am Ende seiner Karriere erklärte Lončar (am 27. November 1991) in der »Welt«: »Von der Nationalität her bin ich Kroate, meiner Überzeugung nach Demokrat und Jugoslawe, wie auch ein Bürger Belgrads, wenn nach meinem Wohnort gefragt wird.« Mit einem Wort, Lončar war ein perfekter jugoslawischer Diplomat. Was für das Land, in dem er geboren war, natürlich nicht ohne Folgen blieb.

Am Vorabend einer blutigen Zukunft

Heute waren die Kroaten in ganz Deutschland auf den Beinen. Zehntausende protestierten in vielen deutschen Städten gegen die Absicht der Belgrader Bolschewiken, mit militärischer Gewalt die kroatische Demokratie und ihre demokratisch gewählte Regierung zu stürzen. Von Hamburg und Berlin über Köln und Frankfurt bis nach Stuttgart und München rief das ausgewanderte Kroatien zu einer friedlichen Lösung der jugoslawischen Krise auf, in den Händen brennende Kerzen haltend, die die Deutschen an jene Tage erinnerten, als in Ostdeutschland das kommunistische System Honeckers zusammenbrach.

Die Kroaten trugen überall Transparente mit der Aufschrift »Kroatien ist nicht Litauen«. Überall brachten sie ihre Unterstützung für die kroatische Regierung zum Ausdruck und richteten Briefe und Petitionen an Bundeskanzler Kohl mit der Bitte, der Demokratie im Kampf gegen den aggressiven serbisch-militärischen Bolschewismus Unterstützung zu leisten, der im Windschatten des Golfkrieges und der tragischen Ereignisse im Baltikum versucht, die kroatische Freiheit niederzuwalzen und den Kommunismus erneut zu beleben.

Samstag, den 26. Januar 1991

Das war der Anfang. Kroatien befand sich praktisch dieses gesamte Jahr über auf den Beinen. Und das nicht nur in den deutschen Städten, sondern auch in Brüssel, Maastricht und überall, wo es um die Heimat ging. Diese Demonstrationen haben auf dem Weg zur diplomatischen Anerkennung eine unschätzbare Rolle gespielt. Viel später, als Kroatien längst UN-Mitglied war, wurde Bonn noch von Paris und London vorgeworfen, daß es dem Druck der Kroaten in Deutschland nachgegeben habe. Eine Tatsache, die man nicht vergessen sollte.

Natürlich machten auch diese Straßenproteste ihre Entwicklung durch: von der Forderung, daß die Krise in Jugoslawien auf friedliche Weise zu lösen sei, bis zu dramatischen Hilfeschreien, den Krieg in Kroatien zu beenden und die kroatische staatliche Unabhängigkeit diplomatisch anzuerkennen.

Kanzler Kohl wurde in dieser Zeit sozusagen tagtäglich mit Bergen von Briefen überhäuft, und das nicht nur von Kroaten. Die Leute schrieben auch an Genscher, kritisierten ihn aber gleichfalls öffentlich, weil sie nicht verstehen konnten, daß Bonn in diesen dramatischen Tagen des Winters und Frühjahrs schwieg. Gerade Bonn, das doch ansonsten so empfindlich auf die Verletzung von Menschenrechten reagierte und stets den Frieden in Europa beschwor. Um so mehr, als die deutsche Presse sich schon monatelang mit der Einschätzung wiederholte, in Jugoslawien handele es sich in Wirklichkeit um den Konflikt zwischen Bolschewismus und Demokratie. Zwischen dem »serbischen bolschewistisch-militärischen Komplex«, dessen Ziel die Restauration des Kommunismus im gesamten Land, die Tyrannisierung und Unterdrückung ganzer Völker ist, und Kroatien und Slowenien, die ihr Recht auf ein Leben in demokratischer Freiheit betonen.

Zu dieser Zeit wird in den Medien immer offener und häufiger die aktuelle Bonner Politik gegenüber Belgrad kritisiert. Die angesehensten Blätter riefen Genscher dazu auf, nach Belgrad zu fliegen und dort klarzumachen, daß Deutschland die Androhung von Gewalt verurteile. Er solle alles tun, um die Demokratie in den nördlichen Republiken Slowenien und Kroatien zu retten.

Aber es hoben auch ganz gewöhnliche Leute ihre Stimme. Die »Frankfurter Allgemeine Zeitung« veröffentlichte am 30. Januar einen Leserbrief von Michael B. Ogrinz, in dem dieser die »serbo-kommunistische Clique und ihre Armee«, aber auch die Politik des vereinten

Deutschlands verurteilt. Er schrieb weiter, daß sowohl Slowenen als auch Kroaten in Beziehung auf Deutschland ohne Vorurteile seien, daß sie im Unterschied zu einigen seiner westlichen Bündnispartner die Vereinigung ausdrücklich begrüßten und große Hoffnungen auf das vereinte Deutschland setzten. »Doch dies alles scheint umsonst.« Natürlich erwarte man keine Hilfsaktionen in der Art wie für die Sowjetunion. Man erwarte kein Almosen, sondern nur die offizielle Anerkennung des Rechts auf Selbstbestimmung, schrieb dieser Herr Ogrinz.

Damals schien wirklich alles umsonst. Bei vielen Kroaten machte sich die Überzeugung breit, daß es zu einer Veränderung der Politik in Bonn nicht kommen werde, solange sich Genscher an der Spitze der Diplomatie befände. Und aus der Heimat kamen ohne Unterlaß bedrohliche Nachrichten. Nach dem Kompromiß in Belgrad vom 24. Januar folgte die Affäre um den kroatischen Verteidigungsminister Špegelj, dann die Ereignisse in Pakrac. Sloweniens Staatspräsident Milan Kučan gestand im Januar dem serbischen Staatspräsidenten Milošević in Belgrad das langersehnte Recht zu, daß alle Serben in einem Staat vereint zu leben hätten. Der bosnische Staatspräsident Alija Izetbegović sprach seinerseits davon, daß »alle Slowenen« Jugoslawien »verlassen könnten« und daß das auf die Lage Bosnien-Herzegowinas keinen Einfluß haben werde.

All das waren Anzeichen dafür, daß Kroatien einsamer war, als es das glauben und zugeben wollte, daß ihm eine blutige Zukunft bevorstand. Und die Menschen spürten das, ganz tief unter der Haut.

Wir sind das Volk

Der deutsche Bundeskanzler Kohl hat einen Brief an den Präsidenten der Sozialistischen Föderativen Republik Jugoslawien, Ante Marković, gerichtet. In diesem Brief drückt Kohl seine »tiefe Besorgnis« bezüglich der neuerlichen Verschärfung der Lage in Jugoslawien aus und betont, daß diese nicht nur eine Bedrohung des inneren Friedens, sondern auch der Stabilität einer für Gesamteuropa wichtigen Region darstellt.

»Dabei ist für mich selbstverständlich, daß die Einheit Jugoslawiens und die Entwicklung neuer Formen des Zusammenlebens seiner Völker nur als Resultat eines friedensschaffenden politischen Dialogs auf der Grundlage der Demokratie, eines Rechtsstaates und der Achtung der Menschenrechte sowie der Rechte nationaler Minderheiten aller Teilstaaten gewährt werden kann. Die Androhung oder sogar die Anwendung von Gewalt würden diesbezüglich in eine Sackgasse führen.«

Ausdrücklich an alle Seiten appellierend, ein Höchstmaß an Bemühungen zur Erzielung einer friedlichen Lösung einzusetzen, betonte Kohl, daß sich die deutsche Regierung in ihrer Haltung gänzlich auf der Linie der Europäischen Gemeinschaft befände, was auch durch die Sitzung des Ministerrats vom 4. Februar bestätigt worden sei.

Mittwoch, den 13. Februar 1991

Dieser Brief Kohls ist allem Anschein nach auch das erste, konkrete Resultat der Januardemonstrationen. Der deutsche Kanzler hatte zwar in dem Brief an Marković mit keinem Wort das Recht der jugoslawischen Völker auf Selbstbestimmung erwähnt, dafür hatte die deutsche Regierung aber endlich ihrem - für die Kroaten - so unverständlichen und quälenden Schweigen ein Ende bereitet. In der Zwischenzeit gingen die kroatischen Demonstrationen weiter und wurden immer zahlreicher. Nur drei Tage nach dem Kohl-Brief erhoben auf dem Frankfurter Römer nochmals 20.000 Menschen ihre Stimme für Kroatien. Und das, obwohl die Nacht vor der Demonstration ein unvorstellbarer Schneefall diesen Teil Deutschlands in ein weißes Chaos verwandelt hatte und Frankfurt fast im Schneematsch erstickte.

Aber all das störte nicht. Aus dem Mikrofon, das aus der unübersehbaren Menschenmenge schallte, die sich langsam von der Alten Oper zum berühmtesten Frankfurter Platz hin bewegte, tönte es »Wir sind das Volk«. Ein Aufschrei, mit dem vor einem Jahr die Deutschen im Osten die Honnecker-Diktatur gestürzt hatten.

Diese Demonstrationen wurden von dortigen Politikern begrüßt und unterstützt: dem Hessischen Ministerpräsidenten Hans Eichel (SPD), Heidemarie Wieczorek-Zeul (SPD), Joschka Fischer (Grüne), Friedrich Vogel (CDU), Joachim Ziegenrücker, dem Direktor der Evangelischen Akademie Arnoldshain.

Tilman Zülch, der Vorsitzende der Deutschen Gesellschaft für bedrohte Völker, der im Laufe dieses Jahres viel für Kroatien getan hat, übernahm nicht nur die Schirmherrschaft für die Demonstrationen auf dem Römer, sondern kritisierte auch scharf die deutsche Regierung, ohne ein Blatt vor den Mund zu nehmen: »So ist auch die deutsche Regierung schon vierzig Jahre lang in ihrer Jugoslawienpolitik auf die kommunistische Zentralregierung ausgerichtet, ohne die Interessen derjenigen Völker in Betracht zu ziehen, die wie die Slowenen, Kroaten und Albaner seit jeher Opfer der zentralistischen Diktatur Belgrads waren.«

Danach gab es immer weitere Demonstrationen. Wie die auf dem Münsterplatz in Bonn, dann wieder in Bonn und in ganz Deutschland.

In der Zwischenzeit setzte die Presse ihren Druck auf die deutsche Regierung fort. Aus Anlaß eines Beschlusses des slowenischen Parlaments, Kurs auf die Selbständigkeit zu nehmen, schrieb der »Münchener Merkur«, daß die Loslösung Sloweniens von Jugoslawien auch das Ende Jugoslawiens bedeute, und bewertete es als nicht verwunderlich, daß Slowenien aus dem multinationalen Balkanstaat ausscheide, sondern als erstaunlich, daß es »traditionell einander feindlich gesinnte Völker« verschiedener Kulturen und Religionen so lange in einem solchen Staatsgebilde ausgehalten hätten.

Man kritisierte den Westen, weil er nicht klar zu erkennen gab, wie er auf einen Bürgerkrieg zu reagieren gedachte, der sich als Folge des Zusammenbruchs künstlicher Staaten wie Jugoslawien und der Sowjetunion ergeben könnte. Stattdessen, so schrieb die »Braunschweiger Zeitung«, steckten die Politiker den Kopf in den Sand und hofften, daß das Allerschlimmste in letzter Minute vermieden werden könne.

Allgemein waren bis zum April 1991 fast die gesamte Berichterstattung und die Kommentare gekennzeichnet von dem Grundgedanken, daß es sich in Jugoslawien um einen Konflikt zwischen Bolschewismus (der jugoslawische Süden mit Serbien an der Spitze) und Demokratie (Kroatien und Slowenien) handele. Hinzu kam die Feststellung, daß sich Jugoslawien aufgrund der Unnachgiebigkeit Serbiens nicht in einen demokratischen Staat formen ließe und daß daher sein Zerfall »gleichermaßen unabwendbar wie legitim« sei. In diesem Zusammenhang fragte sich die »Frankfurter Allgemeine« ein wenig naiv: welche Motive wohl die freie Welt haben könne, »die erschütterten Mauern eines serbisch-kommunistischen Völkergefängnisses zu stützen«?

Der kroatische Mann in Bonn

Auf die Anfrage von Genschers Liberalen hin wurde heute im Bundestag eine einstündige Debatte zur Situation in Jugoslawien und der diesbezüglichen Haltung der deutschen Bundesregierung abgehalten. An der Debatte nahmen vierzehn Redner aus allen Parlamentsfraktionen teil. Den Standpunkt der Bundesregierung erläuterte der Staatsminister im Auswärtigen Amt Helmut Schäfer. Der bisherige Kurs der Bundesregierung wurde in seinen Grundzügen bestätigt. Die Mehrheit der Redner kritisierte die Politik von Milošević im Kosovo. Peter Glotz (SPD) sprach von ihr als von einem »nationalistischen Verbrechen, das die Verurteilung verdient«.

Die Debatte hat gezeigt, daß der Bundestag mit der Ansicht der Bundesregierung übereinstimmt, daß die territoriale Integrität Jugoslawiens unbedingt erhalten werden muß. Diese Forderung wurde jedoch nicht ohne Bedingungen gestellt, zumindest nicht in allen Diskussionsbeiträgen. Friedrich Vogel (CDU) stellte fest: »Eine Einheit Jugoslawiens, die auf einer Erfüllung der serbischen Hegemonieforderungen, nach Möglichkeit mit der Unterstützung der Jugoslawischen Volksarmee, beruhen würde, kann weder im Interesse eines friedlichen Zusammenlebens der Völker Jugoslawiens noch im Interesse der Stabilität auf dem Balkan und in Europa sein.«

Donnerstag, den 21. Februar 1991

Vogel hatte gemeinsam mit Heinrich Lummer, dem langjährigen Berliner Senator und CDU-Abgeordneten des Bundestages, am 31. Oktober letzten Jahres Zagreb besucht. Zu dieser Zeit bedeutete das eine kleine Sensation, denn sie waren die ersten deutschen Parlamentarier, die dem demokratischen Kroatien einen Besuch abstatteten. Die beiden trafen sich mit dem kroatischen Staatspräsidenten Tudjman. Vogel kam noch einmal nach Zagreb, und im Juli 1991 traf er sich mit Tudjman in Bonn, als dieser sich dort zu einem Arbeitsbesuch aufhielt.

In der Zwischenzeit hatte sich Vogel als guter Kenner der Situation auf dem Balkan profiliert, von dem viele Initiativen ausgingen, die zum politischen Umschwung in Bonn beitrugen, wonach der Weg für die diplomatische Anerkennung Kroatiens frei wurde.

In Bonn war man jedoch zu dieser Zeit viel mehr mit den Ereignissen im Kosovo beschäftigt. Von dort kamen beunruhigende Nachrichten über die serbische Gewaltanwendung gegenüber den Albanern und die endgültige Aufoktroierung der Apartheid.

Die Albaner demonstrierten das ganze Jahr über in ganz Deutschland, mehrmals in Bonn und vor der jugoslawischen Botschaft (in Mehlem). Der Botschafter Boris Frlec betrat, obwohl er Slowene war, an diesen Tagen die Botschaft durch einen Nebeneingang, um jeglichen Kontakt mit den Protestierenden auszuschließen. Obgleich sich diese friedlich und diszipliniert verhielten.

Die diplomatische Maschinerie Lončars bemühte sich jedoch mit allen Kräften, die Albaner als potentielle und faktisch gewalttätige Zerstörer hinzustellen. Frlec »informierte« darüber regelmäßig Hans Stercken, den einflußreichen CDU-Politiker und Vorsitzenden des außenpolitischen Ausschusses des Bundestages. Diese Strategie funktionierte klarerweise recht gut.

Mit der wachsenden Brutalität des serbischen Regimes kam die Wahrheit jedoch immer mehr ans Licht, und daher initiierte Vogel im Ausschuß eine Debatte über den Kosovo. Vogel war dort Ausschußmitglied und außerdem noch Vorsitzender des Unterausschusses für Menschenrechte und humanitäre Hilfe, was die ganze Sache erleichterte.

Kroatien besaß zu dieser Zeit keine fest organisierte politische Lobby am Rhein. Die Beziehungen zu Zagreb waren miserabel und sporadisch. Kroatien war mit der Umbenennung von Straßennamen, der neuen Verfassung und der Gestaltung des nationalen Wappens beschäftigt. Viele in der Diaspora waren willens zu helfen, wußten aber nicht wie oder warteten vergeblich auf einen Wink aus dem Banspalast.

Hassan Šuljak war einer der Kroaten in Bonn, die willens und auch in der Lage waren, politisch etwas zu tun. Er lebte schon vierzig Jahre am Rhein und hatte eine bewegte Vergangenheit. Durch das Zusammentreffen glücklicher Umstände war er in Bleiburg am Leben geblieben und dann nach Rom geflohen. Da er dem muslimischen Glauben angehörte, ging er bald darauf von dort aus weiter nach Ägypten, später nach Damaskus. Sechs Jahre danach kam er schon als Mitglied der syrischen Botschaft nach Bonn. Und seit zwanzig Jahren war er nun Korrespondent des Kairoer »Al Ahram«.

Šuljak verfügte über gute Beziehungen, und über eine seiner früheren Ehefrauen stand er auch in familiärer Verbindung zu Vogel. Bis zu diesem Tage hatte jedoch niemand überhaupt gewußt, daß er Kroate war, denn er hatte praktisch mit niemandem aus seiner alten Heimat Kontakt. In diesem Sinne lebte er zurückgezogen und widmete seine gesamte Kraft der arabischen Sache. Mit der Entstehung des neuen Kroatien jedoch wurde dieser rüstige Siebzigjährige aktiv.

Anfang September 1990 erfuhr Šuljak von Vogel ganz zufällig über die bevorstehende Kosovo-Debatte im Bundestagsausschuß. Uns schien dies eine günstige Gelegenheit zu sein, in diese Debatte vielleicht, mit Vogels Hilfe, auch die Situation in Kroatien mit einzubeziehen. Um die Sache zu erleichtern, verabredeten wir, daß ich einen Brief an Stercken schreiben sollte, denn ich war als kroatischer Korrespondent in Bonn dafür geeigneter als Šuljak. In dem Brief wies ich auf den Aufstand in Knin hin sowie auf die Gefahr, die sich über Kroatien zusammenbraute, und bat den Ausschuß, sich auch mit dieser Frage zu beschäftigen. Šuljak brachte den Brief zu Vogel, und dieser übergab ihn Stercken. Leider trug diese Initiative keine Früchte. Die Situation in Kroatien gelangte nicht auf die Tagesordnung, stattdessen traf der Ausschuß jedoch eine Entscheidung, die für Belgrad ziemlich überraschend kam. Es wurde beschlossen, eine parlamentarische Delegation nach Belgrad und in den Kosovo zu entsenden, die an Ort und Stelle die dramatischen Informationen über die wirkliche Lage der Albaner überprüfen sollte. Auf die Anregung Šuljaks hin besuchte Vogel bei dieser Gelegenheit, außerhalb des offiziellen Programms, gemeinsam mit Lummer Zagreb. In den Kosovo gelangten sie gar nicht, genausowenig wie Stercken und die übrigen Mitglieder der Delegation. Belgrad hatte sie nämlich mit listigen Ausflüchten davon abgebracht, indem es sich dabei auf die in Kürze bevorstehenden serbischen Wahlen und anderes berief.

Von da an galt Vogel jedoch sozusagen als kroatischer Mann in Bonn, und das gerade im Bundestag, in dem es später zu einem sichtbaren Umschwenken in der Jugoslawienpolitik kommen sollte, einem Unschwung, der weitreichende Folgen auch für die Regierung selbst mit sich brachte. In diesen Tagen, und auch das muß gesagt werden, war das Engagement Vogels nicht ohne Risiken, und zwar Risiken verschiedenster Art. Bei einer Gelegenheit, als er für meinen Geschmack seinen Standpunkt zur Belgrader Politik etwas zu milde formuliert hatte und er meine Verwunderung darüber bemerkte – um so mehr, als ich darüber hatte berichten wollen – sagte er, er müsse darauf achten, wie er sich ausdrücke, um nicht zur Zielscheibe der UDBA (der Jugoslawischen Geheimpolizei) zu werden. Ob er das damals ernst gemeint oder auf die allgemeine Psychose und die Verhältnisse in der Diaspora angespielt hat, weiß ich nicht. Aber mir ist bekannt, daß die UDBA unter den Kroaten in Deutschland viele blutige Spuren hinterlassen hat und daß viele deutsche Politiker das wußten.

Das serbisch-slowenische Gentlemen agreement

In der Jugoslawischen Botschaft in Mehlem wurde heute ein »informatives Gespräch« mit jugoslawischen Bürgern abgehalten. An der Versammlung nahmen etwa fünfzig Menschen sowie der Stab der Botschaft unter der Führung von Botschafter Boris Frlec teil.

Wie auf der Versammlung mitgeteilt wurde, kam das Gespräch auf Initiative »des Genossen Ivan Žilić aus Köln zustande. Žilić hatte in Köln das »Jugoslawische Demokratische Zentrum« gegründet, das nach seinen eigenen Worten schon 120 Mitglieder zählt. Diese Organisation tritt unter dem Motto »Ein Volk, ein Land, eine Sprache« auf, wie das aus ihrem im Druck vorliegenden Programm ersichtlich ist.

In dem Programm ist auch folgendes zu lesen: »Unser Wunsch ist es, daß unser Land den Namen »Unabhängiger Staat Jugoslawien« erhält und daß sich die heutigen Republiken in zwölf ursprüngliche Stammesgebiete aufteilen: Slowenien, Kroatien, Slawonien, Dalmatien, Bosnien, die Herzegowina, Dubrovnik, Montenegro, die Vojvodina, Serbien, Kosovo und Metochija.« Und weiter: »Wir wünschen uns Jugoslawien als einen nationalen Staat, da bekannt ist, daß auf dieser Welt innerhalb einer Staatsgrenze auch eine Nation lebt.«

Während dieses »informativen Gespräches« wurden insbesondere die »separatistischen Kräfte« in Kroatien und Slowenien angegriffen, »die jetzt nicht zum Dialog bereit sind« und eine Bedrohung für Europa darstellten. Die Jugoslawische Volksarmee wurde dazu aufgerufen, die Dinge in ihre Hände zu nehmen, denn »die Armee, und nicht die Demokratie bringt die Entscheidung«.

Botschafter Frlec und seine Mitarbeiter reagierten nicht auf solche und ähnliche Anschuldigungen.

Sonntag, den 10. März 1991

Natürlich war das überhaupt kein informatives Gespräch. Frlec und seinen Kollegen wurden nicht viele Fragen gestellt, denn das war ein gewöhnliches Meeting, auf dem zur Lynch-Justiz gegenüber Tudjman und Kučan aufgefordert wurde. Oberst Dušan Radaković, Militärattaché in Bonn, versprach es den Versammelten feierlich, indem er sagte: »Die Vorsitzenden verschiedener Parteien (in Jugoslawien) sind Verräter, denn sie verlassen sich auf das Ausland.« Die Armee sei für eine »moderne Föderation« und gegen die Konföderation (»die es nirgendwo gibt«). Alle würden entwaffnet werden, was jedoch »gut vorbereitet« sein müsse, denn »der nationalistische Terrorismus versorgt sich über Schleichwege«. Zum Abschluß versprach der Oberst die sichere Internierung der Verräter (Tudjmans und Kučans), was mit frenetischem Applaus begrüßt wurde.

Dieses »Gespräch« an sich stellte jedoch nicht die vorrangige Absicht des Obersten dar. Natürlich stand er hinter der Idee, ein solches Meeting in der Botschaft zu veranstalten, und so hatte er auch (mit Hilfe seines alten Bekannten Žilić) die Anreise dieser jugonationalistischen Bagage »in schöner Anzahl« organisiert, die da gebrüllt hatte, daß die Politiker Ochsen und schizophren seien. Aber der wahre Zweck lag woanders, und zwar in der völligen politischen Serbisierung der Botschaft und in deren vollständiger Unterwerfung unter Belgrader Interessen. Es sollte deutlich werden, daß solche Meetings auch in Deutschland stattfinden könnten und daß die Zeiten zu ernst seien, als daß sich jemand mit »Jugoslawien« eventuell »einen Spaß erlauben« könnte.

Schließlich stand ein Slowene an der Spitze der Botschaft, und auch der Presse- und Kulurattaché war ein Slowene (Branko Zupanc). Man hätte zwar von Frlec nicht behaupten können, daß er nicht auf der rechten Linie sei; von Anfang an »hielt er den Kurs« seiner Belgrader Chefs. Als er im Herbst 1989 in der Nachfolge von Milan Dragović nach Bonn gekommen war, hatte er sich den Journalisten als alter »Proletarier« vorgestellt, der Doktor der Chemie geworden und dann einer natürlichen

Logik folgend in die Politik gegangen war. In Belgrad las er nur »Oslobodjenje«, weil er nichts mit dem Medienkrieg zu schaffen haben wollte, der zwischen Ljubljana und Zagreb auf der einen und Belgrad auf der anderen Seite in Gang gekommen war.

Auch in der Kosovo-Frage verließ er nicht den politisch vorgegebenen Rahmen. Anderthalb Jahre lang bewies er jedermann, der ihm zuzuhören gewillt war, daß es im Kosovo keine Unterdrückung der Albaner, dafür aber eine »albanische Konterrevolution« gäbe. Als ihn einige Albaner aus dem Kosovo, die sich zur Arbeit in Deutschland aufhielten, im Frühjahr 1990 baten, einen Brief und eine Petition übergeben zu dürfen, ließ er sie die Botschaft nicht betreten. Und als sie ihn ein zweites Mal baten, über die augenblicklichen Verhältnisse in ihrer Heimat informiert zu werden, ließ er sie umsonst vor geschlossenen Türen warten. Obwohl sie »theoretisch« Bürger Jugoslawiens waren, stellten sie für Frlec und seine Chefs einzig und allein Widersacher dar, mit denen man nichts zu reden hatte.

So war dem Herrn Botschafter weder ideologisch noch politisch viel anzukreiden. Um so mehr, als er gerne Präzedenzfälle statuierte, wenn rein serbische Interessen im Spiel waren. So öffnete er angesichts der Wahlen in Serbien die Türen für drei politische Emissäre von Milošević, die vor den Journalisten Zagreb und Ljubljana, aber auch die serbische Opposition in den Dreck zogen, was um so ungewöhnlicher war, als es immer mehr so schien, als hätten Miloševićs Sozialisten in Bonn zu dieser Stunde ihre eigene diplomatische Vertretung.

Frlec, der in seiner Jugend Harmonika gespielt und augenscheinlich gut gelernt hatte, sich zu strecken, erklärte dies alles mit der üblichen Bereitstellung »technischer Dienstleistungen«. Aus der Sicht anderer lag die Mißlichkeit darin, daß er diese Dienstleistungen ausschließlich Serben, bisweilen auch Slowenen zur Verfügung stellte. Aus serbischer Sicht jedoch war dies ein ziemlicher politischer Fehler seinerseits, und deshalb mußte er etwas an die Kandare genommen werden.

In dieser Hinsicht verlief das Meeting erfolgreich. Zur Zeit des slowenischen Krieges – vier Monate später – verurteilte er in einer Erklärung für den Westdeutschen Rundfunk und den Deutschlandfunk, wobei er sich an die »lieben Jugoslawen« wandte, gleichermaßen die Gewalt, die Slowenien der Jugoslawischen Volksarmee gegenüber anwandte, wie auch die Gewalt der slowenischen Territorialstreitkräfte. Und als der Krieg in Kroatien ausbrach, hatte Frlec keine Ahnung, weder darüber, wer diesen Krieg führte, noch wer der Angreifer, wer das Opfer war, und auch nicht darüber, wo dieser Krieg geführt wurde!

So mußte es auch sein, denn nach dem Meeting im März war eine Art Gentleman agreement getroffen worden: die Botschaft war serbisch und Frlec durfte bis zum Wechsel auf die Position des slowenischen Botschafters in Bonn »technische Dienstleistungen« für die Slowenen bereitstellen. Die Kroaten hatten niemanden, und die Albaner noch weniger. Eine gewisse Bestätigung dafür ist auch die Tatsache, daß der damalige Korrespondent der slowenischen Tageszeitung »Delo«, Marjan Sedmak, ungefähr einen Monat nach den oben beschriebenen Vorgängen in der Botschaft in einem polemischen Artikel ruhigen Gewissens behaupten konnte, daß überhaupt kein Meeting stattgefunden habe. Er bemühte sich sogar, den Beweis anzustellen, daß Frlec mit diesem »informativen Gespräch« in Wirklichkeit die so lange erwartete »Perestrojka der jugoslawischen Demokratie« inauguriert habe! Das lag wieder ganz auf der Linie der Schreibe der Belgrader »Borba« zur gleichen Zeit und zum gleichen Thema. In diesem Blatt stand zu lesen, daß im Bundesministerium für auswärtige Angelegenheiten keinerlei Bemerkungen bezüglich des Botschafters Frlec vorlägen und daß seine bisherigen Leistungen positiv beurteilt würden.

Ein »Mandat« für Marković?

Auf der Ministerkonferenz der KSZE in Berlin wurde am Mittwoch eine Erklärung zu Jugoslawien verabschiedet. Unter dem Vorsitz von Hans-Dietrich Genscher kamen die Außenminister von 35 Ländern nur wenige Stunden nach dem Beginn der zweitägigen Konferenz über ein Dreißig-Zeilen-Dokument überein, in dem es heißt: »Die Minister sprechen ihre freundschaftliche Besorgtheit und ihre Unterstützung für die demokratische Entwicklung, Einheit und territoriale Integrität Jugoslawiens auf der Grundlage von Wirtschaftsreformen, der unbegrenzten Respektierung der Menschenrechte in allen Teilen Jugoslawiens unter Einschluß der Rechte der Minderheiten sowie einer friedlichen Lösung der derzeitigen Krise im Land aus.«

Die Fünfunddreißig riefen alle Seiten zur »Fortsetzung des Dialogs« sowie zur Beendigung »der bestehenden Verfassungsstreitigkeiten« auf. In dem Text wird nirgendwo das Recht der Völker auf Selbstbestimmung ausdrücklich erwähnt, und die einzelnen Republiken werden gleichfalls nicht genannt.

Unmittelbar vor Verabschiedung der Erklärung hatte der jugoslawische Außenminister Budimir Lončar seinen Kollegen ein Bild von der Situation in Jugoslawien gezeichnet und sie vor dessen drohendem Zerfall gewarnt. Unter anderem sagte er: »Denn was würde im Fall eines Auseinanderbrechens Jugoslawiens geschehen? Die grundlegende Hypothese ist die, daß Staaten entstehen würden, die sich nicht nur ständig untereinander in Konflikt befänden, es wäre auch ein jeder von ihnen ethnisch erschüttert. Jeder dieser Staaten wäre unfähig, wahrhaft demokratisch und tauglich für Europa zu sein. Zusammengenommen stellten sie eine Zeitbombe im Herzen Europas dar, wenn sie nicht vorher schon eine Kettenreaktion auf dem Kontinent ausgelöst hätten, auf dem schon sechsundvierzig potentielle, gefährliche ethnische Konfliktherde schwelen [Daher] muß die Gesamtheit des Staates erhalten werden.« Der amerikanische Außenmi-

nister James Baker, der nach Beendigung der Konferenz (am Donnerstag) zu einem offiziellen Besuch nach Belgrad reisen wird, hatte am Dienstag (einem Tag vor Beginn der Konferenz) im Berliner Aspen-Institut einen Vortrag gehalten und bei dieser Gelegenheit unter anderem gesagt, daß auf der KSZE sehr ausführlich über die heikle und bedenkliche Situation in Jugoslawien gesprochen werden würde, und betont, daß viele Mitglieder dieser gesamteuropäischen Organisation, darunter auch die USA, für die Erhaltung Jugoslawiens seien.«

Mittwoch, den 19. Juni 1991

Lončar hatte in Berlin nur eine einzige Aufgabe: politischen Druck auf Kroatien und Slowenien auszuüben, die sich zur Verkündung der Unabhängigkeit anschickten. Obwohl die politischen und militärischen Machtzentren der Welt ihre Unterstützung für die Einheit und territoriale Integrität des Belgrader Staates zugesagt hatten, waren die Machthaber an Donau und Save unruhig.

Das brutale Vorgehen des Staatszentrums, kombiniert mit unablässigen militärischen Drohungen - vom Kosovo über Zagreb bis Ljubljana - denunzierte Jugoslawien immer mehr als eine serbische Despotie, in der sich Premier Marković nur um die Finanzen kümmerte. Obwohl Jugoslawien nicht in Frage gestellt wurde und obwohl von außen ständig Druck ausgeübt wurde, waren im Westen immer ernsthafter Stimmen zu hören, die die Menschen- und Minderheitenrechte in Schutz nahmen. Kosovo wurde vom serbischen Stiefel zu Boden gedrückt, und Kroatien zerteilten und schlachteten die Tschetniks mit Hilfe der Jugoslawischen Volksarmee ab.

Im Westen, der sowohl spät als auch oberflächlich einen Blick auf Kroatien geworfen hatte, herrschte die utopische Überzeugung vor, daß es nicht nur möglich sei, Jugoslawien zu erhalten, sondern auch, es in einen demokratischen Staat zu verwandeln, in dem die Grundprinzipien der Charta von Paris geachtet würden. Auf diesem Irrtum fußte auch der Gedanke, die konkrete Hilfestellung - eingebunden in den Prozeß der europäischen Integration Jugoslawiens - von demokratischen Reformen im Land abhängig zu machen. Ein Zusammenhang, der trotz augenscheinlicher Schwächen auch auf die ersten Risse in der projugoslawischen Politik der westlichen Staatskanzleien hindeutete.

Daher war Lončar in Berlin gezwungen, die Dinge bis zur Perfektion zu vernebeln. Daher mußte er beweisen, daß im Kosovo die Menschenrechte nicht verletzt würden, und mußte er die Gegebenheiten in den Republiken untereinander auf ethnische Mißstimmigkeiten und zerstrittene Führungsspitzen zurückführen, mit dem Effekt, daß allein Jugoslawien - als Gesamtstaat - zu einer wirklichen demokratischen Transformation fähig sei. Mit Blick auf Slowenien und Kroatien sprach er den Republiken die Möglichkeit ab, den Eignungstest für Europa zu bestehen, indem er sie als potentiellen Schauplatz von Barbareien und Konflikten beschrieb, wenn sie sich verselbständigten.

Welche Vasallenpolitik dies im Hinblick auf den wirklichen Gebieter in Belgrad - Milošević - war und inwieweit sie menschlich und politisch pervertiert war, wird auch dadurch offensichtlich, daß es Lončar in Berlin Vertretern der serbischen Regierung möglich machte, mit Hilfe der Jugoslawischen Botschaft und der KSZE-Geschäftsstelle (in der auch Belgrader Delegierte saßen) eine Broschüre mit dem Titel zu verteilen: »The persecution of the Serbs in Croatia 1990/1991 - documents«. Eine Broschüre auf 47 Seiten im Kleinformat, in der vom Terror über die Serben in Kroatien nach den demokratischen Wahlen 1990 die Rede war, von einem Terror, wie ihn »das demokratische Ausland noch nicht gesehen hat«.

Die späteren Ereignisse zeigten, daß Marković zu dieser Zeit schon seine »konstruktive militärische Intervention« geplant hatte. Dafür wurde von der KSZE eine Art grünes Licht benötigt. Nicht in der Form einer direkten Unterstützung, denn das kam nicht in Frage, sondern in Gestalt einer kompromißlosen und ungefragten Unterstützung für den Erhalt des Landes und seine territoriale Integrität. Und das war gleichzeitig auch Lončars Hauptaufgabe. Sein Auftrag wurde in gewisser Weise noch durch den Umstand erleichtert, daß Baker selbst die KSZE drängte, so schnell wie möglich ein Papier zu Jugoslawien zu verabschieden, um dadurch Rückendeckung für seine Ansichten in Belgrad zu gewinnen. Darüber sprach man offen sowohl unter den Journalisten als auch in den Kreisen von Lončars Delegation selbst.

Und so suchte Lončar, während Baker einen Vortrag im Aspen-Institut hielt, den Gastgeber Genscher auf. Frlec teilte den Journalisten während des Informationsgespräches später mit, Genscher habe Lončar gefragt, was die KSZE für Jugoslawien tun solle. Und dieser antwortete gefaßt: »Wir erwarten eine aktive Unterstützung« im Einklang mit der Schlußakte von Helsinki und der Pariser Konvention. Was natürlich nur eines bedeutete: die Forderung, bedingungslos die Einheit und territoriale Integrität Jugoslawiens zu unterstützen.

Am anderen Tag, nur zwei Stunden nach Beginn der Konferenz, stand schon Jugoslawien auf der Tagesordung. Bei einem Arbeitssessen »informierte« Lončar zuerst die Fünfunddreißig über die Gegebenheiten in Jugoslawien. Gleich danach trug der Außenminister Luxemburgs, Jacques Poos (in seiner Eigenschaft als Vorsitzender des EG-Ministerrats), den schon formulierten Entwurf der Erklärung zu Jugoslawien vor.

Alle waren sogleich mit dem Text einverstanden, außer Ungarn und Österreich. Selbstverständlich konnten sie nicht ablehnen, aber sie bestanden darauf, wenigstens eine auffällige Ungeschicklichkeit zu korrigieren. Die Unterstützung der »demokratischen Entwicklung« Jugoslawiens folgte nämlich im Entwurf in englischer Sprache erst nach der Unterstützung »der Einheit und Integrität«. Diese »Kleinigkeit« wurde durch den Austausch der Reihenfolge behoben, wobei der Kern der Erklärung natürlich nicht in Frage gestellt wurde. Sie war und blieb in erster Linie eine bedingungslose Unterstützung der Einheit und Gesamtheit des Belgrader Staates.

Lončar war zufrieden, und die Mitglieder seiner Delegation betonten geradezu auffällig, daß die Erklärung »auf die Initiative und das Verlangen der jugoslawischen Delegation hin« verabschiedet wurde und daß der »Bundesminister« absolut keinerlei Anmerkungen zum Inhalt derselben gehabt habe!

Die Dinge hatten sich in Berlin für Lončar so gut entwickelt, weil die Erklärung gerade der luxemburgische Außenminister verfaßt hatte, ein Mann, der sich vorher mit der Aussage gerühmt hatte, daß das Unglück der jugoslawischen Völker darin liege, daß sie viel zu klein seien, um die Selbständigkeit erlangen zu können! Ein Standpunkt, den sich der Minister eines solch winzigen Staates nur als letzter hätte erlauben dürfen, ein Standpunkt jedoch, der offenbare, mit wieviel Oberflächlichkeit und Arroganz die europäische Politik die Probleme anging, die Jugoslawien erschütterten.

Zwei Tage nach Berlin verabschiedete die Europäische Gemeinschaft eine ähnliche oder (für die kroatischen und slowenischen Interessen) noch schlimmere Erklärung, und nur einige Dutzend Stunden später rollten die Panzer der Jugoslawischen Volksarmee schon durch Slowenien. Marković hatte sich unzweifelhaft durch diese politischen Standpunkte ermutigt gefühlt. Er war der Ansicht, das Berliner, das Brüsseler und auch das amerikanische »Mandat« für seine »konstruktive Militärintervention« in den Händen zu halten, die eine Gewalt ausgelöst hat, die bis heute noch kein Ende gefunden hat, und wie sie Europa seit dem Zweiten Weltkrieg nicht mehr erlebt hatte.

In diesem Sinne hatte die Erklärung von Berlin wirklich die Bedeutung eines schwarzen Freitags für Zagreb und Ljubljana. So wie eine andere auch eine wahre Erleichterung bedeutete: Sechshundert Kilometer weiter westlich, in Bonn am Rhein, wurde am selben Tag ein Dokument verabschiedet, das zu einem Meilenstein in der Entwicklung der deutschen Jugoslawienpolitik wurde.

Der Bundestag hat genug!

Der deutsche Bundestag hat auf seiner Sitzung am Mittwoch eine Resolution zu Jugoslawien verabschiedet, in der er unter anderem den Völkern Jugoslawiens das Recht auf Selbstbestimmung einschließlich des Rechts auf Abtrennung zuerkennt, gleichzeitig jedoch den Wunsch ausspricht, daß im Interesse der Stabilität in Europa der gegenwärtige staatliche Raum erhalten bleiben solle.

In der Resolution wird auf die Notwendigkeit der konstitutionellen Umgestaltung Jugoslawiens und einer demokratischen Durchstrukturierung aller seiner Teile hingewiesen. Wörtlich heißt es: »Das deutsche Parlament geht davon aus, daß die Völker Jugoslawiens selbst darüber entscheiden sollen, auf welchen Grundprinzipien sie ihre Zukunft bauen wollen. Dabei ist es offensichtlich, daß die bisherige Grundlage des gemeinsamen Zusammenlebens nicht mehr die ausreichende Zustimmung aller jugoslawischen Völker findet; daher ist es notwendig, neue Grundprinzipien auszuhandeln.«

Der Bundestag rief die deutsche Regierung dazu auf, sich in der Europäischen Gemeinschaft für die Unterstützung eines Jugoslawiens einzusetzen, das »einzig das Resultat freier Selbstbestimmung« sein wird. Dabei wurde betont: »Die Voraussetzung für die Unterstützung Jugoslawiens seitens der Europäischen Gemeinschaft kann nicht das Bestehen auf der jetzigen Form der Föderation sein.«

Die Resolution wurde den Abgeordneten von Friedrich Vogel (CDU) erläutert, der erklärte, daß sie ein Signal für die deutsche Regierung wie für die Europäische Gemeinschaft darstelle. In Zusammenhang damit erinnerte Vogel daran, daß viele »in diesem Parlament« äußerst unzufrieden mit der bisherigen Politik der Europäischen Gemeinschaft in Hinblick auf Jugoslawien seien. »Durch die ständige Beschwörung der Integrität und territorialen Einheit Jugoslawiens bei gleichzeitigem Verzicht auf Verhandlungen und Zusammenarbeit mit denjenigen Republiken, die durch eine Abtrennung von Jugoslawien entstehen könnten, wird die Unterstützung der serbischen Kommu-

nisten gefördert, die ansonsten immer mehr und mehr in die Minderheit gerieten und die um der Macht willen an einem einheitlichen Jugoslawischen Staat festhalten, wobei sie versuchten, die Unabhängigkeitsbestrebungen der Kroaten und Slowenen zu unterdrücken. Das hat diejenigen geschwächt, die auf der Grundlage von freiheitlicher Demokratie, Gleichberechtigung und Selbstbestimmung, Garantie der Menschenrechte und Schutz der Minderheitenrechte eine neue Form des Zusammenlebens der sechs jugoslawischen Republiken herausfinden wollten. Eine solche Politik der Europäischen Gemeinschaft - und daran kann nicht der geringste Zweifel bestehen - hat im Deutschen Bundestag keine Unterstützung.«

Vogel fügte noch hinzu, daß eine dritte Empfehlung an alle Seiten in Jugoslawien gerichtet worden sei: man solle im friedlichen und konstruktiven Dialog eine neue Grundlage des Zusammenlebens erarbeiten.

Die Resolution wurde von allen Parlamentsfraktionen gebilligt, und auf ihren Vorschlag hin hatten sich schon vorher die Parteien der herrschenden Koalition von CDU/CSU und FDP sowie der oppositionellen SPD auf einen gemeinsamen Nenner verständigt.

Mittwoch, den 19. Juni 1991

Der wichtigste Urheber der Resolution war Friedrich Vogel. Über ihren Entwurf hatten sich die Regierungsparteien und die SPD schon vor gut vierzehn Tagen verständigt, so daß die Verabschiedung am Mittwoch strenggenommen eine reine Formsache war. Der einzige, der aus der Reihe tanzte, war der Staatsminister in Genschers Ministerium, Helmut Schäfer. Er versuchte im letzten Augenblick, die Formulierungen zu verwässern, und zwar auf den Kurs der derzeitigen Politik des Ministeriums und der Europäischen Gemeinschaft. Er hatte jedoch keinen Erfolg. Von einigen polemischen Funken abgesehen, nahm alles einen schnellen und glatten Verlauf. Schäfer verschaffte damit nur den ständigen jugoslawischen Korrespondenten in Bonn eine gewisse Befriedigung (welche die am gleichen Tag beginnende KSZE-

Sitzung verfolgten). Zu ihnen gelangte, nach dem Prinzip einer zeitweise unterbrochenen Telefonleitung, das Gerücht, daß die ganze Sache im Bundestag durchgefallen war.

Es war ein glücklicher Zufall, daß an diesem Mittwoch zwei Dokumente zu Jugoslawien angenommen wurden und daß sich diese so stark voneinander unterschieden. Während die Berliner Erklärung gänzlich auf der Linie der alten Jugoslawienpolitik der Europäischen Gemeinschaft lag, bedeutete die Bonner Resolution einen plötzlichen Wandel und Abschied von genau dieser Politik. Sie trug unzweifelhaft zu einer allmählichen, aber letzten Endes radikalen Änderung des Bonner Kurses bei, was im Herbst des selben Jahres in der Entscheidung gipfelte, die staatliche Unabhängigkeit und Souveränität Kroatiens und Sloweniens anzuerkennen. Einer Entscheidung, die nicht leicht durchzuführen war, die verschoben und den Gelegenheiten in der Europäischen Gemeinschaft angepaßt werden mußte, die aber auch gleichzeitig ein absolutes Novum in der deutschen Nachkriegspolitik darstellte. Dies war nämlich das erste Mal, daß Deutschland außenpolitisch selbständig auftrat und daß es in einer Schlüsselfrage der europäischen Politik die Führung übernahm und die Frage zum Abschluß brachte. Ohne die Bonner Resolution wäre dieser Weg unmöglich gewesen.

Kurzfristig gesehen hatte der Bundestag noch ein anderes Ziel vor Augen. Der Zerfall Jugoslawiens war schon evident. Belgrad lehnte die Konföderation ab, die Zagreb und Ljubljana vorgeschlagen hatten, denn es fühlte sich stark genug und vom Westen ermutigt. Auf der anderen Seite verblieben bis zur Proklamation der Unabhängigkeit durch Kroatien und Slowenien nur noch sechs Tage. Einhergehend mit einer Ausweitung der Gewalt seitens der Tschetniks in Kroatien drohte Marković an, mit allen Mitteln den Zerfall des Landes verhindern zu wollen. Dies führte zu Chaos und Krieg. Der Bundestag war in dem Glauben, daß es zum Schlimmsten nicht kommen werde und daß sich die Verschärfung durch die Unterstützung einer konföderalen Umgestaltung Jugoslawiens abfedern ließe. Besonders als nach dem Besuch Kohls in Washington (in der zweiten Maihälfte) klar war, daß sich Washington auf dem Balkan nicht allzusehr zu engagieren gedachte und das jugoslawische Problem den Europäern überließ. Für Deutschland bedeutete das zumindest, daß es sich nicht mehr mit den kontraproduktiven Jugoslawienformeln der Europäischen Gemeinschaft zufriedengeben konnte. Auf dieser Linie kündigte Kohl schon Anfang Juni im Bundestag, im Rahmen einer Haushaltsdebatte, ein stärkeres Engagement an, indem er sagte, daß nur ein demokratisch erneuertes Jugoslawien Zukunft habe und nur ein solches Jugoslawien ein Partner sein könne, »dem wir und die Europäische Gemeinschaft die Zusammenarbeit anbieten können«.

Der Druck in Richtung Konföderation schien auch deswegen zweckmäßig zu sein, als die Ereignisse von Tag zu Tag deutlicher zeigen, daß das föderale Zentrum politisch immer weniger zu sagen hatte, wobei auf der anderen Seite die serbische Politik in Gewalt eskalierte. Das Deutsche Fernsehen zeigte am 17. April eine erschütternde Reportage über die Mißhandlung und qualvolle Tötung der Kosovo-Albaner - und vernagelte Särge, in denen die Jugoslawische Volksarmee die Toten an ihre Familien zurückgab. Nur zwei Wochen später schockierten die Deutschen noch einmal Bilder aus Borovo Selo, die von neuen bestialischen Übergriffen der Serben zeugten. Außerdem kompromittierte sich das Milošević-Regime auch durch den Einsatz von Panzern gegen Demonstranten in Belgrad, was im Westen und auch in Deutschland fast ebenso wie die seinerzeit blutigen Ereignisse in Bukarest erlebt wurde.

Das letztere spürte man bei Schritt und Tritt. Und zwar in einem solchen Maße, daß man wütend werden konnte, denn die Belgrader Demonstrationen wirbelten mehr Staub in Presse und Politik auf als der Terror der Tschetniks in Kroatien. Ein Teil der Erklärung dafür ist sicher auch darin zu suchen, daß die Belgrader Ereignisse als Abrechnung mit den Demokratiebestrebungen von Studenten und Opposition empfunden wurden, denn man konnte nicht ersehen, daß die Mehrheit der Demonstranten die Kriegsziele Serbiens unterstützte, sich aber aus »innerserbischen Beweggründen« gegen Milošević auflehnte. Andererseits waren die Konflikte in Kroatien schon als »ethnische Konflikte der Serben und Kroaten« lanciert worden, was Europa fremd und, sagen wir, unverständlich war.

Trotzdem wirkte all dies ernüchternd auf Bonn, einschließlich der Farce des Borislav Jović als Premier wie auch die ablehnende Haltung Serbiens, Stipe Mesić als turnusgemäßen Premier der Regierung der Sozialistischen Föderativen Republik Jugoslawien zu akzeptieren. Zudem wurde der Druck in den Medien immer unerträglicher, und der politischen Elite in Bonn drohte die ernsthafte Isolation in der Öffentlichkeit. Genscher spürte das schon in der Luft liegen, hatte doch die FAZ noch am 29. März über Jugoslawien als über einen »Staat des Bösen« geschrieben, in dem die Serben den Kroaten, Albanern und Slowenen gewaltiges Unglück zugefügt hätten. Man kritisierte die Politik des Westens, einschließlich Bonns. Wörtlich: jetzt »kommen die Politiker aus dem Westen und ermahnen gleichermaßen die Serben, sich der Gewaltanwendung zu enthalten wie auch die anderen, die von ihnen mißhandelt und unterdrückt werden. Das ist fast das gleiche, als wenn im März 1939 jemand gleichermaßen den Überrest der Tschechoslowakei und Deutschland zur Gewaltlosigkeit aufgerufen hätte.«

Diese gereizte Stimmung war nicht nur der Medienszene vorbehalten. Auch angesehene Fachleute und Wissenschaftler riefen laut Protest.

Im Mai forderte beispielsweise der Balkanexperte des Münchner Südost-Instituts, Dr. Wolfgang Höpken, die westlichen Staaten dazu auf, ihren bisherigen politischen Kurs zu überdenken. »Wir können uns nicht mehr so verhalten, als könnte Jugoslawien noch gerettet werden. Der Westen muß vor allem dem Wunsch der Slowenen und Kroaten Rechnung tragen, nicht mehr in einem solchen Jugoslawien leben zu wollen. Wir müssen Druck auf diejenigen ausüben, die einer Umstrukturierung Jugoslawiens im Wege stehen - auf die serbische Führung. Der Westen muß das slowenisch-kroatische Konzept der Umgestaltung Jugoslawiens in eine Konföderation unterstützen.«

Noch weiter ging der Professor für Politologie und Zeitgeschichte an der Universität Bonn, Dr. Hans Peter Schwartz. Er erinnerte in »Die Welt« daran, daß Jugoslawien schon immer ein »Zwangsstaat« gewesen sei, eine Wahrheit, vor der die Politiker nicht davonlaufen dürften. Wie auch vor der Tatsache, daß aufgrund all dessen, was bisher in Jugoslawien passiert sei, nur noch die Trennung als vernünftig anzusehen sei, wie bei einer zerrütteten Ehe.

Anfang Juni forderte in der FAZ auch Martin Bangemann (der stellvertretende Vorsitzende der Kommission der Europäischen Gemeinschaft) eine Änderung der Politik der Gemeinschaft in bezug auf Jugoslawien, was in jedem Fall bezeichnend ist, war Bangemann doch vor seinem Weggang nach Brüssel Chef der FDP gewesen. Die Unzufriedenheit wuchs auch in der bayrischen CSU, und besonderen Druck auf die Regierung übten die oppositionellen Sozialdemokraten aus, die in der Zeit vor der Resolution sehr explizit, und einige Zeit lang sogar geschlossen, die slowenische (etwas weniger die kroatische) Demokratie und das Recht dieser Völker auf Selbstbestimmung unterstützt hatten.

Es muß noch gesagt werden, daß es ein glücklicher Umstand war, daß die Resolution sechs Tage vor der Verkündung der Unabhängigkeit Kroatiens verabschiedet wurde, denn sie hatte im Hinblick auf die ungünstigen politischen Umstände in Europa und der Welt in gewisser Weise eine abfedernde Wirkung. Nicht einer der führenden ausländischen Politiker oder eines der führenden Machtzentren unterstützte Zagreb und Ljubljana in ihren geschichtsträchtigen Entscheidungen. Im Gegenteil: Von Tag zu Tag wurde auf sie ein starker und konzentrierter Druck ausgeübt. Insofern wurde die Ausrufung der Unabhängigkeit, obwohl sie angekündigt worden war, trotz allem mit »Erstaunen« zur Kenntnis genommen. Die Resolution »sorgte dafür«, daß die Reaktionen aus Bonn auf den 25. Juni in Zagreb und Lubljana gemäßigt waren. Dabei war für Kroatien die Situation auch deshalb schwierig, weil etwa bis zum April die Konflikte und der Druck in Kroatien und auf Kroatien insgesamt als Konflikt und Bedrohung des Bolschewismus für die junge kroatische Demokratie erlebt wurden, ab der genannten Zeit aber der Standpunkt überwog (viel mehr in Europa als in Deutschland), daß es sich um ethnische Konfrontationen von Serben und Kroaten handele. Eine Interpretation, die Kroatien ständig begleiten und oft zu seinem Schaden ausgelegt werden sollte. Hauptsächlich seitens der europäischen Linken, für die Kroatien ein »spezifischer Fall« (im Vergleich zu Slowenien) war und blieb. Und so wurde der Krieg in Kroatien zu einem guten Teil beinahe als ein Befreiungskampf der aufständischen Serben für ihre Minderheitenrechte gesehen. Insoweit muß man Milošević zugestehen, daß es ihm praktisch bis zum Sommer gelungen war, den Blick der Weltöffentlichkeit vom bolschewistischen Serbien abzulenken und auf Kroatien zu richten. Die Kroaten bluteten durch die Bajonette der serbo-kommunistischen Soldateska, während viele im Westen mit Argusaugen darauf achteten, was sich mit den kroatischen Serben ereignete.

Der entscheidende Schachzug des kroatischen Parlamentes

Während am Dienstag (25. Juni) im Sabor die Debatte über die Proklamation der staatlichen Unabhängigkeit, die dann zu späterer Stunde auch erfolgte, noch in vollem Gange war, rief der deutsche Außenminster Genscher aus Rom, wo er sich zu diesem Augenblick dienstlich aufhielt, seinen jugoslawischen Kollegen Budimir Lončar an. Er sagte Lončar, daß, ganz gleich, welche Entscheidung der kroatische Sabor beziehungsweise das slowenische Parlament treffen werde, die deutsche Regierung erwarte, daß die jugoslawische Bundesregierung wie auch Serbien keine Gewalt anwenden werde.

In einer Mitteilung des Genscher-Ministeriums (einen Tag später) wird erklärt, daß der Chef der Bonner Diplomatie aus Anlaß der gestrigen Verkündung der Unabhängigkeit Kroatiens und Sloweniens gesagt habe, daß für den Standpunkt der deutschen Regierung die in der Bundestagsresolution vom 19. Juni enthaltenen Grundprinzipien maßgebend seien. Dazu gehöre auch die Ablehnung jeglicher Anwendung von Gewalt sowie die Bereitschaft, die derzeitigen Probleme Jugoslawiens ausschließlich auf dem Verhandlungswege zu lösen. Dazu gehöre weiter die Garantie der Menschen- und Minderheitenrechte sowie die strikte Respektierung aller in der Schlußakte von Helsinki und in der Charta von Paris festgeschriebenen Prinzipien einschließlich des Rechtes auf Selbstbestimmung. »Nach Ansicht der deutschen Regierung«, hob Genscher hervor, »lassen die Entscheidungen Kroatiens und Sloweniens auch weiterhin Raum für eine verantwortliche Lösung des jugoslawischen Problems auf dem Verhandlungswege. «   *Mittwoch, den 26. Juni 1991*

So reagierte das amtliche Bonn auf die Verkündung der kroatischen und slowenischen Unabhängigkeit. Auf der Pressekonferenz der Regierung konnten die kroatischen und slowenischen Journalisten aufatmen. Jede Verurteilung Zagrebs und Ljubljanas blieb aus, und das wurde in diesen bleischweren Augenblicken als kleiner Sieg, fast als Triumph erlebt. Insbesondere, als schon die Nachricht übermittelt wurde, daß Washington und die Europäische Gemeinschaft die kroatische und slowenische Verkündung der Unabhängigkeit verurteilten und als Schritt zur weiteren Destabilisierung Jugoslawiens bewerteten.

Natürlich gab sich die deutsche Regierung zurückhaltend, Genscher balancierte die Dinge diplomatisch so aus, daß seine Position niemanden besonders provozieren konnte. Aber trotzdem waren zwei Tatsachen auffällig: Die Hervorhebung des Rechts auf Selbstbestimmung im Einklang mit allen übrigen Prinzipien sowie die Ansicht, daß der kroatische und slowenische Schachzug Raum für eine Lösung durch Vereinbarungen ließe!

Das aber, was sich die deutsche Regierung in diesen Augenblicken nicht erlauben konnte oder wollte, sagten die einflußreichen und in Schlüsselpositionen befindlichen Bonner Parlamentarier. Karl-Heinz Hornhues, der Stellvertreter des Chefs der CDU/CSU-Parlamentsfraktion, kritisierte in einer Mitteilung scharf die Europäische Gemeinschaft, weil sie Zagreb und Ljubljana verurteilt habe. Er sagte »die diplomatische und die Wirtschaftsblockade Sloweniens und Kroatiens könne nicht das letzte Wort« Europas sein.

Hans-Jochen Vogel, der in der Zwischenzeit seinen Platz im Parteivorsitz der SPD dem jüngeren Björn Engholm überlassen und nur die Position als Chef der Parlamentsfraktion beibehalten hatte, empfahl der Bundesregierung in Belgrad, sich jeglicher Gewalt zu enthalten. Denn »die Kroaten und Slowenen dürfen nicht mit Gewalt im jugoslawischen Staatenbund festgehalten werden. Wir betonen, daß die Slowenen und Kroaten, wie auch die anderen Völker Jugoslawiens, das Recht auf Sebstbestimmung haben«.

Als einige Tage später die ersten bewaffneten Konflikte in Slowenien ausbrachen, rief der Chef der deutschen Sozialdemokraten, Engholm, die deutsche Regierung schon dazu auf, »die internationale Anerkennung Sloweniens und Kroatiens in Erwägung zu ziehen«, und dasselbe forderten auch die einflußreichen Politiker der Grünen (Helmut Lippelt forderte beispielsweise vor dem Vorstand der Grünen sogar, Bonn solle sofort beide Republiken diplomatisch anerkennen).

Mit Hinblick auf eine solche Entwicklung der Ereignisse wurde völlig klar, daß einer der klügsten und für das weitere Schicksal entscheidendsten Schachzüge der kroatischen Politik nicht nur die Verkündung der Unabhängigkeit war, sondern auch das *timing* dieser Entscheidung. Die Tatsache, daß Kroatien Slowenien zuvorgekommen war, wenn auch nur für wenige Stunden, war von weitreichender Tragweite. Besonders deswegen, weil in der europäischen Politik, vor allem bei den Sozialdemokraten und den Grünen, schon die Tendenz sichtbar war, die slowenische Frage (als die einfachere) von der kroatischen zu trennen, und weil allgemein die Überzeugung verbreitet war, daß es Kroatien im Grunde genommen mit der Unabhängigkeit nicht so ernst meinte.

Hätte sich Zagreb aus irgendeinem Umstand nur um einige Tage verspätet, wäre das Schicksal Kroatiens wahrscheinlich ganz anders verlaufen. Der Krieg in Slowenien, der praktisch unmittelbar nach der Verkündung ausbrach, wie auch das dreimonatige Moratorium der Europäischen Gemeinschaft, das im Anschluß daran auferlegt wurde, hätten Kroatien die Hände gebunden, und es wäre aus dem Spiel geblieben. Mit Folgen, über die man besser nicht nachdenkt.

Aber auch psychologisch war es wichtig, daß Zagreb wenigstens um Haaresbreite vor Ljubljana die Unabhängigkeit verkündete. Das rückte Kroatien medienmäßig in den Vordergrund und machte es zum Helden des Tages. Rundfunk und Fernsehen in Deutschland meldeten diesen gesamten Dienstag über die Entscheidung des Sabor, und danach folgten abends zahlreiche Fernsehreportagen und Beiträge. Und das mit Aufnahmen aus dem kroatischen Sabor und zu den Klängen der kroatischen Hymne! In einer Sendung zitierte der Moderator sogar einige Verse aus der Hymne »Du, unsere schöne Heimat« und vermittelte den Deutschen gleichzeitig, welch ein schwerer und ungewisser Weg den jungen Staat Kroatien erwarte. All das hinterließ eine tiefe Spur in den Seelen und Köpfen der gewöhnlichen Leute, aber auch der deutschen Abgeordneten und Politiker.

Am nächsten Tag, einem Mittwoch, waren die Zeitungen voll von Berichten und Reportagen aus beiden Republiken, aber die Medienschlacht hatte Kroatien einen Tag vorher gewonnen. Carl Gustav Ströhm hatte in »Die Welt« an Belgrad adressiert: »Hände weg von Kroatien und Slowenien« und den Deutschen erklärt, warum Jugoslawien auseinandergefallen war: »Ein Slowene in Ljubljana hat, was seine Lebenseinstellung, seine Mentalität und Weltanschauung betrifft, mehr gemeinsam mit einem Bayern oder Tiroler als mit einem slawischen ›Bruder‹ aus Belgrad. Die Kroaten, die jahrhundertelang im Königreich der ungarischen Krone gelebt haben, fühlen sich in Wien, Graz oder Budapest mehr zu Hause als bei ihren serbischen Nachbarn.«

Und schon wenige Stunden später begannen beunruhigende Nachrichten aus Slowenien und Kroatien einzutreffen. Die Jugoslawische Volksarmee wurde in erhöhte Alarmbereitschaft versetzt. Die deutschen Medien wirbelten einen Staub auf, wie es seit dem Golfkrieg nicht mehr vorgekommen war. Alles hallte wieder von Beschreibungen und Bildern des »Terrors gegen die Unabhängigkeit«, den das Marković-Regime unterstützt von serbischen Generälen unternahm.

Die Verbitterung über die kontraproduktive Politik des Westens erreichte ihre ersten Höhepunkte. Die Fernsehberichterstatter erinnerten vom Jelačić-Platz aus die Deutschen daran, es sei »geradezu schrecklich, daß der auf undemokratische Weise gewählte Premier Marković die Unterstützung des Westens für eine Aktion gegen die demokratisch gewählten Regierungen Sloweniens und Kroatiens erhält«. Und nicht nur damals, sondern im Verlauf des ganzen Jahres 1991, im Verlauf des ganzen Krieges in Kroatien, spielten die deutschen Medien eine Rolle, ohne die es kaum zu einer Wende in der deutschen Politik, und dann auch zur Anerkennung hätte kommen können. Sie brachten die Wahrheit ans Tageslicht, sie schufen ein Klima in der Öffentlichkeit, sie beeinflußten die Vorstellungskraft der Politiker. Ohne ein solches Engagement der deutschen Medien hätte der durchschnittliche Abgeordnete im Bundestag nie erfahren, wovon auf diesem blutigen Balkan eigentlich die Rede war. Nur eine kleine Anzahl von ihnen hatte das Privileg, sich von der Wahrheit an Ort und Stelle zu überzeugen, nur die Herausragendsten unter ihnen bezogen Angaben aus anderen Quellen. Und nur einige wenige hätten das nicht ausräumen können, was auf dem schweren und dornenreichen Gang zur international anerkannten Unabhängigkeit im Wege stand. Schließlich ist die moderne Demokratie im guten Sinne des Wortes im Grunde genommen eine Mediokratie. Die Medien spielten eine Schlüsselrolle bei der Vorbereitung der sanften Revolution in der DDR von dem Augenblick an, als das Fernsehen die Medienblockade durchbrach. Eine noch augenfälligere Rolle spielten sie in Bukarest, und letzten Endes auch während der Zeit des Moskauer Putsches.

Jetzt brachte das Fernsehen auf sozusagen fühlbare Weise in die deutschen Eigenheime die Brutalität der Abrechnung Markovićs mit den Slowenen. Auf die zivile Bevölkerung zu schießen, zivile Objekte zu bombardieren, unschuldige Touristen und Fernfahrer zu töten, in einem Wort, mit Panzern auf die Demokratie und gewöhnliche Menschenleben loszugehen, wirkte schockierend, denn das hatte niemand erwartet, und in Europa hatte sich die Friedenseuphorie, die in gleichem Maße die Massen wie auch die Politiker nach dem Fall der Berliner Mauer und dem Zusammenbruch des Kommunismus erfaßt hatte, noch nicht gelegt.

Nur zwei Wochen vor Ausbruch des Krieges in Slowenien hatte ich Gelegenheit, mit Dr. Peter Hartmann zu sprechen, dem Mann, der im Kanzleramt die Nachfolge des bisherigen langjährigen Kohl-Beraters in politischen Fragen, Horst Teltschik, angetreten hatte. Als ich ihm sagte, daß es sicher zu einem »Bürgerkrieg« kommen werden, falls der Westen nicht entschieden hinter Kroatien und Slowenien stehe, war er beinahe fassungslos. Aber nicht aufgrund dessen, was ich ihm über den Westen gesagt hatte, sondern deshalb, weil es ihm schien, daß ich mit der Gefahr eines Bürgerkrieges reichlich übertrieb. Ich denke, daß mit einem Krieg in diesen Tagen in Bonn fast niemand gerechnet hatte, jedenfalls nicht in der Form, wie er später in Kroatien in Erscheinung trat.

Aber mit der Wirkung des Krieges hatten weder Marković noch die großserbischen Generäle gerechnet. In diesem Detail irrten sich auch all jene im Westen, die Marković die »Mandate« für seine »konstruktive Intervention« gegeben hatten.

Die Medien und die Ereignisse sorgten dafür, daß schon am Montag, dem 1. Juli, alles anders aussah. Kohl sagte auf der Pressekonferenz in Bonn klar, daß sich die Armee sofort in die Kasernen zurückziehen müsse und nicht einen Akt der Gewalt mehr verüben oder damit drohen dürfe. Er gab zu verstehen, daß sich Jugoslawien nur als Konföderation erhalten ließe, in der die Republiken bzw. Staaten breitere Vollmachten hätten. Falls sich dies als unmöglich herausstelle, fügte der deutsche Kanzler hinzu, werde die Regierung über andere Schritte nachdenken.

Damit war die Drohung mit der Anerkennung angesprochen, obwohl nicht wirklich ausgesprochen. Vielleicht auch deshalb, weil Kohl auf dem *summit* der Europäischen Gemeinschaft in Luxemburg nur wenig vorher mit seiner Idee durchgefallen war, daß die Gemeinschaft *offen* ihre Unterstützung für das Selbstbestimmungsrecht der jugoslawischen Republiken (konkret Slowenien und Kroatien) geben solle. Dagegen wehrten sich Großbritannien, Frankreich, Italien und Spanien und begründeten dies damals mit ihren Befürchtungen für Nordirland, Korsika, Südtirol und das Baskenland.

Aber Kohl sagte auf der erwähnten Pressekonferenz trotz allem, daß seine Regierung dem Recht auf Selbstbestimmung den Vorrang gäbe, wobei er gleichfalls auch für die Interessen seiner europäischen Freunde und Partner Rechnung tragen werde. Durch eine solche Kombination der Prioritäten wurden gleichzeitig auch alle späteren

Reibereien und Spannungen in der Europäischen Gemeinschaft wie auch die inneren Schwierigkeiten der neuen Bonner Jugoslawienpolitik selbst antizipiert.

Alles bisher Gesagte gibt jedoch keine Antwort auf die entscheidende Frage: Warum war Bonn so lange fest an die Jugoslawienpolitik der Europäischen Gemeinschaft gebunden?

Deutschland hatte sich am 3. Oktober des Jahres 1990 staatspolitisch vereinigt. Kohl hatte im selben Jahr triumphal die ersten gesamtdeutschen Wahlen nach 1933 gewonnen. Aber bevor er auch nur davon träumen konnte, erwies sich die wirtschaftliche Lage im Osten des Landes als so schwierig, wenn nicht katastrophal, daß seine Partei die gegebenen Wahlversprechen nicht einhalten konnte. Damit war Kohl in eine sehr schwierige innenpolitische Situation geraten.

Auf der anderen Seite hatten auch die Liberalen ein fantastisches Wahlergebnis erzielt, und zwar größtenteils gerade dank Genschers Verdiensten für die Vereinigung des Landes. Das hatte zur Folge, und dieser Ansicht war man zumindest in Bonner Beobachterkreisen, daß Kohl seinen Außenpolitischen Berater Horst Teltschik entlassen mußte, der durch seine luziden politischen Ratschläge das Kanzleramt zu einer Art Konkurrenz für Genschers Ministerium gemacht hatte. Die Außenpolitik des Landes lag damit wieder völlig in den Händen des Chefs der Bonner Diplomatie, während sich der Kanzler mehr den inneren Problemen des Landes widmete.

All dies wäre jedoch nicht so wichtig, hätten nicht zur gleichen Zeit die außenpolitischen Reflexe Bonns versagt. Deutschland war vereint, völlig souverän, und es wurde nun von ihm erwartet, daß es neue Verantwortungen übernehmen werde. Aber die politische Elite dachte noch zu einem guten Teil wie zu der Zeit des »kleinen« Deutschlands, als es das Wichtigste gewesen war, wie hoch in diesem und jenem Monat das Wirtschaftswachstum geklettert war und ob die deutsche Ausfuhr einen neuen Rekord erreicht hatte.

Zudem hatte sich die deutsche Vereinigung mit einer Welle der Euphorie ereignet, die mit dem Ende des Kalten Krieges ganz Europa überschwemmte, man glaubte ganz einfach, daß der Alte Kontinent für immer die Periode der ideologischen und militärischen Konfrontation hinter sich gelassen hätte und daß Kriege seiner Vorgeschichte angehörten. Diese Fixiertheit auf den »ewigen Frieden« jedoch traf im Januar 1991 in dramatischer Weise auf die Realität. Genauer, auf die ersten amerikanischen Bomben, die auf den Irak abgeworfen wurden. Kohl, aber hauptsächlich Genscher hatten bis zum letzten Augenblick auf die Karte einer friedlichen Lösung der Golfkrise gesetzt, und als der Krieg ausbrach, waren sie sozusagen wie gelähmt und wußten nicht, was sie tun sollten. Die Franzosen und die Briten, aber besonders die Amerikaner, beschwerten sich, daß die Deutschen keine adäquate Hilfe anboten, sich egoistisch verhielten, die anderen die unangenehme Arbeit erledigen ließen und ähnliches. Das galt besonders Genscher.

In der amerikanischen Öffentlichkeit kam nochmals der Begriff »Genscherismus« auf, und das in einer äußerst negativen Bedeutung. Dem Chef der Bonner Diplomatie kreidete man alles und jedes an. Die deutschen Zeitungen schrieben in diesen Tagen, in amerikanischen politischen Kreisen werde erzählt, daß Genscher viel glücklicher und zufriedener sei, wenn er mit irgendeinem bulgarischen Parteisekretär spreche, als mit den amerikanischen Senatoren in Washington.

Die deutsche Regierung versuchte, die qualvolle und langwierige Affäre mit einer großzügigen finanziellen Unterstützung für ihre Verbündeten im Krieg gegen Bagdad zu flicken (mit mehr als 15 Milliarden DM!), weshalb sie sehr schnell ins Kreuzfeuer der heimischen Kritik geriet. Genscher reiste zu »Reparations«-Besuchen nach Israel und in die Vereinigten Staaten, aber die Folgen waren noch lange zu spüren. Wie schwerwiegend das alles für Genscher selbst war, legte er im Mai 1992 offen, als er sich nach vollen 18 Jahren am Steuer der Bonner Diplomatie schließlich verabschiedete. Seinerzeit erklärte er, daß er in diesen Tagen das erste Mal ernsthaft über den Rücktritt nachgedacht habe. – Natürlich wollte sich Genscher unter solchen Umständen nicht in neue Spannungen innerhalb der Europäischen Gemeinschaft verwickeln lassen, in der eine starke Stimmung pro Belgrad und eine völlig falsche Einschätzung der Situation auf dem Balkan vorherrschte. Außerdem gab es noch andere Gründe, die ihn davon abhielten. Im Osten des Landes waren nach der Vereinigung noch immer 380 000 sowjetische Soldaten in voller Bewaffnung zurückgeblieben. Sie sollten zwar im Laufe von vier Jahren abziehen, waren aber noch da, und daher stellte die Rücksichtnahme Bonns gegenüber Moskau ein erstrangiges nationales Interesse dar. Das um so mehr, als Moskau noch monatelang nach der Vereinigung Deutschlands den außenpolitischen Vertrag nicht ratifiziert hatte, der bei den »Zwei-plus-vier«-Verhandlungen vereinbart worden war. Und die Situation in der Sowjetunion verschlimmerte sich rapide und wurde immer undurchsichtiger. Bonn ging in einer solchen Situation jeder »Provokation« aus dem Wege, und auch jedem Schachzug, der Gorbatschow hätte schwächen können, auf den es in der untergehenden Sowjetunion als seinen einzigen Trumpf gesetzt hatte.

Eine offenere Unterstützung Kroatiens und Sloweniens zu dieser Zeit, so meinte man, könnte auch als Unterstützung der baltischen Republiken verstanden werden, was Moskau irritieren könnte. Außerdem wäre es auf längere Sicht unmöglich gewesen, die Unterstützung nur den nördlichen jugoslawischen Republiken zu gewähren, und nicht den baltischen, die schon länger auf die Unabhängigkeit warteten, denn das hätte die deutsche Politik als unglaubwürdig und prinzipienlos abgestempelt.

Zu all dem hatte Genscher mit Belgrad über Jahre gute und für beide Seiten nützliche Beziehungen unterhalten. Deutschland war auf eine gewisse Art Fürsprecher Jugoslawiens in Europa gewesen, und als Gegenleistung hatte Belgrad in den Tagen des Kalten Krieges und der Breschnjew-Doktrin Bonn bei den Kontakten mit Moskau unter die Arme gegriffen.

Solange die Bewegung der Blockfreien in der Weltpolitik von Bedeutung gewesen war, hatte Bonn in Verbindung damit in Jugoslawien einen nützlichen Partner gefunden. Zudem waren da auch die entwickelten Wirtschafts- und Handelsbeziehungen im Umfang von etwa 13 Milliarden Mark jährlich nicht vom Tisch zu wischen. Andererseits verbreitete die jugoslawische Diplomatie bewußt Lügen über die wirklichen Verhältnisse in Jugoslawien. Frlec und Lončar führten Bonn monatelang mit Geschichten an der Nase herum, darüber, wie man die Dinge »schnell in Ordnung bringen« werde, daß eine »Vereinbarung in Sicht« sei und daß Jugoslawien nur die Kredite und eine stärkere europäische Integration fehlten, um die Krise zu umschiffen.

Wenn man all das, wie auch die ziemlich starke Fixiertheit Genschers selbst auf den langjährigen Partner und gleichfalls sein bestimmtes Vertrauen zu Lončar in Betracht zieht, dann wird verständlich, daß Kučan, als er am 20. März Bonn besuchte, erklärte, man müsse verstehen, daß Deutschland nicht die Desintegration Jugoslawiens beschleunigen könne, mit dem es diplomatisch andere Beziehungen unterhalte.

Der Krieg in Slowenien, die wilden Übergriffe der Tschetniks in Kroatien, das offene Eintreten der Jugoslawischen Volksarmee für großserbische Ideen und Projekte, alle möglichen Arten von Druck – hauptsächlich der Kroaten in Deutschland – eingeschlossen, stärkten Genscher sowohl moralisch als auch politisch in solcher Weise, daß er zu der Überzeugung kam, »das Ruder herumwerfen« zu können.

Letzten Endes war Genscher als Politiker bekannt, der ein geradezu fantastisches Gespür für die Atmosphäre in Deutschland besaß, für die Stimmung der Mehrheit, für das, was in der Luft liege, aber sicher eintreten werde. Hätte die deutsche Regierung nicht »das Ruder herumgeworfen«, wäre sie nicht nur in Deutschland in die Isolation geraten, sondern hätte sich auch vor einer politischen Quadratur des Kreises befunden: wie hätte man nämlich erklären können, daß für die Kroaten und Slowenen das

nicht gelte, was der Kanzler so feierlich und kräftig betont hatte im Bundestag im August 1990, aus Anlaß des
Beitritts der DDR zur BRD: Das Recht nämlich auf die
»freie Selbstbestimmung der Völker, des deutschen wie
aller anderen in Europa«! Und noch hinzugefügt hatte er,
daß ohne die »Anerkennung des Rechtes der Völker und
Staaten auf den eigenen Weg« weder die deutsche Vereinigung noch einer der erfolgreichen Reformprozesse in
den Ländern des Warschauer Pakts stattgefunden hätte!

Neue Perspektiven, alte Interessen

»Nach unserer Ansicht muß aufgrund der erneuten Verletzung des Waffenstillstands von seiten der jugoslawischen Armee die Anerkennung der Republiken in Aussicht gestellt werden, die die Unabhängigkeit wünschen. Denn wenn die Armee eine Lösung des Problems auf dem Verhandlungswege verhindert, dann bleibt den Republiken nichts anderes, als einseitig die Unabhängigkeit auszurufen.« Dies erklärte heute der Chef der Bonner Diplomatie, Hans-Dietrich Genscher, in einem Interview für den Hessischen Rundfunk vor seiner Abreise nach Den Haag zur Außenministerkonferenz der EG im Rahmen der europäischen politischen Zusammenarbeit. Genscher sagte außerdem, daß daher *»der jugoslawischen Armee klar sein muß, daß sie im Fall eines erneuten Versuchs einer militärischen Intervention damit rechnen muß, daß die EG ernsthaft die diplomatische Anerkennung in Erwägung ziehen und aussprechen wird«.*

Freitag, den 5. Juli 1991

Natürlich wurde aus dieser Drohung noch monatelang nichts, wofür Genscher allerdings am wenigsten schuldig war. Sogar dann nicht, als der Krieg schon in Kroatien wütete und als jener slowenische im Vergleich zu ihm wie ein Kinderspiel wirkte. Es gab viele Gründe, warum das so kam. Aber diese Erklärung Genschers zu dieser Zeit bestätigte zumindest, daß die Jugoslawienpolitik endlich zu einer der Bonner außenpolitischen Prioritäten geworden war.

Schon am ersten Juli war Genscher nach Belgrad gereist. Er hatte eine Botschaft Kanzler Kohls im Gepäck, deren Kern lautete, daß die weitere Zusammenarbeit Deutschlands mit Jugoslawien primär davon abhänge, ob die Anwendung militärischer Gewalt bzw. deren Androhung unterbleibe. Davor war es Kohl auf dem schon erwähnten Summit in Luxemburg gelungen, die Einfrierung der Finanzhilfe für Jugoslawien in Höhe von 1,7 Milliarden DM auszuhandeln, die nur eine Woche zuvor bewilligt worden war. Kohl und Genscher zeigten Belgrad die Zähne auch dadurch, daß sie den Krisenmechanismus der KSZE in Gang setzten, die turnusmäßig unter deutschem Vorsitz stand.

In diesen Tagen hielt Genscher sozusagen Tag und Nacht telefonischen Kontakt zu Stipe Mesić (dem Regierungspräsidenten der SFRJ) sowie zur slowenischen Führung. Es verging kein halber Tag, ohne daß er nicht eine Erklärung oder ein Interview abgegeben hätte, in dem er forderte, die Armee unter politische Kontrolle zu stellen. Natürlich war das Unsinn und zeugte in gewissem Maße davon, daß man auch in Bonn noch immer nicht Bescheid wußte, worum es eigentlich in Jugoslawien ging. Denn die Jugo-Armee befand sich – und wie! – unter politischer Kontrolle, nur hatte diese Kontrolle über sie nicht Mesić inne (der sie auch nicht haben konnte), sondern Jović und Milošević hielten die Fäden in der Hand. Im übrigen wurde, als viel später die einflußreichsten Generäle der Jugoslawischen Volksarmee von Blagoje Adžić bis Stane Brovet abgelöst wurden, die tatkräftig hinter dem Krieg in Slowenien gestanden hatten und noch tatkräftiger hinter dem Krieg in Kroatien, offen zugegeben, daß die Armee seinerzeit keinen Schachzug unternommen hatte, der im voraus nicht durch einen Beschluß des Rumpf-Präsidiums abgedeckt war. Und das bedeutete, daß hinter dem Vorgehen der Armee die serbische politische Führung stand.

Zu solchen Irrtümern trug in hohem Maße die jugoslawische Diplomatie mit Lončar an der Spitze bei, die über ihre Botschaften Desinformationen verbreitete und die Dinge vernebelte. Ein kleines Beispiel führt das anschaulich vor Augen. Noch war der Krieg in Slowenien gar nicht richtig abgeflaut, als Lončars Ministerium allen jugoslawischen Botschaften eine »Anweisung für die Arbeit mit Journalisten« zuschickte. Diese Anweisung traf natürlich auch in Bonn ein, und Botschafter Frlec verteilte sie sofort an die gewünschten Adressaten. In ihr stand unter anderem zu lesen: »Die slowenische Propagandamaschine stellt die Situation auf ihrem Territorium, die durch die Konflikte ihrer Territorialverteidigung mit Angehörigen der Jugoslawischen Volksarmee ausgelöst wurde, einseitig, verzerrt und lügenhaft dar. Zur Illustration können wir folgende Beispiele der unmenschlichen Vorgehensweise der Territorialverteidigung Sloweniens anführen, die im Gegensatz zu den klaren Regeln des internationalen Rechts stehen: anläßlich eines Angriffs auf eine Einheit der Jugoslawischen Volksarmee in Rožna Dolina haben Angehörige der Territorial-Verteidigung Sloweniens Kinder und Erwachsene vor die Panzer getrieben. Gefangengenommene Angehörige der Jugoslawischen Volksarmee, die Widerstand leisteten, wurden an Ort und Stelle auf heimtückische Weise umgebracht. Es wurde kein Zugang zu den Verwundeten gewährt, so daß diesen keine Hilfe geleistet werden konnte. Die Streitkräfte der Territorial-Verteidigung Sloweniens haben auch »Dum-Dum«-Geschosse benutzt, deren Gebrauch durch internationale Konventionen verboten ist. An Verwundungen durch diese Geschosse starb der Soldat Dragan Rodić. Die Angehörigen der Territorial-Verteidigung Sloweniens führten auch Frauen und Kinder von JVA-Vorgesetzten aus ihren Wohnungen heraus und brachten sie zwangsweise vor die Umzäunung der Kasernen, wo sie ihre Männer und Väter dazu aufrufen mußten, sich zu ergeben, wenn sie nicht umgebracht werden wollten. Sogar mit Waffenfeuer wurde die Erste-Hilfe-Leistung und die Versorgung der Verwundeten verhindert. Das Rote Kreuz Sloweniens als humanitäre Organisation ging nicht ein einziges Mal gegen eine solche Erniedrigung der Menschlichkeit und elementaren menschlichen Ethik vor, präsentierte aber der Öffentlichkeit sehr eifrig eine Liste verwundeter, ums Leben gekommener und gefangengenommener Soldaten und übernahm damit die Aufgabe des Propaganda-Krieges gegen die Jugoslawische Volksarmee, was mit den internationalen Regeln des Roten Kreuzes und der Ethik einer humanitären Organisation unvereinbar ist.«

Doch wenden wir uns wieder Genscher zu. Er wiederholte in zahlreichen Auftritten beharrlich, daß die Armee in Jugoslawien die grundlegenden Prinzipien der Charta von Paris gefährdet habe (die im November 1990 feierlich unterzeichnet worden war und unter die auch Jović seine Unterschrift gesetzt hatte!). Als wichtigste Prinzipien hob Genscher die Achtung der Menschenrechte wie auch der Minderheitenrechte sowie des Rechts auf Selbstbestimmung hervor. Er insistierte, daß diese Achtung gleichzeitig die Grundlage für die Lösung der jugoslawischen Krise bilden sollte. Das eröffnete Zagreb und Ljubljana verständlicherweise eine völlig andere Perspektive, als dies am Vorabend der Unabhängigkeitserklärung der Fall war.

Die Parteiführer in Bonn gingen einen Schritt weiter. Hornhues forderte im Namen der Christlichen Union Kohls schon am 3. Juli, daß in Zusammenhang mit dem Krieg in Slowenien und der Verschärfung der Situation in Kroatien der Sicherheitsrat der UN angerufen werden müsse, wobei er mit den Fingern auf das Siebente Kapitel der Konvention dieser Weltorganisation zeigte, in dem von Zwangsmaßnahmen (einer Militärintervention) die Rede ist, um wieder Frieden herzustellen. Das gleiche forderte auch Herbert Gansel im Namen der SPD. Natürlich reagierte die UN nicht, denn zu dieser Zeit war das für sie eine innere Angelegenheit Jugoslawiens, in die sie sich nicht einmischen »konnte« und auch nicht wollte. Daneben forderte man, »die diplomatische Anerkennung« Kroatiens und Sloweniens zu »unterstützen« (die CDU/CSU-Gruppierung im Europa-Parlament) und betonte man, daß »das Recht auf Selbstbestimmung auch das Recht auf staatliche Unabhängigkeit einschließt«. Es fielen auch harte Worte zu Lasten der EG, wie beispielsweise, daß sie noch nicht genug des Blutvergießens habe und deshalb noch zögere (Hornhues).

In der Zwischenzeit reiste auch die sogenannte EG-Trojka mit den Außenministern der Niederlande, Luxemburgs und Portugals nach Jugoslawien. Vereinbart wurde der Waffenstillstand von Brioni, der Slowenien den Frieden und den Rückzug der jugoslawischen Armee von seinem Territorium brachte und Kroatien den schrecklichsten Krieg in seiner Geschichte. Die EG kompromittierte sich damit schlimmer als vor dem Krieg in Slowenien. Es entstand der Eindruck, Europa sei mit Brettern vernagelt, und es werde nichts unternommen.

Die Medien hoben aus Mangel an besseren Erklärungen hervor, daß an allem der niederländische Außenminster van den Broek schuld sei, der zu dieser Zeit den Vorsitz des EG-Ministerrates führte. Man sprach davon, daß er sich aus Trotz Genscher entgegenstelle und daß er aus Verletztheit all dessen Initiativen obstruiere. Das entsprach ein wenig der Wahrheit, die Beziehungen zwischen van den Broek und Genscher waren niemals kühler gewesen, und erst, als Spanien turnusgemäß das Steuer der EG übernahm, versöhnten sich Genscher und van den Broek.

Aber es wäre natürlich zu einfach, alle Differenzen und Blockaden in der EG nur auf den »Konflikt« dieser zwei Minister zurückzuführen. Die wahren Gründe lagen in den sich wesentlich unterscheidenden Positionen der Hauptakteure Paris, London und Bonn, und sicherlich in der amerikanischen Passivität.

Tudjman bei Kohl

Der kroatische Präsident Tudjman sprach heute in Bonn eineinhalb Stunden mit dem deutschen Bundeskanzler Helmut Kohl (auf dessen Einladung er auch gekommen war), und anschließend auch mit Außenminister Genscher. Nach diesen Gesprächen erklärte Tudjman, er sei »angenehm überrascht«, obwohl er von solchen Politikern wie Kanzler Kohl und Minister Genscher Verständnis für die kroatische Sache und die mit der jugoslawischen Krise verbundenen Probleme erwartet habe. Auf der Pressekonferenz am Abend des selben Tages sagte Tudj-man auf die Frage eines Korrespondenten, was seine Gespräche in Bonn für eine Bedeutung für die internationale Stellung Kroatiens als Rechtssubjekt hätten, daß in der Frage selbst schon die Antwort enthalten sei. »Allein die Tatsache, daß ich nach Bonn eingeladen wurde, zeugt davon, daß Deutschland und Europa die Lage in Jugoslawien und Kroatien bekannt ist, daß Kroatien ein Referendum zur Frage der Selbstständigkeit durchgeführt hat und daß es in diesem Sinne eine Realität der internationalen Gemeinschaft auch vor der formalen Anerkennung ist.«

Auf die Anfrage, ob er im Gespräch mit Kohl und Genscher ausdrücklich die Frage der internationalen Anerkennung Kroatiens aufgeworfen habe, antwortete Tudjman mit nein; es sei jedoch betont worden, daß das Problem der Anerkennung Kroatiens ebenso wie auch die Anerkennung Sloweniens behandelt werden müsse. Dies stellte er insbesondere wegen des Wunsches großserbischer Kreise klar, daß Slowenien Jugoslawien so bald wie möglich verlassen und die Armee sich aus Slowenien nach Kroatien zurückziehen solle.

Die deutsche Seite gab nach den Gesprächen kurze Verlautbarungen heraus, in denen betont wird, daß Tudjman Kanzler Kohl über die Verhältnisse in Jugoslawien und besonders in Kroatien »ausführlich unterrichtet« habe. Weiter wird gesagt, der deutsche Kanzler habe erklärt, daß man in der jetzigen Krisensituation in Jugoslawien

vor allem »jede Androhung und Anwendung von militä-
rischer Gewalt« vermeiden müsse, sowie daß sich eine
dauerhafte politische Lösung nur auf dem Wege des Dia-
logs finden könne. In diesem Sinne riet Kohl, »alle Chan-
cen auszuschöpfen« und drückte die Bereitschaft seiner
Regierung aus, gemeinsam mit den europäischen Part-
nern zu einer friedlichen Lösung des Konfliktes beizu-
tragen.   *Donnerstag, den 18. Juli 1991*

Präsident Tudjman hatte schon seit Monaten den Wunsch
nach einer Begegnung mit Kanzler Kohl in Bonn geäußert. »Könnte ich mit Kohl doch nur eine Tasse Kaffee
trinken«, hatte er gesagt. Das war zu der Zeit, als man
noch geglaubt hatte, daß ein solches Ereignis Belgrad fas-
zinieren und es von Gewalt und Krieg abhalten würde.
Denn, schaut her, Europa und die Welt stehen hinter uns!
In der Zwischenzeit waren Gewalt und Krieg zur Alltäglichkeit sowohl in Slowenien (für kurze Zeit) als auch in
Kroatien (für lange Zeit) geworden. Und nun lud Kohl
Tudjman nach Bonn ein! Damit war der kroatische Präsident zugleich, und das zeugte vom Ernst der Lage, der erste Präsident einer der jugoslawischen Republiken überhaupt, den der deutsche Kanzler empfangen hatte.
Wahrscheinlich wäre es zu dieser Begegnung auch gekommen, hätten sich die Ereignisse, und besonders der
Krieg in Slowenien, nicht überholt. Denn Kroatien blutete auch vor diesem Krieg und war erniedrigt worden.
Kohl wußte das gut und hatte auf jeden Fall auf seine Art
Mitgefühl mit dem Opfer. Mitte Juni, also etwas mehr als
einen Monat vor Tudjmans Besuch in Bonn, lud Kohl eine größere Gruppe Journalisten zu einem ganztägigen
Ausflug in seine heimatliche Pfalz ein. In einem zusam-
menhanglosen und entspannten Gespräch im Zug antwortete Kohl die Frage, wann er denn den kroatischen
Präsidenten empfangen werde, der schon länger den
Wunsch nach einer solchen Begegnung hege: »Ich weiß,
das ist schon bei mir auf dem Tisch. Wir müssen es nur
klug anfangen. «

Jetzt war Tudjman in Bonn und sprach eineinhalb Stunden lang mit dem deutschen Kanzler, später auch mit Genscher. Am Vorabend dieses Besuchs hatte Kohls CDU/CSU begrüßt, daß der »Kanzler Helmut Kohl den kroatischen Präsidenten nach Bonn eingeladen hat. Damit wird die bisherige Politik der Europäischen Gemeinschaft korrigiert, die in erster Linie zum falschen Zeitpunkt die Serben in ihrem Traum von einem großserbischen Staat bestärkt hat. Die Gespräche können zu einer verstärkten Suche nach einer friedlichen Lösung des Konflikts im Sinne der Erklärung von Brioni beitragen. Gleichzeitig sind sie auch ein Zeichen der Solidarität mit Kroatien, das sich in einer schwierigen Situation befindet.« Nach dem Gespräch mit Kohl und Genscher hatte ich als Journalist zusammen mit meinem Kollegen B. Tudjen Gelegenheit, länger mit dem kroatischen Präsidenten in dessen Appartement im Bonner Luxushotel »Maritim« zu sprechen. Zugegen war auch Hrvoje Šarinić, der damalige Leiter des Präsidialamtes. Tudjman war sichtbar erschöpft, aber auch zufrieden mit den Gesprächen, wenn er uns auch keinerlei sensationelle Nachricht mitteilen konnte (oder vielleicht nicht wollte?).

Es hatte ihn schockiert, daß Genscher ihm plötzlich die Frage gestellt hatte, warum Kroatien gegen die Ingangsetzung des Krisenmechanismus der KSZE am 3. Juli in Prag gewesen sei. Das war um so ungewöhnlicher, als gerade Kroatien darauf insistiert hatte, den Krisenmechanismus in Bewegung zu setzen. Tudjman erklärte natürlich Genscher das alles, der diese Informationen augenscheinlich von Marković und Lončar erhalten hatte, als er am 1. Juli Belgrad besuchte. Aber das bestätigte nur schon Bekanntes: daß diese Herren alles taten, um den Westen zu täuschen und dabei Kroatien so sehr wie möglich anzuschwärzen.

Zu guter Letzt besuchte Lončar zur selben Zeit, während sich Tudjman in Bonn aufhielt, Mitterand in Paris. Ein Zufall? Nach all den Differenzen, die sich bis dahin schon zwischen Paris und Bonn herauskristallisiert hatten, konnte daran kaum jemand glauben. Paris hatte in der

Europäischen Gemeinschaft die Initiative Bonns blokkiert, die Anerkennung Kroatiens und Sloweniens wenigstens in Aussicht zu stellen. Insofern gab es keinen Zweifel, daß es Lončars Absicht war, mit seinem Besuch in Paris den Effekt von Tudjmans Besuch in Bonn zu neutralisieren und gleichzeitig, soweit er konnte, die Unterschiede zwischen Kohl und Mitterand in Zusammenhang mit der kroatischen Frage zu vertiefen. Ja, gerade mit der kroatischen Frage! Denn Slowenien hatte schon grünes Licht aus Belgrad bekommen, daß es in Frieden von Jugoslawien Abschied nehmen könne. Am zweiten Tag von Tudjmans Aufenthalt in Bonn, als dieser mit Hans Stercken, dem Vorsitzenden des Auswärtigen Auschusses des Bundestages, zusammentraf, erreichte ihn die Nachricht, daß die Jugoslawische Volksarmee entschieden hatte, sich völlig aus Slowenien zurückzuziehen, obwohl die Vereinbarung von Brioni nur von ihr verlangte, sich in die Kasernen zurückzuziehen. So gut das für Slowenien war, so schlecht war es für die Kroaten, denn es kündigte das an, was später auch eintrat: den großen Krieg gegen Kroatien.

Eines der greifbarsten Dinge, die Tudjman in Bonn erreichte, und was in engem Zusammenhang mit dem vorher Gesagten steht, war die Überzeugung, daß, was Bonn anbetraf, die Frage der Anerkennung Kroatiens ebenso wie auch die Anerkennung Sloweniens behandelt werden würde. Das war aus mehreren Gründen sehr wichtig, umsomehr, als die Slowenen (womit sie weder in Europa noch in Jugoslawien allein dastanden) auf jede mögliche Art und Weise versuchten, das zu trennen, und zwar so, daß Slowenien sofort oder sehr schnell anerkannt werden sollte, und Kroatien erst dann, wenn (und falls) es die Bedingungen erfüllte.

Die Presse beschäftigte sich in diesen Tagen ernsthaft mit diesem Thema und betonte, es sei möglich, daß der Westen nur Slowenien anerkennen werde, das, um die Wahrheit zu sagen, nach dem Neun-Tage-Krieg viele Sympathien und Respekt in der allerbreitesten europäischen Öffentlichkeit gewonnen hatte. Diesbezügliche Spekulationen wurden auch durch den Umstand unterstützt, daß es vom Augenblick der Proklamation der kroatischen Unabhängigkeit an nicht mehr erkennbar war, was die kroatische Politik denn eigentlich wollte und worauf sie abzielte.

»Die Welt« schrieb etwa zehn Tage vor Tudjmans Bonn-Besuch, daß die Slowenen im Unterschied zu den Kroaten eine »viel konsequentere und nach außen hin leichter erklärliche Position gezeigt hätten«. Dabei dachte man an die Absage von Janez Drnovšek, weiterhin an der Arbeit des jugoslawischen Staatspräsidiums mitzuwirken, das in den deutschen Medien wiederholt als »Instrument Serbiens« bezeichnet worden war. »Mesić trägt zwar den Titel des Präsidenten, ist aber eine Figur ohne Macht«, schrieb man, während man sich in Diplomatenkreisen immer häufiger die Frage stellte, ob die kroatische Politik dem Westen nicht beweisen wollte, daß es noch immer möglich sei, Jugoslawien zu retten und die Armee ziviler Kontrolle zu unterstellen. Die Erklärungen Mesićs in dieser Zeit wurden mit Verwunderung aufgenommen, besonders, weil es auch für Blinde sichtbar war, daß Serbien Kroatien schon praktisch den Krieg erklärt hatte.

Anfang Juli, keinen Monat vor Ausbruch des großen Krieges in Kroatien, sagte Mesić dem deutschen Wochenmagazin »Der Spiegel«, daß »die Slowenen begreifen müssen, daß die Souveränität ein Prozeß ist, den man nicht im Galopp erreichen kann«. Und fügte hinzu, »ob uns das gefällt oder nicht«, denn noch immer bestehe die international anerkannte Souveränität Jugoslawiens. Im Zusammenhang mit den Drohungen von General Blagoje Adžić sagte der Regierungspräsident der Sozialistischen Föderativen Republik Jugoslawien: »Lassen wir ihn ruhig reden, er kann seine Drohungen nicht in die Tat umsetzen.« Adžić hatte seinerseits gedroht, mit ganzer Kraft zuzuschlagen, denn wenn es zehntausend Tote in Jugoslawien gäbe, wären die Dinge wieder im rechten Lot!

Dieses unglückliche Gespräch beendete Mesić mit der Prophezeiung: »In drei Monaten werden wir die Lösung haben. Und das ohne Krieg. Darauf gehe ich jede Wette ein!«

Tudjman war in Bonn auf der Pressekonferenz viel vorsichtiger. Er sagte, daß Kroatien entschieden sei, seine Selbstständigkeit und Souveränität zu erzielen. Falls das in einem Bund souveräner Staaten realisiert werden könne, würde Kroatien sich darauf einlassen, nur auf keinen Fall um den Preis einer wie immer gearteten Beschneidung seiner Souveränität und des Rechtes auf Selbstbestimmung.

Diese Aussagen sind wahrscheinlich auch die Erklärung dafür, warum Tudjman in Bonn nicht die Frage der diplomatischen Anerkennung Kroatiens stellte. Er befürchtete augenscheinlich die Intervention der Jugo-Armee und hoffte, daß sich mit einer Konföderation das Schlimmste vermeiden ließe. Im Gespräch in seinem Appartement des »Maritim« sagte er, er glaube, daß er sich letztendlich doch mit Milošević verständigen werde. Und er fügte hinzu: »Milošević ist verrückt, aber nicht so verrückt, daß man mit ihm keine Vereinbarungen treffen kann.« Er hatte zu dieser Zeit schon geheime Gespräche mit Milošević in Karadjordjevo hinter sich. Aber Kroatien blutete immer mehr, über Knin, die Banija bis nach Ostslawonien, und Tudjman befand sich offenbar in einer Situation, aus der schwerlich ein Ausweg zu sehen war. Deswegen zögerte er wahrscheinlich in solchem Maße und hoffte, von außen gesehen naiv, daß er Kroatien vor dem großen Krieg retten könne, wenn er schon den »kleinen Krieg« (wie er selbst zu dieser Zeit die Terrorisierung und Zerstückelung Kroatiens durch die Tschetniks nannte) nicht hatte vermeiden können. Seinerzeit war der kroatische Präsident noch überzeugt, der Westen würde nicht zulassen, daß es zu einem solch schrecklichen Kriegsdrama kommen würde, zu dem es dann kam, und daß er Mechanismen aktivieren würde, die Milošević und seinen Generälen Einhalt gebieten könnten. Seinerzeit beruhigte ihn noch die Pentagonale, denn es war offensichtlich, daß wegen ihr der damalige italienische Außenminister Gianni de Michelis mit ganzer Kraft die Einheit und territoriale Integrität Jugoslawiens unterstützte, denn sie sollte in seinen venezianischen Plänen das Rückgrat eines Gebildes werden, das die Ausbreitung der »D-Zone« nach Südosten und gleichzeitig dem schwachen Italien einen würdigeren Platz in der europäischen Gemeinschaft sichern sollte. Über die Pentagonale, so hatte De Michelis geplant, sollte Rom die untentbehrliche Transfusion erhalten, um sich aus der Position eines zweitrangigen Mitglieds der Gemeinschaft herauszuheben. Tudjman befürchtete, daß dahinter auch die Amerikaner stehen könnten oder bereits stünden, was jedoch nicht der Fall war. Letzten Endes mußte sich auch De Michelis zurückziehen, als er eingesehen hatte, daß er nicht mehr eine Politik verteidigen konnte, die so glänzend durch seine Erklärung charakterisiert wurde, den Krieg in Kroatien hätten die ausländischen Korrespondenten sich ausgedacht! Trotz der offensichtlichen Tatsache, daß jeden Tag mehr kroatische Polizisten ums Leben kamen als Menschen insgesamt während des slowenischen Krieges.

Die Unsicherheit Tudjmans und, man könnte sagen, sein »verzweifeltes« Hoffen, trotz allem durch Lavieren und Verhandeln Kroatien vor dem Blutvergießen zu retten, kamen auch daher, daß Kroatien zu dieser Zeit ziemlich mager bewaffnet, schlecht auf den Krieg vorbereitet und von Katakomben des Jugoslawischen Geheimdienstes untergraben war. Außerdem hatte es das Staatspräsidium Jugoslawiens durch seine Machenschaften fertiggebracht, Kroatien aus der Operationalisierung der Vereinbarung von Brioni auszuschließen, was zur Folge hatte, daß die JVA mit ihren Panzern auf den kroatischen Straßen und Feldern verblieb und daß in Europa, mit einigen ehrbaren Ausnahmen, sich niemand deswegen den Kopf zerbrach. Die systematische Vernichtung Kroatiens bekam dadurch praktisch »grünes Licht«.

Ein beleidigter van den Broek

Im Hinblick auf die dramatische Entwicklung der Ereignisse in Jugoslawien forderte der Chef der Bonner Diplomatie, Hans-Dietrich Genscher, »ein stärkeres Engagement der europäischen Gemeinschaft« in der jugoslawischen Krise. Am Mittwoch richtete er einen Brief an den niederländischen Außenminister van den Broek (dem augenblicklichen Vorsitzenden des EG-Ministerrats), in dem er verlangte, die Tätigkeit der Beobachterkommission der Gemeinschaft »auch auf Kroatien auszuweiten«. Genscher hob hervor, dies sei »unbedingt wichtig«, um zu einer Beruhigung der Situation beizutragen. Gleichzeitig bat er seinen niederländischen Kollegen, zum bevorstehenden EG-Minsterratstreffen (am 29. Juli in Brüssel) neben dem jugoslawischen Premier Marković »gleichfalls auch die Vertreter der Jugoslawischen Republiken« einzuladen.   *Mittwoch, den 24. Juli 1991*

Die Situation in Kroatien wurde von Stunde zu Stunde immer dramatischer. Die ersten Vertreibungen kroatischer Bauern aus der Baranja begannen, die Niederbrennung ihrer Häuser. Das Fernsehen berichtete über das Massaker der Tschetniks in Struga, von Dutzenden umgebrachter kroatischer Polizisten sowie über den Mord an dem deutschen Journalisten Egon Scotland. Van den Broek, der dem Ministerrat der Gemeinschaft vorsaß, unternahm nichts. Er tat, als ginge ihn dieses gesamte reale bzw. zukünftig drohende Drama nichts an. Aber dafür reagierte Genscher. Dabei wollte er auf gewisse Weise sichtbar werden lassen, daß die EG tatsächlich das Recht der jugoslawischen Völker (in diesem Fall in erster Linie der Kroaten und Slowenen) auf Selbstbestimmung anerkannte. Deshalb hatte er auch vorgeschlagen, daß an dem Treffen in Brüssel auch die Vertreter der Republiken teilnehmen sollten. Außerdem wußte der Chef der Bonner Diplomatie gut, daß Marković und Lončar nichts zu sagen hatten, denn sie hatten praktisch weder Macht noch Ansehen, und daß die reale Macht bei den Republiken und nicht in der Föderation lag. Nur Vertreter der Belgrader Bundesregierung einzuladen, hätte objektiv gesehen ein Verharren auf der bisherigen Politik der EG bedeutet, obwohl die EG angefangen hatte, vom Recht auf Selbstbestimmung zu sprechen.

Genscher konnte und wollte sich auch nicht mehr den Luxus erlauben, über solche europäischen »Absurditäten« ruhig hinwegzugehen. Die deutschen Parteivorsitzenden drückten jeden Tag ihre Besorgnis wegen der Lage in Kroatien aus und trieben die deutsche Regierung »zur Anerkennung« der nördlichen Republiken. Obwohl die jugoslawische Armee noch nicht frontal interveniert hatte, war klar, auf wessen Seite sie sich befand. Reißmüller schrieb über diese Tatsache und über den serbischen Terror in Kroatien eine Artikelserie in der FAZ. Er war einer der ersten, die sagten, daß es sich nicht um einen ethnischen Konflikt in Kroatien handelte, wie es die Belgrader Propaganda dem Ausland darstellte und was Europa unkritisch übernahm, sondern um einen Eroberungskrieg Serbiens gegen Kroatien. Der stellvertretende CDU-Fraktionschef Horhues machte darauf aufmerksam, daß »die jugoslawische Armee in Kroatien kein Faktor der Stabilität, sondern eine Quelle selbstständiger, neuer Konflikte ist (und daß) sie die serbische Minderheit unterstützt und sich wie eine Besatzungsmacht verhält.«

C. G. Ströhm berichtete in »Die Welt« über die Schwierigkeiten, in die der kroatische Präsident selbst geraten sei, und fragte sich, ob Tudjman überhaupt einem großen Krieg aus dem Weg gehen könne. Wegen der schwachen kroatischen Verteidigung und den zahlreichen Opfern höre man, so schrieb Ströhm, einerseits resignierende Stimmen, daß die Serben zu stark seien und daß man daher den kroatischen Traum von der Unabhängigkeit nicht verwirklichen könne, während andererseits eine radikale Stimmung wachse und eine entschiedene Aktion gegen die serbischen Freiwilligen gefordert werde, und falls nötig, auch gegen die jugoslawische Armee. Tudjman befand sich unter solchen Umständen in der Klemme, während er versuchte, um jeden Preis den großen Krieg zu vermeiden.

Unter diesen Gegebenheiten ergriff Genscher also seine Initiative und stieß sofort auf eine Mauer. Van den Broek war beleidigt, denn er fühlte sich von Genscher, dem Professionellen, geschlagen und gleichzeitig geringgeschätzt. Dies war, nebenbei gesagt, auch der Beginn der berühmten Unstimmigkeiten der beiden, die dann auch zur Abkühlung der persönlichen Beziehungen führten, was auch mit Menschenopfern in Kroatien und einer moralisch-politischen Kompromittierung der Europäischen Gemeinschaft bezahlt wurde.

Sobald Genscher seine Initiative offengelegt hatte, kam aus Brüssel sofort die Nachricht, daß die EG die Vertreter der Republiken nicht einladen werde. Zur gleichen Zeit wollte van den Broek in Den Haag diese Nachricht weder bestätigen noch dementieren. Das Gezerre setzte sich in Bayreuth fort, wo Genscher Gastgeber seiner Amtskollegen aus Frankreich und Luxemburg, Dumas und Poos, war. Insbesondere Dumas war gegen eine Einladung der Vertreter der Republiken, aus der Angst heraus, dies könne als eine Art Einleitung der diplomatischen Anerkennung Kroatiens und Sloweniens verstanden werden. Daher lautete die Kompromißformel in Bayreuth, daß die Einladung den Vertretern der Republiken aus dem Präsidium der SFRJ gelte.

Schließlich war damit auch van den Broek einverstanden. Aber nach Brüssel kamen, neben Marković und Lončar, aus dem Präsidium nur Tupurkovski und Bogićević. Niemand sonst! Das war ein erstrangiger Skandal. Genscher war wütend und sagte öffentlich, es müsse festgestellt werden, wer dafür die Verantwortung trage. Die Beziehungen mit van den Broek waren auf Null gesunken. Das Treffen in Brüssel war natürlich gescheitert, es brachte praktisch nichts. Falls Marković und Lončar noch halbwegs die Interessen Serbiens vertreten konnten, waren Tupurkovski und Bogićević ohne jedes Ansehen in Jugoslawien und ohne jegliches Mandat nicht in der Lage, irgendjemanden zu vertreten: weder die Serben, noch die

Kroaten, und auch nicht die Slowenen, die Hauptakteure der damaligen Jugoslawischen Krise. Daher war das Treffen wegen zweier Details bemerkenswert. Wegen Genschers und Dumas' Forderung, in Kroatien die Zahl der EG-Beobachter zu erhöhen, und wegen van den Broeks Idee, gemischte Patrouillen zu bilden, die aus Soldaten der JVA und der kroatischen Garde bestehen sollten! Diese gemischten Patrouillen sollten nach Vorstellung des niederländischen Außenministers in Kroatien den Frieden sichern! Natürlich wurde nichts daraus. Außer daß van den Broeks politische Findigkeit und totale Uneingeweihtheit in die Beziehungen und Verhältnisse Kroatiens beziehungsweise Jugoslawiens in der europäischen Presse verspottet wurde.

Besonders interessant ist, wie es dazu kam, daß nur Tupurkovski und Bogićević in Brüssel erschienen waren. Nachdem sich die Zwölf endlich auf dem Treffen der politischen Direktoren der Gemeinschaft darauf verständigt hatten, die Vertreter der Republiken aus dem jugoslawischen Staatspräsidium einzuladen, gab das Ministerium van den Broeks seinem Botschafter in Belgrad die Anweisung, eine kollektive Einladung an das Präsidium zu übergeben. Wie später aufgedeckt wurde und worüber auch die deutsche Presse schrieb, hatte der Botschafter auf niederländische Weise schlampig und undiplomatisch gehandelt. An diesem Tag hatte er »ganz zufällig Turpurkovski getroffen«, der eilig unterwegs zur Sitzung des Präsidiums war. Mitten auf der Straße übergab er ihm die Einladung und ging dann weiter in eine andere Richtung seinen Geschäften nach. Und obwohl in der Einladung stand, daß das gesamte Präsidium eingeladen sei, entschieden Jović und seine Gesellschaft, nur die genannten zwei nach Brüssel zu schicken. Warum Mesić, der zu der Zeit noch Vorsitzender des Präsidiums war, nicht reagierte, blieb ein Geheimnis.

In jedem Fall hatte Genscher das Treffen in Brüssel in eine Art internationale Initiation Kroatiens und Sloweniens umfunktionieren wollen, heraus kam dabei jedoch eine eigenartige Belgrad-Den Haager Farce.

Als van den Broek zum Abschluß sagte, daß Jugoslawien wieder mit der wirtschaftlichen und finanziellen Hilfe der Gemeinschaft rechnen könne, falls der Waffenstillstand eingehalten werde und Verhandlungen über die zukünftige Struktur des Staates begännen, nickte Marković, der neben ihm saß, zufrieden mit dem Kopf. Ein deutsches Blatt schrieb aus diesem Anlaß, daß Markovićs Lächeln, das dieses Kopfnicken begleitete, zu erkennen gab, daß der jugoslawische Premier sehr zufrieden mit einer solchen Europäischen Gemeinschaft sei.

Auf jeden Fall war er mit ihr wesentlich zufriedener als mit den Kroaten, die am selben Tag in Brüssel demonstrierten und ihre Verbitterung wegen der Opferung Kroatiens und wegen einer solchen Politik der Europäischen Gemeinschaft kundtaten. Sie riefen den »Kroaten« Marković und Lončar »Verräter!« und »Mörder!« zu. Und diese Herren lächelten auch danach noch in Belgrad.

Ein Tag zum Erinnern

»Und es müßte klar gesagt werden, wer hier der Angreifer, und wer das Opfer ist. Nicht die Kroaten haben die Serben überfallen, sondern es sind serbische Freiwillige, also bewaffnete Zivilisten, nach Kroatien eingedrungen. Das Argument, dies sei getan worden, um die dortige serbische Minderheit zu schützen, ist nicht haltbar, denn für eine solche »Beschützung« besteht keinerlei Anlaß. Das, was sich dort abspielt, ist Terror, um einen Teil Kroatiens für das zukünftige Großserbien zu erobern. Kroatien stehen schwere Zeiten bevor. Auch wir werden es alle am eigenen Leibe spüren, falls auf dem Balkan die Dinge nicht unter Kontrolle gebracht werden«, schrieb heute das Bonner Blatt »Die Welt«. Mittwoch, den 31. Juli 1991

Einen Tag später zeigte das deutsche Fernsehen den Beginn des Krieges für Kroatien, der in seiner Dramatik und in den Dimensionen der menschlichen Tragödie in allem die Bilder übertraf, die die Deutschen während des Krieges in Slowenien erschütterten. Gespenstisch leere kroatische Dörfer, aus denen Tausende und Abertausende Kroaten vertrieben worden waren, Flüchtlingskolonnen erschreckter und entsetzter Menschen, Alte und Schwache, die nicht wußten, was ihnen geschah. Dann eine ermordete alte Frau, die in ihrem eigenen Hof vor dem Haus lag, die Panzer der jugoslawischen Armee, die gemeinsam mit den Tschetniks Kroatien verwüsten, zerstörte Kirchen, durchgeprügelte, massakrierte kroatische Polizisten, die von Serben festgehalten worden waren. »Schrecklich«, »entsetzlich«, das waren die Worte der Deutschen auf der Straße, Worte von Menschen, die nicht verstehen können, daß all das in Europa passiert, am Ende dieses gemarterten Jahrhunderts; daß diesen Krieg praktisch ganz Serbien unterstützt und nicht nur verrückt gewordene Politiker, vergiftete Nationalisten und Chauvinisten; daß eine Armee, obgleich sie auch schon lange keine jugoslawische mehr war, mit soviel Eifer und Strebsamkeit Zivilisten umbringt, mit Granaten auf

Krankenhäuser und Kindergärten schießt und Verbrecher unterstützt, die Verhaftete abschlachten.

Diese Fassungslosigkeit und Besorgnis zeichnete sich auch auf den Gesichtern der Fernsehmoderatoren ab, die den Zuschauern an diesem ersten August mitteilten, daß »der Krieg in Kroatien begonnen hat«, daß serbische Einheiten aus der Vojvodina in Kroatien eingedrungen waren. Daß dies, wie es im ZDF gesagt wurde, »ein Tag war, an den wir uns noch lange werden erinnern müssen«.

Nicht weniger dramatisch berichteten auch die deutschen Zeitungen einen Tag später, am Freitag. Es waren besonders drei Jornalisten, die am meisten dazu beitrugen, und zwar nicht nur in diesen Monaten, sondern auch schon viel früher und auch später, damit die Wahrheit über Kroatien ins Licht der Öffentlichkeit dringen konnte: Johann Georg Reissmüller, Viktor Meier und Carl Gustaf Ströhm.

Reissmüller schrieb in der FAZ, daß »Kroatien der großserbischen Angriffsmacht unterlegen ist und ohne jegliche Hilfe aus dem Ausland vor dem militärischen Zusammenbruch steht«. Falls Sisak nach dem Fall von Kroatisch-Kostajnica gehalten werden kann, »wird das reines Glück sein«. Die Dinge stehen auch in Slawonien schlecht. Die Großserben sehen sich schon vor dem Ziel, vor der Ausdehnung Serbiens bis fast direkt vor Zagreb. Reissmüller, der noch einen Tag zuvor die kroatische Passivität zur Zeit des slowenischen Krieges gerechtfertigt hatte, fragte sich jetzt, ob Kroatien seinerzeit vielleicht doch einen Fehler begangen hätte. – In derselben Ausgabe der FAZ schrieb Meier, daß nach der ethnischen Säuberung der Banija die Serben jetzt Anlauf auf Vinkovci nähmen, obwohl in dieser Stadt 71 000 Kroaten und nur 13 000 Serben lebten. »Kroatien hat durch eine solche Entwicklung der Dinge eine schwere Niederlage erlitten und steht vor dem politischen und militärischen Zusammenbruch.« Kroatien habe Fehler gemacht und sei in seinen politischen und militärischen Strukturen der Situation nicht gewachsen: »Die Kroaten in den Kriegsgebieten sind verbittert und fühlen sich im Stich gelassen.«

Und Ströhm: »Es ist unbegreiflich, daß die Europäer passiv den serbischen Verbrechen zuschauen, daß sie noch immer den absurden Traum von der »jugoslawischen Einheit verfolgen und deswegen die Anerkennung und den Schutz Kroatiens ablehnen, obwohl Jugoslawien, indem es Slowenien wie auch dem verbrecherischen Vorgehen der serbischen Extremisten die Freiheit gelassen hat, schon längst offiziell das Ende seines Bestehens verkündet hat.«

Genscher kündigte sofort die erneute Anrufung des Krisenmechanismus der KSZE sowie neue Initiativen innerhalb der EG an: Wirtschaftssanktionen gegen Belgrad und (zumindest in Aussicht gestellt) die Anerkennung Kroatiens (und Sloweniens). Aber aus all dem wurde nichts, die EG vermied es, den Aggressor beim Namen zu nennen, drehte sich auf der Stelle, und ihre Trojken vereinbarten ständig neue Waffenstillstände, die kaum einige Stunden oder Tage hielten. Paris war gegen entschiedenere Aktionen gegenüber Belgrad, es setzte beständig auf die Karte der Errettung irgendeines Jugoslawien. Seine schützende Hand hat es den Serben als altem Verbündeten auch heute noch nicht versagt. London war auf dem gleichen Kurs, denn es hatte dafür seine Gründe, außerdem zeigten sich die Amerikaner äußerst zurückhaltend und uninteressiert am Schicksal Kroatiens. Ihre strategischen Interessen waren nicht bedroht, und so überließen sie den Balkan Europa, vielleicht auch in dem Wissen, daß dies nicht imstande sein würde, das Problem zu lösen.

Es blieb nur Bonn, ausgestattet mit einem relativ kleinen Spielraum, denn es wurde schon verdächtigt (nicht nur in Belgrad, sondern auch in Paris und London), es unterstütze Kroatien, weil es vom Dritten Reich träume, oder, in einer gemäßigteren Variante, es wolle Jugoslawien zerschlagen, um mit Hilfe Sloweniens, Kroatiens, Ungarns, Österreichs, der Tschechoslowakei und der Schweiz sich eine starke Position in Mitteleuropa zu sichern und damit die Vorherrschaft in der eigentlichen Europäischen Gemeinschaft herzustellen.

Aber trotzdem klagte die deutsche Regierung, im Unterschied zur EG, sofort die serbische Führung an, daß sie am meisten verantwortlich für den Krieg in Kroatien sei, und Genscher sagte in einem Zeitungsinterview, daß serbische Gruppierungen mit Gewalt versuchten, die inneren Grenzen zu verändern und daß die Armee, wie auch in Slowenien, »mit völlig ungerechtfertigten Interventionen die Spirale der Eskalation in Gang setzt und beschleunigt, und zwar mit Hilfe politischer Kräfte, die hinter ihr stehen und die sich noch immer an die alten Ideologien halten«.

Genscher erinnerte auch an die Beschlüsse der EG vom 5. Juli, daß die Gemeinschaft und ihre Mitglieder, »falls es erneut zu Gewaltanwendung und insbesondere zu einseitigen militärischen Maßnahmen kommen werde, ihre Standpunkte überprüfen werde«. Aus dieser Drohung, die wir Journalisten seinerzeit auch halb aus Verzweiflung als Drohung mit der diplomatischen Anerkennung auslegten, wurde natürlich nichts. Der Krieg kam immer mehr in Schwung, er ergriff fast das gesamte Kroatien, und die EG trat praktisch auf der Stelle. Wenn sie handelte, dann nur, um eine Idee beziehungsweise Initiative Genschers abzulehnen oder zu verwässern.

Aber die Entschiedenheit und der Heldenmut des kroatischen Volkes, um den Preis schwerster Opfer sein Recht auf Freiheit zu verteidigen, retteten in diesen Tagen nicht nur Kroatien vor der Katastrophe, die sich über ihm zusammenbraute, sondern verschafften ihm Tag für Tag Sympathie und Respekt weltweit. Und das trug neben Genschers diplomatischem Können, Kohls politischer Klugheit und Entschiedenheit sowie nebst all dem, was bisher gesagt wurde, dazu bei, daß sich der Chef der Bonner Diplomatie selbst in den darauffolgenden Wochen und Monaten immer weniger einsam fühlte unter seinen europäischen Kollegen. Zumindest dachte er so.

Šeparović – Warten auf den Westen

Nach der Rückkehr von der Ministersitzung der EG in Den Haag sprach der deutsche Außenminister Hans-Dietrich Genscher heute nachmittag in Bonn mit dem kroatischen Außenminister Zvonimir Šeparović. Bei dieser Gelegenheit betonte Genscher unter anderem, »daß die inneren und äußeren Grenzen Jugoslawiens nicht durch Gewaltakte verändert werden dürfen (sowie) daß in Jugoslawien die Rechte der Minderheiten respektiert werden müssen«.

Wie Šeparović erklärte, hatte Genscher noch gesagt, daß jetzt »im Schatten der Ereignisse in der Sowjetunion« nicht zugelassen werden dürfe, daß sich etwas Ähnliches auch in Jugoslawien abspiele. Genscher begrüßte die Entscheidung von Präsident Tudjman, in Belgrad an der Sitzung des Präsidiums teilzunehmen, sowie die Bereitschaft Kroatiens, zu verhandeln und auf friedliche Weise die Probleme zu lösen.

Šeparović seinerseits informierte Genscher über den »schweren Krieg in Kroatien« und brachte seinen Wunsch zum Ausdruck, Kroatien wenigstens de facto anzuerkennen, falls dies auch de jure nicht möglich sei.

Dienstag, den 20. August 1991

Der neugewählte kroatische Chef der Diplomatie (die es zu dieser Zeit natürlich noch nicht gab) kam nicht in einer besonderen Mission nach Bonn. Er kam zu einem Informationsgespräch, mit dem Genscher gleichfalls zeigen wollte, daß Bonn wirklich keinerlei zweifelhafte Motive bei seinem Engagement für die nördlichen Republiken habe. Natürlich war es schwer, die Zweifler in der Europäischen Gemeinschaft davon zu überzeugen, und noch schwerer diejenigen, die nur Zweifel vortäuschten, daß es sich hierbei nicht um ein Bündnis hinter den Kulissen mit dem Dunst düsterer Zeiten handele. Daher empfing Gescher am selben Tag auch den slowenischen Außenminister Dimitrij Rupel, einen Tag später auch das Mitglied des Präsidiums von Bosnien-Herzegowina Ejup Ganić, einige Tage später (am darauffolgenden Montag) auch den serbischen Minister Vladislav Jovanović. Damit war das noch bestehende Jugoslawien diplomatisch abgedeckt, ohne daß man den Eindruck gewisser Sonderkontakte zwischen Zagreb und Ljubljana einerseits und Bonn andererseits erweckte. Diese Kontakte waren zwar sehr intensiv, hatten aber in Wirklichkeit keinen speziellen Charakter. Umsomehr sprach man nach dem Bonnbesuch Tudjmans davon, daß Kohl nicht gerade sehr begeistert von dem kroatischen Präsidenten sei, denn dieser habe angeblich den Eindruck eines Politikers hinterlassen, der keine allzu klaren Ziele habe. Ob das nun zutraf oder nicht, der spätere Verlauf der Ereignisse, einschließlich der Gegenwart, zeigte, daß es keinerlei besondere Beziehungen gab, daß Bonn sich für Kroatien um der Gerechtigkeit willen und aus politischer Klugheit einsetzte, wobei es immer ein Partner war, auf den sich Kroatien verlassen konnte. Kanzler Kohl und Minister Genscher brachen niemals das Wort, und wenn sie etwas fest versprachen, standen sie auch dahinter. Insofern könnte man wohl eher sagen, daß die Beziehungen zwischen Kohl und Tudjman, und ebenso mit Genscher, immer korrekt waren, gleichwohl jedoch überschattet von einer gewissen persönlichen Distanz. Was wiederum seinerseits keinen besonderen Einfluß auf den Verlauf der kroatischen Sache hatte.

Am selben Tag, an dem Šeparović in Bonn eintraf, kehrte Genscher von der EG-Minstersitzung aus Den Haag zurück, wo die Gemeinschaft zum ersten Mal klar ausgesprochen hatte, daß die Grenzen innerhalb Jugoslawiens nicht mit Gewalt verändert werden könnten. Dies war gleichzeitig auch der erste bedeutendere Schritt in Richtung auf die spätere Anerkennung und zugleich der erste greifbare Erfolg der kroatischen Außenpolitik, die natürlich zu einem guten Teil der Chef der Bonner Diplomatie »führte«. Er war, als Mann mit fast zwanzigjähriger diplomatischer Erfahrung, und zwar an der Spitze des Bonner Ministerimus für Auswärtige Angelegenheiten, ein brillanter Taktiker und ein Professioneller, der jede auch noch so kleine günstige Gelegenheit für die Sache zu nutzen wußte, die er politisch vertrat. Unvergeßlich bleiben seine Schachzüge im Zusammenhang mit dem Prozeß der außenpolitischen »Sicherung« der deutschen Einheit. Mit dem gleichen Können, aber auch fast mit der gleichen Begeisterung, begann Genscher nun auch die neue Bonner Jugoslawienpolitik voranzudrängen.

Als Anfang August die EG-Trojka versuchte, eine neue Vereinbarung über die Unterbrechung der Auseinandersetzungen in Kroatien zwischen Marković, Milošević und Tudjman auszuhandeln, erlitt die Sache einen Schiffbruch. Milošević ging nicht auf den Vorschlag der Trojka ein, und so kehrte sie, mit van den Broek an der Spitze, enttäuscht dahin zurück, woher sie gekommen war. Der Niederländer erlebte die gesamte Sache auch als persönliches diplomatisches Fiasko, denn der Belgrader »Korb« stellte unter anderem auch die politische Naivität der Brüsseler Politik bloß. Van den Broek tobte in Den Haag und bezichtigte zum ersten Male offen Serbien, es fehle ihm der politische Wille, den Krieg in Kroatien zu beenden, den die Tschetniks und die Jugoarmee mit ungeminderter Heftigkeit führten. Ebenso sagte er zum ersten Male, was allen schon lange klar war, daß die föderalen Machtstrukturen mit Marković an der Spitze keinerlei Autorität mehr besäßen und daß sie gänzlich unfähig seien, irgendetwas zu tun oder durchzuziehen, um die Armee im Zaum zu halten.

In einer solchen Situation ging Genscher sofort in die Offensive. Mit etwas präziseren und schärferen Worten wiederholte er das, was van den Broek gesagt hatte, und forderte auf der Stelle, daß die EG auf ihrer außerordentlichen Ministersitzung einige Tage nach dem Belgrader Mißerfolg die Konsequenzen daraus ziehen solle. Er schlug vor, jetzt alle Optionen zu erörtern, wobei er ausdrücklicherweise zwei davon erwähnte: Wirtschaftssanktionen gegen Serbien und seine Verbündeten sowie die diplomatische Anerkennung Kroatiens und Sloweniens. Falls auch dieser Weg nicht zum Erfolg führen sollte, rechnete er mit einer zweiten, dritten, vierten Runde ministerieller Erörterungen über Jugoslawien und trug daher ständig Rechnung, so viele Trümpfe wie möglich in den Händen zu halten. So richtete Präsident Tudjman an Genscher schon am 8. August eine »dringende Mitteilung«, die der Chef der Bonner Diplomatie sofort veröffentlichen ließ. In dieser Mitteilung hob Tudjman hervor, daß die kroatische Regierung den Waffenstillstand annehme und zu Verhandlungen zwischen dem jugoslawischen Staatspräsidium und den Republiken über die Lösung der Krise bereit sei.

Der wichtigste Abschnitt der Mitteilung betraf jedoch die Grenzen. Tudjman forderte, daß die EG auch offiziell erklären solle, »daß die Lösung der jugoslawischen Krise auf der Respektierung der bestehenden inneren und äußeren Grenzen Jugoslawiens bestehen muß«. Er fügte hinzu, daß »die nach Möglichkeit schnelle Anerkennung Kroatiens der kürzeste Weg zur Beendigung des Konflikts wäre und die Vorbedingungen für Verhandlungen über eine mögliche Union souveräner Staaten oder das friedliche Auseinandergehen der verschiedenen Teile Jugoslawiens schaffen würde«.

Auffällig ist die Ähnlichkeit zwischen diesen Worten Tudjmans und den Ansichten, wie sie in Bonn von den deutschen Politikern wiederholt wurden. Die diplomatische Anerkennung Kroatiens und Sloweniens, die von Tag zu Tag immer intensiver und häufiger gefordert wurde, begründete man damit, daß sie kein Hindernis, sondern »die Vorbedingung für eine Neuordnung Jugoslawiens auf freiheitlicher Grundlage« sei (Hornhues am 5. August im Namen der CDU/CSU-Parlamentsfraktion). Aber neben diesem offensiven Schritt in Richtung auf die Anerkennung gab Bonn Zagreb den Rat, »alle Möglichkeiten des Dialogs auszuschöpfen«, wie dies beispielsweise am 2. August Volker Rühe formulierte, der damalige CDU-Generalsekretär und heutige deutsche Verteidigungsminister. Im Hinblick auf das dreimonatige Moratorium, das noch nicht abgelaufen war, lag es auf der Hand, daß es ohne solche »Ausschöpfungen« nicht gehen würde. Denn die Deutschen konnten diesen Schritt nicht völlig alleine tun, sie mußten für ihren Kurs auch andere gewinnen. Zuguterletzt war die kroatische Position so schwach, daß Kroatien gezwungen war, der Welt seine Friedfertigkeit und Bereitschaft zum Dialog zu beweisen. Welches Urteil die Geschichte darüber sowie über die Folgen einer solchen Politik fällen wird, muß man der Zeit und den Experten überlassen. Aber eines ist sicher, und zwar, daß Bonn jeden solchen Schritt Zagrebs begrüßte, nicht selten auch in der Form einer besonderen schriftlichen Verlautbarung von Genschers Ministerium. In diesem Kontext muß auch das Aufrücken Mesićs an die Spitze des SFRJ-Präsidiums gesehen werden, was Kroatien objektiv mehr Schaden als Nutzen gebracht hat, obwohl andererseits die Frage ist, was geschehen wäre, wenn sich Zagreb anders verhalten hätte. Natürlich enthebt all das die kroatische Politik nicht von der eigenen Verantwortung für die Entscheidungen, die sie getroffen hat, weist aber auf den Kontext hin. Ein Beispiel: Die Annahme des Vance-Owen-Friedensplanes für Kroatien.

Die ungünstige Seite dieses Planes liegt auf jeden Fall darin, daß in ihm keinerlei zeitliche Fristen gesetzt werden, was wann getan und durchgeführt werden müsse, so auch nicht in Verbindung mit der Rückkehr der Vertriebenen in ihre Häuser. Aber dieser Plan wurde im Vorfeld der diplomatischen Anerkennung Kroatiens seitens der EG ausgearbeitet. Obwohl Bonn die entscheidende Schlacht für die Anerkennung bereits gewonnen hatte, gab es noch immer starke Kräfte in der Gemeinschaft, die das unter dem einen oder anderen Vorwand verhindern wollten. Man wartete nur darauf, daß Kroatien einen falschen Schritt machte, sagen wir, den Vance-Plan nicht unterschrieb, um dann mit einer Verschiebung der Anerkennunung, eventuell auch ad infinitum, zu reagieren.

Bonn, das einer der wenigen Freunde war, auf die sich Zagreb verlassen konnte, gab Tudjman nicht nur den Rat, trotz der Schwächen des Vance-Planes seine Unterschrift darunter zu setzen, sondern übte auch in freundschaftlicher Weise Druck auf ihn aus. Dies sagte Genscher viel später, im September 1992, in Bonn dem Bürgermeister von Osijek, Zlatko Kramarić, als er nicht mehr Außenminister war.

Eine ganz andere Frage ist natürlich, ob sich Kroatien in eine solche Situation hineinmanövrieren mußte, in der sein Handlungsspielraum praktisch völlig eingeengt war, und warum das geschah.

Die liberale »Süddeutsche Zeitung«, der man schwer eine einseitige Voreingenommenheit für Kroatien unterstellen kann, schrieb in diesen Augusttagen, daß die Verantwortung dafür, daß Kroatien und Slowenien bisher noch nicht anerkannt seien, vor allem das »zentralistisch regierte Frankreich« trüge, das von Ängsten bezüglich seines Prestiges im Verhältnis zu Deutschland »gequält« »eine kluge Politik des Westens« verhindert habe. Diese Politik hätte in der Unterstützung der Anerkennung Kroatiens und Sloweniens bestehen müssen, wodurch Belgrad klar geworden wäre, daß sich beide Republiken unter dem Schutz der EG befänden. Und das hätte dann die Möglichkeit geschaffen, daß es auch zu einer wirklichen Internationalisierung des Konflikts kommen könnte!

Andererseits schrieb Viktor Meier, der in seiner Kritik weder Brüssel noch Washington oder Bonn verschonte: »Die Neigung Tudjmans für dekorative Akte und seine augenfällige Abneigung gegen klare Standpunkte haben Kroatien an den Rand der Niederlage geführt.« Die Gebiete, die die Serben besetzt haben, »sind zum größten Teil definitiv verloren«. Es ist absurd, daß die Armee, die immer offener Krieg gegen Kroatien führt, nur teilweise als feindliche Kraft angesehen wird, daß im Land nur eine teilweise Mobilisierung durchgeführt worden ist, daß nur teilweise die Beziehungen zu Serbien abgebrochen worden sind. In Zagreb lebe man wie in Friedenszeiten, obwohl nur einige Kilometer von der Stadt entfernt geschossen werde. Dabei habe Kroatien genügend Waffen, sogar Antipanzerwaffen, dazu auch noch mehr als Slowenien, es fehle jedoch der Wille, sie einzusetzen (24. August).

Nach dem Treffen mit Genscher hatte ich die Gelegenheit, mit Šeparović in seinem Zimmer im Hotel »Bristol« zu sprechen. Ich fragte ihn, was Kroatien in diesem Augenblick zu seiner Verteidigung unternehmen könne. Lakonisch antwortete er: »Aushalten und warten, bis uns der Westen zu Hilfe kommt.« Er fügte hinzu, daß Kroatien zu wenig Waffen besitze und daß von drei Lastwagen, die durch Slowenien fahren, »die Slowenen uns einen beschlagnahmen«. Daraufhin erzählte er, wie er noch immer entsetzt sei, da er an einer Sitzung der Staatsregierung teilgenommen habe, auf der der damalige Verteidigungsminister Martin Špegelj vorgeschlagen hatte, die Kasernen der JVA anzugreifen, um so zu den benötigten Waffen und militärischen Initiativen zu gelangen. Für Šeparović (und andere auf dieser Sitzung) war das gewöhnliches Abenteurertum.

Einige Wochen nach dem Besuch Šeparovićs in Bonn wurde Špegeljs Idee in die Realität umgesetzt und Kroatien begann, sich von diesem Augenblick an mehr oder weniger erfolgreich zu verteidigen, obwohl es nicht mehr imstande war, auf militärischem Wege das Verlorene zurückzugewinnen.

II

Der gescheiterte Militärputsch in Moskau (zur gleichen Zeit, als Šeparović in Bonn war) stellte eine große Erleichterung für die Kohl-Regierung dar, auch wenn es sich um ihre Jugoslawienpolitik drehte. Jelzin gab auf der Stelle den baltischen Republiken grünes Licht für einen friedlichen Abschied von der zerfallenen Sowjetunion, und so wurden diese Staaten bis Ende August auf dem Expreßwege anerkannt. In Wirklichkeit wurden größtenteils nur die diplomatischen Beziehungen mit ihnen wieder aufgenommen, denn viele westliche Staaten hatten niemals die Anerkennung ihrer staatlichen Souveränität widerrufen.

Bonn mußte nun in dieser Hinsicht keinerlei Rücksichten gegenüber Moskau mehr nehmen. Darüber hinaus waren die Ereignisse in Moskau eine indirekte Hilfe für

Zagreb und Ljubljana, denn sie waren ein Schlag für die Belgrader kommunistischen Generale und die Politiker des Memorandums.

Der Chef der Unionsfraktion im Bundestag, Alfred Dregger, erklärte auf den Ruinen des Moskauer Putsches in einer speziellen schriftlichen Mitteilung, »daß die jugoslawische Staatsidee tot ist« und daß deshalb ein friedliches Zusammenleben der jugoslawischen Völker im selben Staat nicht mehr möglich sei. Für ein solches Ergebnis beschuldigte er in erster Linie »die kommunistische Ideologie und das serbische Streben nach Vorherrschaft«.

Daher verwundert es nicht, daß Genscher nur vier Tage nach dem Besuch von Šeparović den damaligen jugoslawischen Botschafter in Bonn, Boris Frlec, zu sich lud, um ihm in voller Schärfe mitzuteilen: »Falls das Blutvergießen weitergeht und falls nicht auf der Stelle die Politik der gewalttätigen Schaffung vollendeter Tatsachen eingestellt wird, die die jugoslawische Armee unterstützt, wird die deutsche Regierung gezwungen sein, ernsthaft die diplomatische Anerkennung Kroatiens und Sloweniens in den bestehenden Grenzen zu überprüfen. Sie wird sich gleichfalls für ein solches Vorgehen innerhalb der Europäischen Gemeinschaft einsetzen.« Und falls sich die jugoslawische Armee der Kontrolle der politischen Instanzen entzogen habe, »dann müssen das die Bundesregierung in Belgrad und das Staatspräsidium öffentlich aussprechen«, forderte der Außenminister.

Nicht weniger hart waren auch die Gespräche mit dem serbischen Außenminister Vladislav Jovanović, der zwei Tage später am Rhein eintraf. Später erklärte Jovanović selbst, daß er hinsichtlich der Ansichten Bonns gegenüber Serbien enttäuscht sei, und stellte gleichzeitig fest, daß Serbien die Grenzen ändern werde, falls Kroatien Jugoslawien verließe, denn es handele sich um Gebiete, in denen die serbische Bevölkerung in der Mehrheit sei. Obwohl er diese Erklärung in einem Radiointerview abgab und obwohl sie von den ausländischen Agenturen verbreitet wurde, wurde sie in einigen europäischen Hauptstädten nie zur Kenntnis genommen. Und falls doch, wurde sie schweigend gebilligt.

Außer daß er im Recht war, daß hinter dem Krieg in Kroatien Belgrad stand, hatte Jovanović in noch einer Sache recht. Er traf ins Schwarze, als er sagte, daß Genschers Drohungen, daß Bonn Kroatien und Slowenien schnell anerkennen werde, falls Serbien nicht auf der Stelle den Aggressionskrieg einstelle, nicht allzu ernst zu nehmen seien, denn es handele sich eher um politischen Druck als um eine reale Absicht. So kam es wirklich, aus Gründen, von denen noch die Rede sein wird. Es bleibt nur die Frage, woher schöpfte Jovanović die Sicherheit, daß Serbien tun konnte, was es wollte, und das ohne jegliche Folgen?

Rupels »Plan« für Kroatien

Am selben Tag, an dem er den kroatischen Außenminister Zvonimir Šeparović empfing, empfing Hans-Dietrich Genscher - der Chef der Bonner Diplomatie - auch seinen slowenischen Kollegen Dimitrij Rupel. Unter anderem unterbreitete Rupel Genscher einen slowenischen Plan über eine mögliche Lösung der jugoslawischen Krise. Dieses Modell sieht eine asymmetrische Lösung vor: auf der einen Seite eine Föderation der vier südlichen Republiken (»außer vielleicht Mazedonien«), mit denen Kroatien »wegen seiner spezifischen Probleme und Interessen«, wie Rupel darlegte, in einer Art konföderaler Beziehung stünde. Da andererseits die Slowenen »der vollen Unabhängigkeit nicht entsagen können«, könne Slowenien als unabhängiger und anerkannter Staat lediglich Mitglied der ständigen jugoslawischen Konferenz zur Sicherheit und Zusammenarbeit sein, die, nach dem Beispiel der KSZE eingerichtet, an die Stelle des heutigen Jugoslawien treten sollte.
Dienstag, 20. August 1991

Rupel erzählte mir das gleich nach dem Gespräch mit Genscher. Er sagte noch, daß Genscher ihm vorschlug, all das zu Papier zu bringen und ihm zu schicken, da die Idee interessant sei. Šeparović, der gleich nach Rupel zu Genscher ging, hatte davon keine Ahnung. Genscher erzählte ihm davon nichts, weil er offensichtlich Rupels Idee für unseriös hielt. Andernfalls hätte er wohl kaum darauf verzichtet, in diesem Rahmen die Reaktion des kroatischen Ministers zu testen.

Als ich mich später bei Šeparović befand und ihm erzählte, was Rupel mir gesagt hatte, war er unangenehm überrascht. Und das um so mehr, weil er zusammen mit Rupel nach Bonn geflogen war, im selben Flugzeug. Bei dieser Gelegenheit hatten sie auch miteinander gesprochen, aber der slowenische Minister hatte mit keinem Wort erwähnt, daß er Genscher so etwas vorschlagen würde. Er hatte nur beiläufig ein paar Worte fallenlassen von einer »asymmetrischen Lösung« als einer möglichen Lösung, erinnerte sich Šeparović.

Nun bekam in Bonn die ganze Angelegenheit eine neue Dimension. Dabei ist es paradox, daß sich Rupel wie der Minister eines schon anerkannten Staates aufführte, der eigentlich mit Kroatien nichts mehr zu tun hatte, aber dann »im Namen Zagrebs« etwas vorschlug, wovon dieses nichts wußte und was es nicht akzeptieren würde.

Rupels »Bergstiefel-Diplomatie«, die später einige ihrer Sternstunden erleben sollte, begann eigentlich – auf ersichtliche Art und Weise – an diesem Dienstag in Bonn. Rupel hatte den Journalisten das mitgeteilt, was er entweder hätte verschweigen oder aber dem Minister hätte sagen müssen. Aber der slowenische Minister »des affaires diplomatiques« war selbstbewußt und gut gelaunt, weil Slowenien mit Belgrad praktisch keine ernsteren Probleme mehr hatte. Die Armee war dabei, sich massiv aus Slowenien zurückzuziehen, und nur ein allgemeiner Flächenbrand auf dem Balkan hätte den sicheren Weg in die Unabhängigkeit gefährden können.

Obwohl kaum zwei Monate seit dem KSZE-Gipfel vergangen waren, war Slowenien schon über den Berg, und das konnte man auch an banalen Details feststellen. In Berlin hatten sich noch viele slowenische Journalisten und Korrespondenten über Rupel lustig gemacht, und jetzt verfolgten sie mit fast unterwürfiger Ehrerbietung jedes seiner Worte und jede seiner Bewegungen. Als er noch bei Genscher war, wartete vor dem Hotel »Bristol« der jugoslawische Botschafter Frlec mit seiner Gattin auf ihn, um ihm so eine angemessene diplomatische Begleitung und Berücksichtigung zukommen zu lassen. Der Mann, der noch zwei Tage vorher – als Repräsentant Belgrads – bei Genscher war, um sich zusammenstauchen zu lassen, spielte jetzt die Rolle des »slowenischen Botschafters«! In diesen Tagen waren solche politischen Absurditäten allerdings eine fast »normale Sache«.

Diese ganze Angelegenheit wäre nicht so wichtig, wenn sie nicht grundsätzlich den Versuch dargestellt hätte, die kroatische Frage auf Biegen und Brechen (und das zum Großteil hinter dem Rücken Zagrebs) von der slowenischen zu trennen, was letztlich auf die Forderung abziel-

te, Slowenien sofort oder so schnell wie möglich anzuerkennen. Mit Kroatien sollte es kommen, wie es kommen
mochte.

Rupel versuchte solche Ideen nicht nur in Bonn zu ver-
kaufen, sondern auch in anderen europäischen Zentren.
Mit der Zeit entwickelte er die These, Slowenien sei »eine
Geisel der kroatischen Situation«, und behauptete, der
Zeitpunkt sei überfällig, Slowenien anzuerkennen, weil
es – im Unterschied zu Kroatien – »alle Voraussetzungen
erfülle«.

Diese Meinung war auch in der slowenischen Presse verbreitet, besonders im Herbst 1991, als die Situation um
die Anerkennung hochkochte, und als Kroatien die
schwersten Augenblicke seiner Geschichte durchlebte.
Auf dieser Welle kritisierten slowenische Politiker und
Intellektuelle sozusagen täglich die kroatische Politik, die
in ihren Augen nicht nur daran schuldig war, daß sich
Kroatien in einer katastrophalen Lage befand, sondern
darüber hinaus daran, daß Slowenien noch nicht anerkannt war.

Viktor Meier schrieb in den letzten Herbsttagen 1991
mehrmals vom Leid der Slowenen mit Kroatien, was nur
bestätigt, daß dies tatsächlich die damalige Linie der slowenischen Politik war. Unter Berufung auf politische
Kreise in Ljubljana schrieb er, die Slowenen empfänden
es als Ungerechtigkeit, »daß sie im Westen ständig in
einen Korb mit den Kroaten gesteckt werden«. Und weiter: »Die Slowenen erleben die Kroaten – wegen gewisser
Besonderheiten der kroatischen Politik – nicht als
Verbündete, sondern als unangenehme, ja gefährliche
Nachbarn«.

Darauf schrieb Viktor Meier wieder in der FAZ, daß man
»in Ljubljana mit Resignation behauptet, Slowenien sei
ein Gefangener der kroatischen Situation«, und bemerkte, daß es »der slowenischen Diplomatie trotz aller Anstrengungen nicht gelungen sei, eine internationale Diffe-
renzierung von Kroatien zu erreichen«. Nach Beendigung des Krieges, fährt Meier – sich wiederum auf slowenische Politiker berufend – fort, wird es nach Meinung

der Slowenen in Kroatien zu »inneren Auseinandersetzungen kommen« und es wird ein »unruhiger Nachbar sein«.

Aus diesen und ähnlichen Berichten konnte man ersehen, daß Ljubljana die kroatische Passivität zur Zeit des slowenischen Krieges nicht vergessen konnte und daß es sich jetzt wegen dieser angeblichen kroatischen Sünde das Recht nahm, ausschließlich seinen eigenen Geschäften nachzugehen. Dabei war der Umstand vollkommen unwesentlich, daß sich Kroatien damals so verhielt, wie sich - so der slowenische Verteidigungsminister Janez Janša angesichts der Unabhängigkeitserklärung - Slowenien verhalten wollte, würde Kroatien angegriffen (was damals viel wahrscheinlicher schien). Die Frage, ob zu diesem Zeitpunkt die kroatische Führung wirklich einen Fehler beging, macht nur Sinn in bezug auf Kroatien, und nicht in bezug auf das Schicksal der slowenischen Nation, weil Kroatien zu schwach und zu großen Gefahren ausgesetzt war, als daß es aus guter Nachbarschaft zu Hilfe eilen konnte.

Es ist allerdings komisch, wieviel Staub in den Medien selbst in Deutschland diese kroatische Passivität aufwirbelte, und wie wenig Resonanz Kučans Eingeständnis an die Serben, »daß sie in einem Staate leben mögen«, fand, das er im Januar 1991 anläßlich seiner Begegnung mit Milošević in Belgrad machte. Und das im Augenblick der höchsten Gefahr für Kroatien, da die jugoslawische Armee drauf und dran war, die kroatische Polizei zu entwaffnen, was damals, hätte sie damit Erfolg gehabt, nach jedwedem Urteil das Ende des kroatischen Staates bedeutet hätte.

Der slowenische Präsident Kučan vertrat im Interview in »Die Welt« anderthalb Monate vor Rupels Besuch bei Genscher desgleichen die Meinung, daß man Slowenien, »wenn es anders nicht geht«, vor Kroatien anerkennen müsse. Trotzdem fand der eigentliche »Moment der Wahrheit« im Zusammenhang mit der Anerkennung Anfang Dezember in Bonn statt. Damals hatte Kohl den slowenischen Präsidenten zum Gespräch geladen (Tudjman kam zwei Tage später, am 5. Dezember), wonach Kučan eine Pressekonferenz gab. Da Bonn schon angekündigt hatte, daß es beide Republiken des ehemaligen Jugoslawien anerkennen würde, verhielt sich Kučan dementsprechend in der Pressekonferenz. Mit keinem Wort erwähnte er Kroatien, so daß man den Eindruck bekam, daß Bonn nur Slowenien anerkennen würde. Vielleicht fühlte sich der slowenische Präsident damals wirklich so souverän, daß er meinte, sich nicht in die »Angelegenheiten« eines anderen Staates einmischen zu müssen. Vielleicht, aber damals sagte er auch das: »Die deutsche Regierung wird Slowenien nicht anerkennen, weil es ihm etwas zu Weihnachten schenken will, sondern weil Slowenien alle Bedingungen erfüllt und eine kluge Politik geführt hat!« Eingeweihten war klar, daß es sich hierbei um eine verdeckte Polemik gegen Kroatien handelte. Auch Šeparović war einige Wochen zuvor in Bonn gewesen (Genscher hatte ihn empfangen) und hatte bei dieser Gelegenheit gesagt, daß die diplomatische Anerkennung für Kroatien »das schönste Weihnachtsgeschenk« wäre. Jetzt nutzte Kučan das aus und erklärte Kroatien, das so sehr für seine Anerkennung geblutet hatte, zu einem Staat, der die Anerkennung erbetteln wolle und weihnachtliche Gefühle ausnutze. Und all das im Unterschied zu Ljubljana, das klug sei und all dies verdiene!

Kučan wußte natürlich, daß Kanzler Kohl am 27. November, also vor seinem Besuch in Bonn, im Bundestag gesagt hatte, daß Deutschland Kroatien und Slowenien bis Weihnachten anerkennen würde. Aber der slowenische Präsident wußte augenscheinlich nicht, wieviel in Kohls politischer Karriere katholische Feiertage als Zeitgrenzen für Entscheidungen bedeuten. Hätte er dies geahnt, so hätte er nicht so geschmacklose Anspielungen gemacht, wie er es an jenem Abend im Presseclub tat.

Obwohl dies alles aus der kroatischen Perspektive kleinkariert und engstirnig erscheint, muß man dennoch die slowenischen Politiker verstehen. Ihre Politik des nationalen Egoismus war ein Folge der Angst und der Sorge um das Staatsinteresse des kleinen Alpenlandes. Und deswegen braucht man es ihnen nicht übelzunehmen, wenn sie ihre geographische Lage als politische Klugheit verstanden. Es ist viel wichtiger, das Gerücht zu widerlegen, daß Kroatien angeblich ein Mühlstein um den Hals Sloweniens auf seinem Weg in die international anerkannte Unabhängigkeit war. Diese Gerücht war nicht nur eine bewußt gewählte Strategie, sondern sie entsprang teilweise der ehrlichen Meinung, daß dem so sei.

Tatsächlich gab es solche, die glaubten, es sei möglich und natürlich, daß man Slowenien vor und unabhängig von Kroatien anerkenne. Der heiße Wunsch nach der Anerkennung erzeugte auch politische Blindheit, und so sah man nicht, daß so etwas auch die Gegner der kroatischen Anerkennung nicht wünschten. Denn ihr Ziel war es nicht, Slowenien anzuerkennen, sondern Jugoslawien zu erhalten. Schließlich hätte die Anerkennung Sloweniens vor derjenigen Kroatiens so etwas bedeutet wie die Anerkennung Litauens vor derjenigen Estlands und Lettlands, und das zu den Zeiten, da Gorbatschow noch im Kreml saß!

Genscher erzwang die diplomatische Anerkennung Mitte Dezember in Brüssel (ein gutes Stück gegen den Willen der Mehrheit) nicht, weil er die Gegner überzeugte, daß die Slowenen darauf ein Anrecht hätten, weil sie »eine kluge Politik führten«. Vielmehr tat er dies mit der kroatischen Argumentation, wegen der Massaker der Tschetniks und der Armee und wegen der Zerstörungen. Wenn man schon innerhalb der slowenischen politischen Kategorien argumentiert, dann verdiente Kroatien sehr wohl die Anerkennung, denn es hatte dafür fürchterlich viel Blut gelassen. Neue Staaten werden niemals anerkannt, weil sie ihre Klugheit erwiesen haben, sondern wegen politischer Opportunitäten und wegen damit verbundener internationaler Interessen. So erkannten die Mitglieder der EG sofort die Republiken der ehemaligen Sowjetunion an, ohne viel zu fragen, ob sie die Kriterienkataloge erfüllten. Ihre Anerkennung war im Interesse Europas und des Weltfriedens. Mit den jugoslawischen Republiken ging das viel schwerer, weil sowohl die Gefahr für den

Weltfrieden objektiv betrachtet wesentlich geringer war, aber auch weil in den europäischen und weltweiten politischen Machtzentren ein starkes Interesse an der Erhaltung Jugoslawiens bestand. Wie auch immer man es betrachten mag, die diplomatische Anerkennung Sloweniens war in Anbetracht dieser nicht leugbaren Tatsache weitaus eher eine Folge der gewonnenen Schlacht um Kroatien denn umgekehrt.

Als Genscher am 17. Dezember 1991 um zwei Uhr nachts aus Brüssel Kohl anrief und ihm mitteilte, daß er es geschafft habe, die Anerkennung durchzudrücken, sagte der Kanzler, der sich damals auf dem Kongreß seiner Partei in Dresden befand, morgens den Abgeordneten: »Ich bin glücklich, Euch sagen zu können, daß wir die Kroaten nicht im Stich gelassen haben!«

Worte, die bezeugen, worum es in Wirklichkeit ging, und die niemals vergessen werden sollten, vor allem nicht in Kroatien!

»So wahr ich Hans-Dietrich heiße!«

Vor dem Haager Außenministerium demonstrierten heute, während drinnen die Minister der EG tagten, 15 000 Kroaten. Sie verlangten Freiheit für ihre Heimat und riefen die Minister auf, alles zu tun, um die serbische Aggression auf Kroatien zu beenden. In den Augenblicken, als der deutsche Außenminister sprach, brach aus 15 000 Kehlen der Schrei »Deutschland hilf, Deutschland hilf!« Die Zusammenkunft der Minister endete ohne sichtbare Resultate, aber der Chef der Bonner Diplomatie erlebte etwas, was er wahrscheinlich nie vergessen wird. Eine Kroatin, ganz in Schwarz gekleidet und mit einem Poster der getöteten kroatischen Polizisten in Borovo Selo auf der Brust, fiel bittend um Hilfe für Kroatien vor ihm auf die Knie. Dies geschah vor laufender Kamera des Fernsehens und dieses Bild umrundete die ganze Welt und legte auf diese Art und Weise ein Zeugnis der Tragödie ab, welche das kroatische Volk ereilt hatte.

Dienstag, 3. September 1991

Dies war sicherlich einer der prägenden Augenblicke, den auch die Deutschen nicht vergessen werden, denn er wurde zum unzertrennlichen Teil von Genschers Biographie als Politiker und Mensch. Als der Chef der Bonner Diplomatie im Mai 1992 endgültig das Steuer der deutschen Außenpolitik verließ, wurden diese Bilder aus Haag, im Rahmen der Sendung, die seine 18jährige Tätigkeit als dienstältester Außenminister der Welt dokumentieren sollte, wieder gezeigt.

Dieser Profi, der in seiner überaus erlebnisreichen Karriere so vieles ertragen hatte, wurde durch dieses Haager Erlebnis bis ins Mark getroffen.

Die Minister wurden vor dem Eingang, der sich auf der den versammelten Demonstranten gegenüberliegenden Seite befand und wo auch die Rednertribüne aufgebaut war, vorgefahren. Nur etwa einhundert Frauen, alle in Schwarz und mit schwarzen Tüchern um den Kopf, gingen auf die andere Seite hinüber, wo sich der Durchgang, gerahmt von Eisengittern, befand. Dieser sollte den Ministern freien Zugang zum etwa hundert Meter entfernten Gebäudeeingang sichern. Sie stellten sich beiderseits dieses Korridors auf, beteten laut den Rosenkranz und sangen kirchliche Lieder. Nur Frau Amalija Ljubica Janović bekam, nach mühseligen Verhandlungen mit der Polizei, die Erlaubnis, in diesen Korridor zu kommen und sich ganz an die Seite zu stellen, um die einfahrenden Fahrzeuge nicht zu stören. Sie konnte sich dennoch so augenfällig postieren, daß die Gesichter der massakrierten kroatischen Polizisten auf dem Poster auf ihrer Brust gut zu sehen waren. Die Minister fuhren vorbei, ohne sie oder die beiderseits stehenden Frauen auch nur eines Blickes zu würdigen. Lediglich de Michelis lächelte und hob die Hand zum Gruß, während der belgische Außenminister das Victory-Zeichen machte und damit seine Sympathie und sein Verständnis für diese versammelten Leute bekundete.

Als vorletzter traf Genscher ein. Als sich sein Wagen der Einmündung in den Korridor näherte, tönten aus Hunderten von Kehlen in deutscher Sprache die Rufe »Genscher, rette uns!« und »Deutschland, hilf uns!«. In diese Schreie mischten sich Rufe des Schmerzes, der Verzweiflung und der Gebete. Genschers Blick haftete an dieser schwarzen Wand. Dann kam die Frau mit dem Poster der getöteten Polizisten in sein Blickfeld. Genscher fuhr aus seinem Sitz hoch und gab dem Fahrer sofort das Zeichen zum Halten. Er wollte hinaus, aber ein Polizist winkte den Wagen weiter. Als der Wagen vor dem Eingang zum Ministerium, etwa fünfzig Meter weiter, hielt, und als Genscher ausgestiegen war, war der Lauf der Ereignisse nicht mehr aufzuhalten. Groß und korpulent wie er ist, breitete Genscher die Arme aus, schob die Leibwächter und Mitglieder der deutschen Delegation beiseite und bewegte sich im Laufschritt in Richtung von Frau Janović. Er lief mit ausgebreiteten Armen; und über das Poster stolpernd, das ihr um den Hals hing, lief ihm die Frau entgegen. Als sie ihn erreichte, fiel sie auf die Knie und umschlang, einer kroatischen Maria Magdalena gleich, seine

Beine. Während er sie aufrichtete, sagte sie: »Herr Genscher, wir bitten Sie, helfen Sie uns, Kroatien ist verloren!« In diesem Augenblick begannen die hundert Frauen über die Schranken zu springen. Einige fielen, aber viele schafften es, Genscher zu erreichen. Die Polizei war wie gelähmt. Vielleicht waren die Polizisten selbst gerührt, vielleicht wußten sie einfach nicht, was zu tun sei. Als Genscher sich umringt sah, rief er aus: »Ich will nicht Hans-Dietrich Genscher heißen, wenn Deutschland Kroatien nicht anerkennt, wenn heute nicht etwas Konkretes für Kroatien getan wird!«

Wer sich an Genschers Begegnung mit den Flüchtlingen aus Ostdeutschland in der Bonner Botschaft in Prag im Herbst 1989 erinnert, als diese Unglücklichen, tagelang in Schlamm und Unrat gefangen, auf die Ausreisegenehmigung in die Bundesrepublik warteten, kann sich vorstellen, wie sich der Außenminister in Den Haag gefühlt haben muß. Im Jahre 1989 konnte er vom Balkon des Palais Lobkowicz in Prag aus seinen Landsleuten mit einer Stimme, die tiefste Betroffenheit zeigte, zurufen, er bringe ihnen die frohe Botschaft, sie könnten endlich sofort in den Westen. Später gab er zu, dies sei der rührendste Augenblick seiner politischen Karriere gewesen. Ich glaube, mit diesem Augenblick könnte sich auch der von Den Haag messen.

Jedenfalls gab es seit diesem Haager Dienstag keinen Kroaten in Deutschland, der nicht überzeugt war, daß sich Genscher, um es so auszudrücken, aus einem Saulus in einen kroatischen hl. Paulus verwandelt habe. So sprach man auf kroatischen Demonstrationen, so schrieb man.

Es wäre natürlich zu einfach, Genschers politische Entscheidungen und Züge auf emotionelle Beweggründe zurückzuführen. Die bloße Tatsache jedoch, daß dieser Minister kroatische Hilferufe in Den Haag so menschlich erlebt hat, zeugt davon, daß in ihm selbst der einfache Mensch nicht vom Politiker und kalten Professionellen zu trennen ist.

Frau Janović andererseits war eine von jenen, ohne deren Hilfe sich kaum vorstellen läßt, daß es Kroatien gelungen wäre, so schnell seine internationale anerkannte Subjektivität zu erkämpfen. Sie hat, zusammen mit ihrem Gatten Stanislav, einem Arzt in Idstein bei Frankfurt und gemeinsam mit vielen anderen in diesen Monaten Kroatien auf deutsche und europäische Straßen geführt. Darüber hinaus haben diese Kroaten dank der Tatsache, daß sie seit langem in Deutschland leben und daß Frau Janović langjähriges Mitglied der CDU ist, alle ihre Verbindungen genutzt, der Heimat auch direkt und politisch zu helfen.

Am einprägendsten aber war ihre »Belagerung« von Botschaften, deren Länder sich in der kroatischen Frage als »die hartnäckigsten« erwiesen haben. Mitte Juni verbrachte sie Stunden und Tage vor diesen Botschaften und hielt stille Protestwachen. Sie verlangte, vom Botschafter empfangen zu werden, um zu erfahren, ob dessen Regierung Kroatien anerkennen würde; sie wollte die Wahrheit sagen über das gequälte Land, irgendetwas tun, auch wenn man sie erniedrigte und beleidigte, was manchmal auch geschah. Sie war bei Spaniern, Griechen, Franzosen, Sowjets und Niederländern. Überall wurde ihr erklärt, eine Anerkennung Kroatiens käme nicht in Frage, sie solle ihre Illusionen begraben und in die Sprechstunde ihres Mannes zurückkehren. Die Griechen hoben ihr Bündnis mit den Serben hervor, scherten sich einen Teufel um Courtoisie und Toleranz. Die Niederländer bekundeten, sie könnten nichts tun, weil sie den Deutschen keine neuen Interessensgebiete ermöglichen wollten. Die Spanier erklärten, sie könnten recht wenig unternehmen. Sie würden am meisten von der EG profitieren und deshalb mit der Mehrheit stimmen. Und diese sei gegen eine Anerkennung. Zudem hätten sie von Kroatien die Nase voll, weil auf jedem zehnten Dach im Baskenland die kroatische Fahne wehe!

Der sowjetische Botschafter war gerade zurückbeordert worden, weil er sich während des Moskauer Putsches opportunistisch verhalten hatte. In der Botschaft herrschte eine Stimmung gespannter Erwartung und man wußte nicht, welche Position Jelzin einnehmen würde. Dies sagte man auch Frau Janović und versprach, ihren Brief auf jeden Fall an das Moskauer Außenministerium weiterzuleiten.

Die Franzosen wollten sie gar nicht empfangen. Nachdem sie lange gewartet hatte, kam ein Berater, führte sie in ein Empfangszimmer und erklärte, Kroatien würde nie anerkannt. Das sei vielleicht traurig, aber eine andere Lösung gäbe es nicht. »Kroatien stirbt und wird weiterhin sterben«, weil es auf seiten der Verlierer im Zweiten Weltkrieg gestanden habe und somit kein Recht auf Freiheit und Selbständigkeit besitze. Genau so sprach man zu ihr, aber die Kroaten in Deutschland waren schon lange von solchen Sachverhalten überzeugt. Deshalb fühlten die Kroaten in Deutschland wie diese vierundfünfzigjährige Frau aus Virje im Draugebiet, die von der jugoslawischen Geheimpolizei vor nahezu dreißig Jahren aus ihrer Heimat vertrieben wurde, nachdem ihr Mann auf der KZ-Insel Goli Otok im jugoslawischen Gulag eingekerkert worden war. So erzählen diese wenigen Zeilen gleichzeitig die Geschichte unzähliger Kroaten in der Diaspora, ohne deren Hilfe Kroatien sicherlich nicht das wäre, was es ist. Während Tausende und Abertausende an kroatischen Fronten fielen, hielt draußen eine andere Front. Hier wurde nicht gestorben, aber in ganz bestimmter Weise wurden auch hier Schlachten geschlagen. Man kämpfte bis zum Umfallen und litt.

Diese Zweite Front wartet auf ihren Geschichtsschreiber. Ich kann hier nur einige Namen nennen, nur jene Menschen erwähnen, die ich kenne, und das ist ganz gewiß nur ein Teil: Frau Dončević, die langjährige Vertreterin des Kroatischen Volksrates in Bonn, die in engem Kontakt mit Otto von Habsburg stand. Dieser wiederum war Mitglied des Europaparlaments und als großer Freund Kroatiens hat er viel geholfen. Gleiches hat Frau Dončević in Bonn getan. Hierbei nutzte sie ihre politischen und sonstigen Verbindungen. Sie organisierte in angesehensten deutschen Stiftungen Symposien über Kroatien und hielt ständigen Kontakt mit vielen Bundestagsabgeordneten, was auf jeden Fall von Nutzen und Bedeutung war.

Hier ist auch der Priester Dr. Franjo Basić, über den die ersten Kontakte der Kroatischen Demokratischen Union (HDZ) zur CDU zustandekamen, zu nennen. Er hat sehr viel für Kroatien geleistet, auf politischer, humanitärer und kultureller Ebene, so daß ihn der Oberbürgermeister von Bonn, Hans Daniels, auch nach der Eröffnung der kroatischen Botschaft in Bonn als den »wahren kroatische Botschafter« vorstellte.

Vieles leisteten auch zahlreiche Kölner Kroaten um Fra Josip Bebić, wie auch die dortigen kroatischen Journalisten: Mirjana Wist, Gojko Boric, Marian Rogić, Ivo Pavelka. Da sind aber auch die Hamburger Kroaten mit dem agilen Vinko Čujić, die Stuttgarter vertreten durch Zdenko Artuković, Petar Himić und Hochwürden Ivan Milanović. Auch Herr Željko Cernić aus dem Aachener Kreis, viele aus Berlin, München und anderen Städten und Orten und nicht zu vergessen der unermüdliche Ivica Šponar aus dem kroatischen Oberseelsorgeamt in Frankfurt und zahlreiche kroatische Vereine und Organisationen. Von den Tausenden Einzelpersonen gar nicht zu reden, die sich nicht unmittelbar politisch engagiert, dafür aber einen großartigen Beitrag in finanzieller, materieller, humanitärer und moralischer Hinsicht geleistet haben. Dies geschah gerade dann, wenn es am schwersten und nötigsten war. Ohne diese Hilfe des »anderen Kroatien« hätte auch jenes heimatliche nicht standgehalten.

Es gab auch viele angesehene und einflußreiche Deutsche, deren Namen in der kroatischen Öffentlichkeit nicht so bekannt sind wie die der schon erwähnten Politiker und Volksvertreter wie Vogel, Lamers, Hornhues, Dregger, Rühe, Schäuble, Graf Lambsdorff, Gansel, Voigt, Engholm, Bötsch: Menschen, die durch ihren beständigen und dauernden Einsatz ein Klima zugunsten der kroatischen Sache geschaffen haben, manchmal auch Berge versetzten. Einer von ihnen ist auch der CSU-Abgeordnete im Bundestag, Hartmut Koschyk, ein intelligenter und beherzter Politiker, der einige Male Kroatien besuchte und im Bundestag Initiativen ergriff. Er hielt Reden auf kroatischen Demonstrationen und leistete einen großen Beitrag, daß zahlreiche humanitäre Hilfslieferungen Kroatien erreichten. Da waren auch die Abgeordneten Stefan Schwartz (CDU), Dr. Christian Stock (CDU), Klaus Jäger (CDU), Michael Jung aus der Limburger und Joachim Gress aus der Frankfurter CDU. Zu erwähnen sind auch der gebürtige Kroate Daniel Glunčić (CDU), der angesehene Liberale Guido Westerwelle und sein hessischer Kollege und Chef der dortigen FDP Wolfgang Gerhard. Eine wichtige Rolle haben auch die Theologen Prof. Dr. Rudolf Grulich, Prof. Dr. Adolf Hampel und viele andere gespielt. Im Europarat sind wir Kroaten Claus Jäger und Wilfried Böhm zu Dank verpflichtet und im Europaparlament haben uns Dr. Egon Klepsch, Siegbert Alber, Doris Pack und Rüdiger von Wesmar geholfen.

Ich wiederhole, daß dies nur einige Namen sind. Nur Menschen, von denen ich gehört und die ich kennengelernt habe. Ich habe sie aufgezählt, nicht um sie hervorzuheben, schon gar nicht im Verhältnis zu jenen, die ich nicht erwähnt habe, weil ich von ihnen nicht genug weiß, weil sie weiter weg gewirkt haben. Durch diese Aufzählung wollte ich diese Front in Deutschland nur ein wenig personalisieren. Sie wird ab und zu vergessen und unterschätzt. Dabei war sie sehr, sehr wichtig.

Die Greuel der Tschetniks und Carrington

Wenn die deutsche Öffentlichkeit bisher überzeugt war, daß Serbien einen schmutzigen Eroberungskrieg führt, so weiß sie seit heute, daß dieser Krieg alle Merkmale eines Genozids am kroatischen Volk trägt. Das Zweite Deutsche Fernsehen (ZDF) hat in der Hauptsendezeit einen Beitrag über die Verbrechen der Tschetniks während dieses Krieges unter dem Titel »Bilder der Barbarei - Greuel der Tschetniks« gesendet. Wie schreckenerregend diese Bilder waren, zeigt auch die Warnung des Moderators, diese Bilde seien nicht für Kinder und empfindliche Leute. Gleichzeitig sagte er, daß die Fachleute des Pathologischen Instituts in Mainz die Authentizität dieses Filmmaterials geprüft und bestätigt hätten, seine Authentizität sollte man also nicht anzweifeln. Dann folgten Bilder, bei deren Anblick sich jedem normalen und zivilisierten Menschen die Haare sträuben, bei deren Anblick man von kalten Schaudern durchlaufen wird und sich einem die Kehle zuschnürt: getötete kroatische Bauern, denen man die Hände abgehackt, die Gesichter verunstaltet hatte, geschlachtete Frauen, denen man das Herz herausgeschnitten hatte, Opfer mit ausgestochenen Augen. Es folgten erschütternde Aussagen von Zeugen über Verbrechen seitens der Tschetniks und der Jugo-Armee. Der Kommentator erklärte diese Greuel mit der Absicht der Serben, unter den Kroaten Angst und Schrecken zu verursachen, um sie von ihren Heimstätten, von Haus und Herd zu vertreiben. Dabei betonte er, dies geschähe mit Absegnung der serbischen Regierung. Im Verlauf dieser erschütternden und mit Schrecken und Beklommenheit angefüllten Sendung konnten die Deutschen erfahren, daß schon 300000 Menschen aus kroatischen Landstrichen geflohen waren und man nicht weiß, ob sie je in ihre Heimstätten werden zurückkehren können. Nur einen Tag zuvor waren kroatische Mütter, zuerst in Bonn, dann auch in anderen deutschen Städten und legten auf ihre Weise Zeugnis ab vom Leiden der Kroaten in diesem aufgezwungenen Krieg. Eine dieser Delegationen haben auch der Bundeskanzler

Helmut Kohl sowie der Außenminister Hans-Dietrich Genscher empfangen. Mittwoch, 4. September 1991

Die deutsche Öffentlichkeit war von diesen Aufnahmen tatsächlich schockiert. Belgrad tobte. Die dortigen Medien spien Gift auf deutsche Journalisten, auf Kohl und Genscher, welche sie mit Hitler verglichen. Die Jugoslawische Botschaft in Bonn war sprachlos, so schrieb Frlec in einem Brief an das ZDF, er wisse nicht, ob dies alles wahr sei, weil er diesbetreffend über keinerlei Informationen verfüge. Aber daraus zog man Lehren. Die Jugoslawische Botschaft besorgte sich bald Kassetten über den angeblichen Genozid an Serben. Diese wurden jedem, der sich das anschauen wollte, angeboten. Die serbische Lobby fühlte sich besonders »betrogen«, denn all dies geschah in einem psychologisch sehr empfindlichen Moment, als Deutschland sozusagen fast soweit war, die Anerkennung auszusprechen. Hierbei ist es interessant, daß am selben Tag, als der erwähnte Beitrag über die Greueltaten der Tschetniks gezeigt wurde, im Deutschen Bundestag eine außenpolitische Debatte geführt wurde, in deren Verlauf Schlüsselpositionen im Sinne der Anerkennung bezogen wurden. Und nicht nur das. Man kann sich kaum erinnern, wann im Bundestag ein Konsens aller Parteien in einer Frage erreicht worden ist, wie dies an diesem Mittwoch bezüglich der Anerkennung von Kroatien und Slowenien der Fall war. Natürlich auch bezüglich der Verurteilung der serbischen Aggression. Als Bundeskanzler Kohl sagte: »Wenn ein Dialog und ein friedliches Nebeneinander nicht mehr möglich sind, dann stellt sich für uns aus unserem Verständnis des Rechts auf Selbstbestimmung die Frage der internationalen Anerkennung jener Republiken, die Jugoslawien nicht mehr angehören wollen«, da applaudierten alle Bundestagsabgeordneten. Genauso war es auch, als Genscher dasselbe auf seine Weise sagte: »Wenn jene jugoslawischen Völker, die die Unabhängigkeit wollen, diese auf dem Wege von Verhandlungen nicht verwirklichen können, dann werden wir ihre einseitig proklamierte Unabhängigkeit international anerkennen.« – Diese Entschiedenheit in der Bonner Jugoslawien-Politik wurde am meisten durch die Fortsetzung der serbischen Offensive gegen Kroatien und durch die Tatsache begünstigt, daß die jugoslawische Bundesregierung ohne jegliche Autorität und politische Macht geblieben war. Deshalb sagte Genscher auch im Bundestag, Deutschland sei im Jugoslawien-Konflikt auf niemandes Seite, sondern auf seiten der Demokratie, der Menschenrechte, des Rechts auf Selbstbestimmung und auf seiten einer friedlichen Beilegung des Konflikts. Deshalb könnten Bonn und die EG auch nie eine Politik gewaltsam veränderter Fakten anerkennen und deshalb hätten das auch alle Mitgliedsstaaten der KSZE anerkannt. Die Debatte über die Prinzipien der Jugoslawien-Politik schloß Genscher mit einer Botschaft an die Jugo-Generäle: »Ich möchte den Verantwortlichen in der Führung der Jugoslawischen Armee sagen, daß sie uns mit jedem Schuß aus ihren Kanonen und Panzern dem Zeitpunkt der Anerkennung näher bringen, weil wir der Sache nicht mehr bloß zuschauen werden. Gewalt ist kein Mittel zur Aufrechterhaltung eines gemeinsamen Staates und zur Zusammenhaltung von Völkern, die nichts anderes wollen, als die Verwirklichung ihres Rechtes auf Selbstbestimmung«. Außer diesen Prinzipien hatte Deutschland auch andere Motive. Aber nicht jene, die man ihm gerne unterschieben wollte. Nebenbei bemerkt: die Entwicklung der Ereignisse nach dem 15. Januar zeigt eindeutig, wie absurd diese Unterstellungen waren. Was die Deutschen leise befürchtet hatten, trat später auch ein. Flüchtlinge aus dem ehemaligen Jugoslawien überschwemmten Deutschland, während Frankreich und Großbritannien ihre Grenzen praktisch geschlossen hielten. Im Laufe des Jahres 1992 befanden sich in Deutschland etwa 250 000 Flüchtlinge und Vertriebene aus dem ehemaligen Jugoslawien. Etwa genauso viele versorgten die Schweiz, Österreich, Ungarn und Slowenien, während Frankreich nur 2000 und Großbritannien lediglich 1500 dieser Unglücklichen aufnahm. Allein in Kroatien sind es 800 000, davon 500 000 aus Bosnien, d. h. genauso viele, wie ganz Europa aufgenommen hatte! – Es muß gesagt werden, daß Deutschland als ein Land des Wohlstands und sozialer Rechte, wie sie in Europa kaum zu finden sind, natürlich ein Magnet für Zuwanderer aus der ganzen Welt, aber besonders aus dem europäischen Osten und Süden, ist. Mehrere Hunderttausende von Asylsuchenden und fast die gleiche Anzahl deutscher Aussiedler aus dem Osten kamen jährlich nach Deutschland und brachten so insbesondere nach der Wiedervereinigung den sozialen Topf zum Kochen. Im Laufe des Jahres 1992 weilten etwa 1,5 Millionen Asylsuchende in der Bundesrepublik. Sie alle bekamen soziale Unterstützung und kosteten den Staat sechs bis sieben Milliarden DM jährlich! Und dies zu einer Zeit, als sich Deutschland mit wirtschaftlichen Rezessionen konfrontiert sah und als die soziale Unzufriedenheit im Osten Deutschlands mancherorts Formen von Straßenterror gegenüber Fremden annahm.

Gerade nach der Anerkennung von Kroatien und Slowenien haben die Partner in der EG Deutschland allein gelassen, als wollten sie sagen: Nun seht zu, wie ihr damit zurechtkommt! Daß dies einer politischen Perversität gleichkommt, wird auch dadurch klar, daß die Anerkennung den Krieg in Jugoslawien aufgehalten hat und damit die Zahl der Vertriebenen im Westen vermindert hat. Aber, so war es nun einmal im Europa der 90er Jahre.

Neben der Tatsache, daß der Krieg nur ein paar hundert Kilometer von seiner südlichen Grenze stattfand, war der Fall Kroatien für Deutschland auch noch in anderer Hinsicht spezifisch. In diesem Land leben und arbeiten rund 500 000 Kroaten, die sich in die deutsche Gesellschaft gut integriert haben. Deutsche und Kroaten trafen sich auf allen gesellschaftlichen Ebenen, in Kirchen, Gewerkschaften, überall, wo das alltägliche, menschliche, kulturelle und werktätige Leben stattfand. Deshalb haben die Kroaten hier nicht nur demonstriert. Sie hatten weitgehend entwickelte Kontakte mit ihren Gastgebern. Daraus erwuchs in breitesten Schichten der deutschen Bevölkerung ein besonderes Gefühl der Solidarität. Dies wußte man in Bonn und man konnte es nicht ignorieren, selbst wenn man gewollt hätte. Andererseits befand sich Bonn durch seine finanzielle und wirtschaftliche Teilnahme und Macht im Fokus jugoslawischer Politik. Von vornherein war deutlich, daß die Amerikaner keine besonderen Interessen auf dem Balkan haben und daher nicht bereit sind, sich ernsthaft dort zu engagieren. Dies um so mehr, weil das einzige wirkliche Engagement nur ein militärisches sein konnte. Die jährliche Hilfe Amerikas betrug etwa 5 Millionen Dollar, während der Waffenhandel fast gar keine Rolle spielte. Also hatten die Amerikaner nichts, womit sie Belgrad hätten drohen können, es sei denn mit einer Militärintervention, und dies wollten sie aus bekannten Gründen nicht.

Auf der anderen Seite hatte Deutschland von allen westlichen Ländern die am meisten entwickelten wirtschaftlichen Beziehungen zu Jugoslawien. Das jährliche Handelsvolumen betrug etwa 13 Milliarden DM. Darüber hinaus war Deutschland der größte Geldgeber in der EG und als solcher bei Entscheidungen unumgänglich. Die Europäische Gemeinschaft hatte am Vorabend des slowenischen Krieges Jugoslawien einen Kredit in Höhe von 1,7 Milliarden DM eingeräumt und dies war schon ein Trumpf in Händen Bonns, mit dem man Belgrad zur Raison bringen sollte. Dies waren, neben den schon erwähnten prinzipiellen, die Hauptgründe, warum Deutschland so entschieden in der Jugoslawienpolitik aufgetreten ist und zum ersten Mal in der Nachkriegsgeschichte »aus der Reihe tanzte«. Mit einer angeblichen Verschwörung gegen Serbien oder einem Wunsch, aus Gründen »geschichtlicher Allianz« mit den Kroaten Jugoslawien zu zerstören, hatte dies wahrhaftig nichts zu tun. Wer auch nur im entferntesten Nachkriegsdeutschland kannte, der wußte, daß die Deutschen ihre Geschichte sozusagen »verloren« hatten, daß geschichtliche Erinnerungen bei ihnen fast keine Rolle spielten, im Gegensatz zu den Franzosen und Briten. Das ganze Nachkriegsdeutschland war in Wirklichkeit auf dem Weg, »eine neue Geschichte« zu suchen, neue Partner und Verbündete (die es in den Nachkriegsjahren dann ja auch gefunden hatte).

Also war schon in den ersten Septembertagen ein allgemeiner deutscher Konsens bezüglich der Anerkennung deutlich zu sehen. Die Kirche war dafür, die Gewerkschaften, alle politischen Parteien, sogar die Wirtschaft. Das einfache Volk war dafür, von den Medien gar nicht zu sprechen. Sie alle waren der Meinung, dies sei der einzige Weg, dem Schrecken Einhalt zu gebieten, und der einzige Modus, um mit der schändlichen Politik der EG Schluß zu machen und endlich die jugoslawische Krise durch Vortragen vor die UN wirklich zu internationalisieren. Dies war der Weg, der als einziger zu den Friedenstruppen führte, die, wie man damals meinte, Serbien von der Zerstörung von Vukovar, Gospić, Zadar und Dubrovnik abhalten sollten. Die Politiker nahmen van den Broek beim Wort, der, in der Hoffnung, es käme gar nicht so weit, ausgesagt hatte, daß die Anerkennung Kroatiens und Sloweniens nur in Frage käme, wenn sich zeigen sollte, daß die zentrale Macht, die Regierung in Belgrad mit Marković an der Spitze, keine politische Autorität mehr habe und die Kontrolle über die Armee (die sie, nebenbei bemerkt, nie hatte) verloren habe. All dies war nun geschehen. Das konnte nicht einmal der niederländische Außenminster mehr leugnen.

Aber das Wasser auf die Mühlen der Anerkennung brachte nicht nur die sture, unversöhnliche Haltung des serbischen Regimes, das zum Krieg und zum Schlachten bereit war, sondern auch der Umstand, daß sich das dreimonatige Moratorium der EG seinem Ende näherte. Da in dieser Periode mit dem Plan der Umgestaltung Jugoslawiens und somit der Rettung vor dem Zerfall, worauf viele in Europa hofften, nichts geschehen war, mußte man schnell etwas finden, um neue Argumente gegen Bonn, Zagreb und Ljubljana ins Feld zu führen. Dies um so mehr, weil Genscher schon offen von der »überraschend großen Zahl« jener Staaten sprach, die bereit seien, zusammen mit Deutschland die Anerkennung auszusprechen. Erwähnt wurden Österreich, Dänemark, Belgien, vielleicht

Ungarn, dann einige der skandinavischen Staaten sowie die drei baltischen Staaten, die diesen Schritt schon getan hatten und Kroatien und Slowenien anerkannt hatten. So kam man auf Anregung der Franzosen und Briten auf die Idee einer Haager Friedenskonferenz unter Führung von Lord Carrington. Diese Idee wurde in der kroatischen politischen Führung mit Begeisterung aufgenommen und als ein Triumph kroatischer Politik gewertet. Leider fügte diese Idee Kroatien großen Schaden zu. Vielleicht war die Begeisterung deshalb so überschwenglich, weil es schien, daß auf diese Weise die kroatische Frage endlich internationalisiert war, doch streng genommen war das nicht der Fall. Außerdem erkannte man nicht, daß durch die Haager Friedenskonferenz die deutsche Politik der Anerkennung in Wirklichkeit blockiert wurde.

Carrington bekam zwei Monate Zeit, was objektiv eine Verlängerung des Moratoriums bedeutete, und Bonn sah sich in Verlegenheit, weil man nicht wußte, wie weiter. Wenn man in den Bemühungen stehenblieb, drohte ein Verlust der Glaubwürdigkeit, aber andererseits konnte man nicht über die Köpfe der Europäer hinweg agieren.

Eine Pressekonferenz mit dem Pressesprecher des Außenministeriums hörte sich in diesen Tagen am 12. September etwa so an: Ich stellte die Frage, wie die augenblickliche Position Bonns in bezug auf die jugoslawische Krise sei, besonders, wenn man die immer häufigeren Erklärungen des Kanzlers und des Außenministers berücksichtige, Deutschland würde, wenn die Kämpfe in Kroatien andauerten, Kroatien und Slowenien völkerrechtlich anerkennen. Die Antwort lautete, die deutsche Regierung wolle im Moment wegen der Friedenskonferenz keine Schritte unternehmen, weil jede Aktivität Bonns außerhalb dieses Rahmens »eine Präjudikation des Ausgangs der Konferenz« bedeute. Es wurde noch gesagt, daß »alles in Händen von Lord Carrington« liege und daß die deutsche Regierung ihren Standpunkt bezüglich der Anerkennung nicht verändert habe. Danach wurde noch Genschers Erklärung im Bundestag vom 4. September zitiert: Die Anerkennung sei unumgänglich, wenn…

Also war die Pattposition perfekt. Lord Carrington zeigte sich als der Politiker, der den Serben die meisten Zugeständnisse machte und nachhaltig Angst machte wegen (angeblicher) schwerer Folgen, sollten Kroatien und Slowenien anerkannt werden. Eine andere Aufgabe hatte er auch nicht. Auf seinen Reisen nach Belgrad begrüßte er Milošević so herzlich, daß die deutsche Presse schrieb, es entstehe der Eindruck, als begrüße Carrington einen alten Bekannten aus irgendeinem Londoner Golfclub. Dagegen machte er in Zagreb ein Gesicht, als habe er dem kroatischen Präsidenten nichts zu sagen. So lag es in der Logik der Sache, daß diese Konferenz ein Fiasko wurde. Kurz bevor er die Tür zum Balkan endgültig zugeschlagen hatte, antwortete er auf die Frage eines Journalisten, welche Eindrücke er aus diesem unglücklichen Jugoslawien mitgebracht hatte, nur zynisch, es sei doch am schönsten, auf der Insel zur Welt zu kommen!

In Bonn war man sich natürlich dieser Fallen bewußt. Dennoch war man bemüht, das Problem der Anerkennung so ordentlich wie möglich zu lösen, d. h. nach Möglichkeit durch Vereinbarung und auf friedlichem Wege. Also wenn möglich auch im Rahmen von Carringtons Friedenskonferenz. Aber man wollte die Sache nicht endlos hinauszögern, so wurde bald eine neue Formel gefunden: wenn sich zeige, daß die Haager Friedenskonferenz gescheitert sei, würde Bonn seine Ankündigung wahrmachen, Kroatien und Slowenien diplomatisch anerkennen. Andersherum gesagt: die Konferenz wird gelingen, wenn alle Seiten die grundlegenden Prinzipien der Konferenz akzeptieren und wenn Serbien die Kampfhandlungen in Kroatien sofort einstellt. Oder, wie es am 16. September im Namen der CDU Volker Rühe formulierte: Sollte Carringtons Friedensmission scheitern, dann sollten »Deutschland und nach Möglichkeit viele andere Mitglieder der EG noch in dieser Woche Kroatien und Slowenien anerkennen, damit eine Internationalisation des Konfliktes erreicht wird«. Carrington gelang es, einen Waffenstillstand zu vereinbaren. Dieser hielt einige Stunden, dann wurde alles wie vorher. Die Mission des Briten war gescheitert, seine Konferenz auch, das war allen klar. Aber Bonn hatte Kroatien und Slowenien nicht anerkannt. Dazu trug neben anderen zum großen Teil der französische Präsident Mitterand bei, als er am 19. September seinen Freund Helmut Kohl in Bonn besuchte.

Mitterrand stoppt Kohl

Am ersten Tag seines Besuches im wiedervereinten Deutschland sprach der französische Präsident Mitterrand mit Helmut Kohl unter anderem auch über die Krise in Jugoslawien. Beide Staatsmänner kamen am Mittwoch nachmittag überein, enger bei der Lösung der immer drastischer verlaufenden Krise des auseinanderfallenden Staates zusammenzuarbeiten. Beide Staatsoberhäupter unterstrichen, daß die Prinzipien, die bei der Lösung der Krise zu beachten wären, Recht auf Selbstbestimmung, Garantien der Rechte der Minderheiten und Unveränderlichkeit der Grenzen sind. Mitterrand sagte, daß die Konflikte in Kroatien eine Gefahr wären, die sich auf ganz Europa verbreiten könnte, während Kohl betonte, kein Land und kein Staat könnten durch Panzer- und Luftwaffenangriffe am Leben gehalten werden. Am zweiten Tag von Mitterands Aufenthalt in Deutschland wurde in Bonn eine gemeinsame Erklärung zur Situation in Jugoslawien abgegeben. In dieser Erklärung wurden neben einer Verurteilung der Gewalt und einer Unterstützung für die Haager Friedenskonferenz die schon vorher erwähnten Prinzipien als Grundlage einer Lösung der jugoslawischen Krise wiederholt. In dieser Erklärung wurde mit keinem Wort die völkerrechtliche Anerkennung Kroatiens und Sloweniens erwähnt, was in Beobachterkreisen als ein Nachgeben Bonns gegenüber französischem Druck verstanden wurde. Donnerstag, 19. September 1991

Dieser Ausgang der Gespräche war für alle Kroaten ein Schock und für alle politischen Beobachter eine ziemliche Überraschung. Wenige nur glaubten, daß Mitterrand jegliche Bonner Anerkennungspolitik säbelgleich unterbrechen würde und zu einem Zeitpunkt ein unerträgliches Interregnum schaffen würde, als Kroatien außenpolitisch verloren und somit zum Tode durch Salven und Bombardements der serbischen Soldateska verurteilt schien.

Heute wird mit zeitlichem Abstand betrachtet deutlicher, wie sich die Beziehungen in der EG Mitte September verschärft hatten und wie gespannt die Atmosphäre war. Bonn wurde wegen seiner Absicht (oder zumindest wegen seiner bekundeten Absicht), Kroatien und Slowenien diplomatisch anzuerkennen, einem konzentrischen Druck seiner europäischen Nachbarn ausgesetzt. Der spanische Außenminister Fernandez Ordenez-Francisco kritisierte aus dem erwähnten Grund Deutschland scharf. Der Italiener Gianni de Michelis hatte dies schon vorher getan. Dieser Kritik schlossen sich dann auch die Niederlande, Großbritannien und Frankreich an. Dieser Widerstand und die ganze Atmosphäre wird durch van den Broeks Reaktion auf die Belagerung der Jugo-Kasernen seitens der Kroaten glänzend illustriert. Diese Aktion war durch die fortgesetzte und verbreiterte serbische Okkupation und die dadurch entstandene dramatische Lage Kroatiens erzwungen worden. Van den Broek hatte zunächst eine ganze Woche lang geschwiegen, obwohl die Jugo-Armee die Kriegshandlungen durch das bestialische Bombardement von Vukovar und Osijek, durch die Belagerung von Zadar und die Einnahme von Hrvatska Kostajnica fortgesetzt hat. Er schwieg, obwohl seine »Belgrader Bedingung« für die Friedenskonferenz ein bedingungsloser Waffenstillstand war. Er erhob seine Stimme auch nicht, als bekannt wurde, daß die Jugo-Armee eine ärztliche Erste-Hilfe-Aktion für die Verwundeten in Kostajnica nicht gestattete, obwohl die verzweifelten Appelle Den Haag selbst erreicht hatten. Ebenso fand er es nicht wert, diesen brutalen Eroberungskrieg, der unter dem Mantel der Friedenskonferenz geführt wurde, zu verurteilen. Ihn berührte die Tatsache, daß Kroatien schon zerstückelt und daß Dalmatien und Slawonien praktisch schon abgeschnitten waren, in keinster Weise. Aber er protestierte sofort, als Kroatien die Pipelines nach Belgrad zumachte. Und dieser Protest war selbstverständlich nur die Ouvertüre zu seinen Protesten, als die Nachrichten am 13. September meldeten, kroatische Einheiten hätten mit der Belagerung von Jugo-Kasernen begonnen. Auf diese Meldung hin sprang der Niederländer in seinem Ministerium in Den Haag auf und erklärte sofort, Kroatien würde hiermit absichtlich Konflikte produzieren und so die Friedenskonferenz gefährden.

Im welchem Maße System dahinter steckte, zeigt die Art und Weise, wie er Genscher während der Sitzung der EG in Den Haag am 3. September ins Wort fuhr. Damals hatte der deutsche Außenminister gesagt, daß die serbische Seite entgegen dem Belgrader Memorandum den Waffenstillstand gebrochen habe. Van den Broek erwiderte, es handele sich nicht um einen »gebrochenen Waffenstillstand, sondern nur um sporadische Scharmützel«! Am gleichen Tag war Petrinja zerstört worden und die Angriffe der Tschetniks und der Jugo-Armee wurden ohne Unterbrechung fortgesetzt, so daß Kroatien mit der Belagerung der Kasernen antwortete. In Deutschland ging alles in anderer Richtung. Die Presse schimpfte auf die EG und van den Broek und führte an, dies alles sei eine Folge »von Dilettantismus und Unwissen, wie auch von Unehrlichkeit, Willenlosigkeit sowie des Versuchs, auf der Friedenskonferenz Jugoslawien zu restaurieren«. Auch Bonner Politiker standen nicht hintenan. Sie verlangten von der EG, endlich aus der Tatsache, daß die Friedenskonferenz keine positiven Ergebnisse gebracht habe, Konsequenzen zu ziehen. Dabei betonten sie, daß der »serbische Aggressor« Friedensaktivitäten verhindere und die Konferenz mißbrauche. Deshalb schade die Verzögerung der Anerkennung von Kroatien und Slowenien der politischen Glaubwürdigkeit und trage so zu weiteren Verlusten von Menschenleben bei (so Hornhues im Namen der parlamentarischen Gruppe CDU/CSU). Einige gingen noch weiter und verlangten von der EG, die Haager Konferenz sofort zu beenden und Kroatien und Slowenien diplomatisch anzuerkennen sowie Friedenstruppen nach Kroatien zu entsenden (so H. J. Otto im Namen des Präsidiums der FDP).

In der Gemeinschaft brodelte es. Schwerwiegende Worte fielen und Bonn mußte einen Rückzieher machen. Die europäische Vereinigung war in Frage gestellt und Kohl blieb nichts anderes übrig, als Mitterrand zu versichern, er würde nicht zulassen, daß die Anerkennung von Kroatien und Slowenien zur Gefährdung der europäischen Integration führe. Oder, wie es damals Kohl und Genscher formulierten: Deutschland wird diese zwei Republiken anerkennen, wenn dies auch die anderen Mitgliedsstaaten der EG tun. Dies war eine Formulierung, die eine Wende bedeutete und zwar eine Wende, daß alle Hoffnung auf Anerkennung begraben schien.

Zu welcher Wendung es unter dem Druck des französischen Präsidenten tatsächlich kam, bezeugte etwa zehn Tage später Karl Lamers, der außenpolitische Sprecher der parlamentarischen Gruppe von Kohls christlicher Union. Er war ansonsten einer der ersten unter den Bonner Politikern, die eine Politik der schnellen Anerkennung aufgenommen hatten und der sozusagen im Namen seiner Partei tagtäglich Erklärungen abgegeben hatte, die die Regierung unter Druck stellten. Lamers unterstützte kroatische Demonstrationen und sprach von ihren Tribünen. Mit einem Wort: er war ein Politiker, der viel zum positiven Ausgang der kroatischen Angelegenheiten beigetragen hat. In der »Frankfurter Allgemeinen Zeitung« vom 27. September erklärte er nun, warum man in der CDU jetzt so viel verhaltener von der völkerrechtlichen Anerkennung Kroatiens und Sloweniens sprach, was im Grunde genommen natürlich die komplette Bonner Politik betraf. Er sagte, für Bonn sei im Augenblick die Einbindung in die EG wichtiger und man habe aus der bisherigen Jugoslawienpolitik die Lehre zu ziehen, die EG sei noch mehr und deutlicher, als zu erwarten war, nach der Wiedervereinigung Deutschlands zum »entscheidenden Rahmen für die Aktivitäten deutscher Außenpolitik« geworden. Mit anderen Worten bedeutet dies nichts anderes, und das haben die Ereignisse im Fall Jugoslawiens bestätigt, als daß Bonn nicht in der Lage ist, eine andere Politik zu betreiben als die Politik der EG. Lamers sagte ferner, die Ereignisse hätten auch gezeigt, daß die NATO in der jugoslawischen Krise keine Rolle gespielt habe, weil zuallererst die USA dies nicht gewollt hätten. Er räumte ein, Deutschland sei mit seiner Forderung, Kroatien und Slowenien anzuerkennen, in der EG allein geblieben. Erst die französisch-deutsche Erklärung zu Jugoslawien habe diesen Eindruck verändert. So sei Deutschland nicht mehr isoliert. Der Preis, der zu zahlen war, bestehe, wie Lamers es ausdrückte, im »Nachgeben, was den Zeitpunkt angeht«, und er fügte hinzu, dies sei auch aus der Tatsache herauszulesen, daß in der Erklärung der Begriff der »Anerkennung« nicht erwähnt worden sei. Lamers war in diesen Tagen von dem falschen Weg Deutschlands so überzeugt, daß er sogar eine Selbstkritik des Bundestages und seiner parlamentarischen Gruppierung vorschlug.

Hierbei sagte er, die europäischen Partner hätten klarer und deutlicher die Folgen einer Anerkennung Kroatiens und Sloweniens erkannt, während sich die deutsche Politik benahm, als wären mit der Anerkennung auch alle anderen Probleme vom Tisch. Wörtlich: »Niemand war bereit auszusprechen, eine Anerkennung schaffe Voraussetzungen für einen militärischen Schutz Kroatiens«. Die Folgen eines militärischen Automatismus könne man kaum erfassen. Andererseits, so fügte Lamers hinzu, fühlten sich die europäischen Partner von den Vorgängen in Jugoslawien weniger betroffen als Deutschland und trügen gleichzeitig ihren eigenen Interessen bezüglich der Frage der Minderheiten in ihren Staaten Rechnung. Obendrein sei bei den europäischen Partnern auch ein Mißtrauen bezüglich der »deutschen Motive« deutlich zu erkennen gewesen, was die jugoslawische Frage beträfe. Dieses Mißtrauen sei durch den deutschen Soloauftritt noch verstärkt worden. In einer Anspielung auf die Unverträglichkeit zwischen Genscher und van den Broek, dem turnusgemäßen Präsidenten des EG-Ministerrats, sagte Lamers, daß diese privaten Geplänkel eine »unverhältnismäßig große Rolle« gespielt hätten.

Während dieser Selbstkritik entdeckte Lamers, daß in seiner parlamentarischen Gruppierung nun mehr über die Folgen als über die Anerkennung selbst nachgedacht wurde, wie es in der ersten Phase der Jugoslawienkrise der Fall war. Dies erklärte er mit dem Fehler der EG, nicht schon am Anfang ernsthaft mit einer Anerkennung zu drohen, weil dies auf die Serben wahrscheinlich mehr eingewirkt hätte. »Jetzt hat dies keinen großen Wert, weil die Serben dies nicht glauben und obendrein den Sieg schon in der Tasche haben!«

Alles dies bestätigt, daß sich der Bundeskanzler in gewissem Sinne in der Situation befand, in der er zwischen Europa und Kroatien zu wählen hatte. Hierbei darf nicht vergessen werden, daß der Gipfel von Maastricht (bei dem dann maßgebende Entscheidungen bezüglich der europäischen Vereinigung getroffen worden sind) ins Haus stand. Für Kohl, »den überzeugten Europäer«, der immer davon sprach, daß die Deutschen nur in einem vereinten Europa Wohlstand und Frieden finden könnten, war dies von erstklassiger Bedeutung. Überdies übte die in der deutschen Politik stillschweigend angenommene Doktrin, die Deutschen hätten, wenn es sich um politische Angelegenheiten handelte, immer auf das Wort aus Paris zu warten, einen psychologisch-politischen Druck aus. Die politische Führung in Europa wurde Frankreich überlassen. Das sollte gleichsam bedeuten, die Deutschen seien gute Europäer geworden, sie seien bereit, eine Art politischer Zweitklassigkeit hinzunehmen, um den Bruch mit Hitlers Zeiten deutlich zu demonstrieren.

Als Bonn schließlich in bezug auf die Anerkennung wieder »vorgeprescht« war, bezichtigte Helmut Schmidt als einer der glühendsten Verfechter eben dieser Doktrin und ehemaliger sozialdemokratischer Kanzler seinen Nachfolger Kohl, nicht nur diese goldene Regel der deutschen Außenpolitik verletzt, sondern dadurch auch dem deutschen Staat großen Schaden zugefügt zu haben.

Später zogen diese Anschuldigungen nicht mehr, aber im September waren sie noch wirksam. Für Kohl war die Einigung Europas neben der deutschen Wiedervereinigung das Ziel seines Lebens. Dies bestätigte der deutsche Kanzler im Herbst 1992, als er sich mächtig ins Zeug legte, um den Maastrichter Vertrag zu retten. Dieser war durch das »Nein« im dänischen Referendum, das knappe französische »Ja« und durch große Zweifel in bezug auf Sinn und Reichweite einer Währungsunion und politischen Union in Frage gestellt worden. Auf dem Kongreß seiner CDU in Düsseldorf machte Kohl damals geradezu dramatisch darauf aufmerksam, daß »Europa für Deutschland eine Schicksalsfrage« sei. Wenn die europäische Einigung jetzt nicht greife, »werden wir vor der Zukunft versagen«. Dann laufe Europa Gefahr, das bis jetzt Erreichte leichtfertig zu verspielen. »Ich wage vorauszusagen«, so Kohl, »daß, wenn der Maastrichter Vertrag nicht greifen sollte und wenn wir auf dem Weg zu einem geeinten Europa zurückgeworfen würden, wir dann länger als eine Generation brauchen, um solch eine Chance wieder zu bekommen« (27. Oktober 1992).

Parallel zu dieser fast existenziellen Leidenschaft für Europa wurde die deutsche Position nach der Wiedervereinigung immer delikater. Dies beweisen bildhaft die Spannungen, die zwischen Bonn und London in bezug auf die Krise im Eurpäischen Währungsverbund aufloderten. London machte die deutsche Wiedervereinigung und die deutsche Wirtschaftpolitik für die Schwäche des Pfund verantwortlich, und zwar in einer Weise, die »nach Schwarzpulver roch«. Ebenso stellte sich die Debatte darüber in Frankreich dar. Das war im Sommer 1992, am Vorabend des Referendums für Maastricht.

Der französische Soziologe Edgar Moin riet seinen Landsleuten, mit »Ja« zu stimmen, weil »er sicher sei, daß Deutschland zum Schwerpunkt Europas wird. Es ist besser für Deutschland und seine Nachbarn, wenn diese Kraft in einem integrierten Europa wirkt, als in einem nichtintegrierten aufzuflammen.«

Der Herausgeber des politischen Wochenblattes »L'événement du jeudi«, François Kahn, schrieb, daß sich ein wiedervereinigtes Deutschland, sollte der Vertrag von Maastricht nicht zustandekommen, gestärkt durch Österreich, die Schweiz, die flandrischen Länder, Slowenien, Kroatien, Ungarn etc., couragiert sehen könnte, sich in Mittel- und Osteuropa als Hauptmacht zu bestätigen!

Dabei ist nur scheinbar paradox, daß die gleichen Argumente auch die Gegner von Maastricht benutzten: »Kommt es zur wirtschaftlichen und monetären Union, wird sich Frankreich mit einem Block, den neben Deutschland die Länder Ost- und Mitteleuropas bilden werden, konfrontiert sehen. Diese Staaten gehören schon de facto zur D-Mark-Zone und Deutschland unterstützt ihren Beitritt zur EG, nachdem es sich schon, wie im Falle von Kroatien und Slowenien, für ihre Anerkennung eingesetzt hat.« (Der gaullistische Politiker Marie-France Garand).

Aber trotz aller dieser Spannungen und dem Mißtrauen: die Achse Bonn-Paris war seit jeher das Rückgrat der EG und der Motor der Vereinigung.

Dies bedeutete, daß Kohl keine Wahl hatte und so nachgeben mußte, daß er »Zeit opferte«, wie Lamers es ausdrückte.

Eine andere Frage ist, warum der Sozialist Mitterand seinen Freund Kohl so fest bei der Hand nahm. Gewiß spielte dabei Mitterands Ansicht über die Rolle Frankreichs in der Welt- und Europapolitik eine wichtige Rolle, verbunden mit dem offensichtlichen Fehlen einer Europa-Vision nach der Beendigung des Kalten Krieges und des Falls des Kommunismus. Mitterand konnte sich schwer von Jalta trennen, das Frankreich den Status einer Siegermacht gesichert hatte. Zu den Insignien dieses Status gehörte auch das Atompotential. Hieraus schöpfte Frankreich den Anspruch auf eine Führungsrolle in Europa und deshalb war es existenziell an der Erhaltung des Status quo interessiert. Dieses erklärt auch, warum Mitterand im Dezember 1989, nachdem die Berliner Mauer schon gefallen war und nachdem Kanzler Kohl seinen berühmten 10-Punkte-Plan verkündet hatte, demonstrativ einen Besuch bei den Nachfolgern Honneckers in Ost-Berlin machte, was in Bonn natürlich heftige Reaktionen auslöste und Mitterand selbst den Ruf eines Bremsers der deutschen Wiedervereinigung einbrachte. Daher rührte auch Mitterands laue Reaktion auf die Meldung über den Putsch in Moskau, die einer Akzeptanz der Rückkehr in die Zeiten von Breschnjew gleichkam. Auch das provozierte Kritiken auf Kosten des französischen Präsidenten, diesmal allerdings auch in Paris selbst.

Aus diesem Grunde war Mitterand einer der beständigsten Befürworter der territorialen Integrität Jugoslawiens. Hierzu gehören auch ganz spezifische Gründe: Frankreich war neben Großbritannien die politische Hebamme bei der Geburt des Königreiches der Serben, Kroaten und Slowenen. Frankreich interessierte hierbei nicht so sehr das Los der »ausgegliederten« Völker wie der Umstand, daß sich Serbien durch die jugoslawische Ausbreitung als ein Bollwerk gegen den germanischen Durchbruch nach Osten konstituierte. Diese Motive sind in einer Version bis heute im Elyséepalast gegenwärtig, und so wurde die Verselbständigung Kroatiens und Sloweniens als eine Unterminierung des französischen Prestiges auf dem Alten Kontinent neu erlebt.

All dies brachte auch Mitterand selbst auf den Punkt, als er vor Journalisten in Bonn im Beisein Kohls sagte, daß sich Frankreich und Deutschland in der Geschichte oft auf verschiedenen Seiten befunden und daß sie ebenso verschiedene Freunde in Jugoslawien gehabt hätten! In diesem Kontext sah man Kroatien als Hitlers Verbündeten an, der es nicht verdiene, ein unabhängiger Staat zu sein. Dies erklärt wahrscheinlich auch, warum Frankreich ein kommunistisches (d.h. in der Praxis faschistisches) Serbien lieber ist als ein Kroatien, das nichtkommunistisch (und nicht-faschistisch) ist und warum es später weniger das völkermordähnliche Abschlachten der Moslems in Bosnien durch die Serben als eine eventuelle begrenzte Militärintervention gegen die serbischen Einheiten und das serbische Potential interessierte.

Es gibt Gründe für die Annahme, daß Mitterand eher deshalb Sarajewo besucht hat, um das restliche Jugoslawien so groß wie möglich zu retten, als daß er den Krieg von Bosnien und die serbische Aggression abwenden wollte. Diese Bemühungen sind offensichtlich und sie sind trotz des französischen Eingeständnisses, die Serben hätten grausame Verbrechen begangen, um ein möglichst großes Stück Jugoslawien unter der Belgrader Macht zu erhalten, bis heute allem Anschein nach der wesentliche Bestandteil französischer Balkanpolitik geblieben. Genau wie es auch eine Jahrhunderte alte französische Tradition ist, dafür Sorge zu tragen, daß der Islam in Europa nur in ungefährlichem Maße Fuß faßte.

Die Frage, ob Mitterand die Serben tatsächlich vor einer militärischen Intervention rettete, die gerade zu jenem Zeitpunkt möglich schien und auch politische und militärische Rechtfertigung hatte, bleibt offen. Wie schon gesagt hatten die Amerikaner nach dem Ende des Kalten Krieges keine strategischen Interessen gesehen und so waren sie auch an einer militärischen Option nicht interessiert. Aber auch hierin hat Paris die Rolle des Bremsers gespielt. Wegen seiner Aspiration auf die führende politische (und damit auch militärische) Rolle in Europa bemühte sich Frankreich maximal, die amerikanische militärische und politische Präsenz auf dem alten Kontinent zu begrenzen. Da es nicht zum militärischen Teil der NATO gehört, war Frankreich daran interessiert, die NATO so weit wie möglich vom Balkan fernzuhalten. An Stelle der NATO forcierte Paris die WEU, die militärische Assoziation der EG, die über keinerlei militärische Einheiten verfügte. Deshalb gründete Paris zusammen mit Bonn das sogenannte Euroäische Korps, das als Kern zukünftiger europäischer Streitkräfte dienen sollte. Auf diese Weise, hoffte man in Paris, würde man in Zukunft die NATO aus ihrer Schlüsselposition in Europa herausdrängen. Die Deutschen wiederum sprachen von diesem »Europäischen Korps« als einer Ergänzung und nicht als einem Ersatz der NATO.

In jedem Fall hat dies in Washington zu Irritationen geführt. Diese haben lange angedauert, und man sprach davon, daß Europa nicht nur nicht eine Sprache spreche, wenn es um die politische Lösung der jugoslawischen Krise gehe, sondern es sich auch nicht einig sei über eine militärische Option. Wie paradox und verworren die Sache ist, zeigt auch die Entscheidung des Sicherheitsrates der UNO, zusätzliche 6000 Blauhelme nach Bosnien zu entsenden. Die Mannschaften wurden von Mitgliedsstaaten der NATO gestellt. Die NATO organisierte die Kommandostrukturen und leistete logistische und kommunikationstechnische Hilfe, aber sie war in Bosnien politisch nicht präsent als NATO, sondern nur ein technischer Service der UN. Ein Franzose war oberster Befehlshaber dieser Streitkräfte, obwohl Frankreich nicht zum militärischen Flügel der NATO gehört!

Manfred Wörner, der damalige Generalsekretär der NATO, sagte in einem Interview für den Deutschlandfunk offen, die NATO habe der UN ihre Dienste angeboten, aber der Sicherheitsrat lasse mit einer Antwort lange auf sich warten (dies war am 25. Oktober 1992). Das ist eben der Sicherheitsrat, in dem Frankreich mit britischer Unterstützung verhinderte, daß in der ersten Resolution über das Flugverbot für die serbische Luftwaffe über Bosnien auch Gegenmaßnahmen für den Fall der Nichteinhaltung eindeutig formuliert worden sind.

Seitdem hat Karadžićs Luftwaffe dieses Verbot oftmals ignoriert. Goražde und Jajce wurden bombardiert. Die westliche Herzegowina wurde überflogen, aber Paris und London, wie auch die anderen, beobachteten dies nur und überlegten, ob sie noch mehr Beobachter auf serbischen Flugplätzen postieren sollten oder nicht. Und als dann mehrere Zehntausende Menschen vom 30. Oktober bis 1. November aus dem besetzten Jajce durch Schlamm und Nässe bosnischer Berge flohen und die Serben sie mit Kanonenfeuer verfolgten, appellierte der Sicherheitsrat in Washington, Owen und Vance mit eingeschlossen, an die Serben, sie sollten das doch nicht tun! Um dem Zynismus die Krone aufzusetzen, beriefen sie sich dabei auf die Genfer Konvention. Demnach verstößt es nicht gegen die Genfer Konvention, wenn die Serben bosnische Städte von ihren mehrheitlichen Bewohnern »befreien«, sondern nur, wenn sie diese auf dem Weg in die Hölle der Vertreibung mit Kanonen töten.

Erst den Serben, dann den Kroaten

Heute wurde in Bonn unter dem Vorsitz von Bundeskanzler Helmut Kohl eine Koalitionsrunde abgehalten. Auf dieser wurde die Situation in Zagreb nach dem Attentat auf Präsident Tudjman sowie die Fortsetzung des Krieges in Kroatien »erörtert«. In der Presseerklärung des Regierungssprechers Dieter Vogel wurde außerdem angeführt, daß am Mittwoch (9. Oktober) in Den Haag die Friedenskonferenz über Jugoslawien fortgesetzt werden solle und daß Außenminister Genscher in diesem Sinne einen Antrag an den Vorsitzenden des Ministerrates der EG, den niederländischen Minister van den Broek, gestellt habe. Unter Berufung auf die Beschlüsse der Haager Konferenz vom 4. Oktober und auf die Beschlüsse der EG-Ministersitzung vom 6. Oktober sei die regierende Koalition in Bonn der Meinung, daß man »durch Verhandlungen eine politische Lösung im Hinblick auf die Anerkennung der Unabhängigkeit jener Republiken erreiche, die diese wünschen. Dabei müssen die Rechte ethnischer Minoritäten anerkannt werden und die Entschiedenheit der Gemeinschaft auf Nichtanerkennung gewaltsam veränderter Grenzen bekräftigt werden.«

Dienstag, 8. Oktober 1991

Nur etwa drei Wochen nach Mitterands Besuch brachte das amtliche Bonn die diplomatische Anerkennung Kroatiens und Sloweniens wieder ins Spiel. Zwar in einer mehr modifizierten Form, aber dafür in einer zeitlich absehbaren Perspektive. Es war klar geworden, daß ein Alleingang in puncto Anerkennung aus Gründen europäischer Interessen sowie wegen der Sache selbst nicht in Frage komme. Wenn Bonn ausgeschert wäre und allein oder mit schwachen Partnern in der Gemeinschaft Kroatien und Slowenien anerkannt hätte, dann hätte dies einen politischen Gegenstoß in Form noch hartnäckigerer Haltungen von Paris und London (aber sicher auch Washingtons) gegenüber Zagreb und Ljubljana zur Folge gehabt. Das wäre nicht ohne Wirkung auf Moskau geblieben, und all dies zusammengenommen hätte Belgrad im Krieg gegen Kroatien bestärkt. Außerdem hätte dies einen Triumph für Miloševićs Politik bedeutet, die auf Vertiefung von Gegensätzen unter den ohnehin uneinigen Europäern und auf eine Isolation Deutschlands hin angelegt war. In diesem Sinne und bei einem solchen Verlauf könnte man Mitterands Besuch in Bonn nicht nur im negativen Licht sehen. Frei nach Goethe könnte man von der Macht sprechen, die Böses will, aber Gutes schafft. Dies gilt umso mehr, als die Entwicklung der Ereignisse im auseinanderfallenden Jugoslawien wie auch die Entwicklung bezüglich der europäischen Einigung Bonn neue Räume für ein politisches Spiel mit guten Aussichten bot. Den feurigsten Gegnern der Anerkennung in der EG konnte relativ bald gleiches passieren, was Deutschland im September passiert war; daß sie nämlich zur Minderheit würden und damit ins Sichtfeld der Isolation rückten.

Belgrad leistete tatsächlich »maximale« Hilfe: Der serbische Block hatte im jugoslawischen Präsidium einen Staatsstreich veranstaltet, durch den dasselbe Grundgesetz suspendiert wurde, auf welches sich Milošević und die Armee bei ihren Feldzügen gegen Kroatien und Slowenien berufen hatten. Solchen »Lateinamerikanischen Methoden« gegenüber konnte der Westen nicht stumm bleiben. Das »amputierte Präsidium«, welches die Serben und ihre Vasallen bildeten, konnte niemand mehr als den legitimen Vertreter des Staates anerkennen. Da die Bundesregierung mit Marković an der Spitze schon delegitimiert und ohne jegliche Autorität war, wurde Jugoslawien »kopflos«, was de facto seine Abschaffung auch von seiten Serbiens bedeutete. Zumindest in der damaligen Form.

Die deutsche Regierung und Minister Genscher nannten in getrennten Erklärungen das Belgrader Manöver beim richtigen Namen: Militärputsch. Genscher, der sich ständig auf Reisen befand oder in seinem Bonner Büro Minister und Staatsleute empfing, wertete in Washington am 3. Oktober zusammen mit seinem Kollegen Baker die jüngsten Ereignisse in Jugoslawien als »ernstzunehmende Gefahr für den Frieden in der Welt und in Europa«. In welchem Maße der Belgrader Putsch Kroatien zur Hand ging, zeigt auch die folgende Meldung des Deutschlandfunkes vom 27. September, also noch vor dem Putsch: Es wird berichtet, daß die USA Druck auf den kroatischen Präsidenten Tudjman ausübten und ihre frühere Bewertung in der Schuldfrage des Krieges relativierten, was den Hauptschuldigen für den Krieg in Kroatien angeht. Außerdem wurde berichtet, daß der französische, britische und amerikanische Außenminister erklärten, sie seien gegen einen »unkontrollierten« Zerfall Jugoslawiens und sie müßten deshalb die Ergebnisse der Haager Friedenskonferenz abwarten. Gleichzeitig wurde die »Geheimanalyse« des amerikanischen Gesandten in Belgrad, W. Zimmermann, veröffentlicht. In dieser schrieb er, daß Tudjman einen »fatalen Fehler« gemacht habe, als er am 25. Juni die Unabhängigkeit Jugoslawiens proklamierte und daß dies der wahre Grund des Krieges sei.

Jedoch auch dies reichte Belgrad nicht.

Vier Tage nach dem Staatsstreich im Präsidium (7. Oktober) griff die jugoslawische Luftwaffe den Regierungssitz Banski dvori in Zagreb an mit dem Ziel, den kroatischen Präsidenten zu töten. Dies mußte die Weltöffentlichkeit verurteilen. Die deutsche Regierung nannte diesen Angriff »einen barbarischen Akt«, durch den man den »demokratisch gewählten Vertreter des kroatischen Volkes« beseitigen wollte und für den es keine Rechtfertigung gebe. Auch sei dies ein Tiefschlag gegen die Bemühungen der Völkergemeinschaft, einen friedlichen Weg zur Lösung der Krise zu finden.

Neben der Fortsetzung des Krieges war all dies Wasser auf die Mühlen der schnellen Anerkennung Kroatiens. In Kohls Christlicher Union wurden wieder Stimmen zugunsten der kroatischen und slowenischen Unabhängigkeit laut, und so war es auch in anderen deutschen Parteien. Ebenso mehrten sich die Stimmen, die den »serbischen Staat und die Jugoslawische Armee« als die Hauptschuldigen für die Kriegstragödie in Kroatien verurteilten.

Ein wichtiger Umstand war auch die Tatsache, daß immer offenkundiger wurde, daß der kroatische Widerstand gegen den serbischen Aggressor viel stärker war, als manche angenommen hatten, und daß die Tschetniks und die Jugo-Armee nicht in der Lage waren, die großen Städte einzunehmen und so Kroatien in die Knie zu zwingen. Dieser Umstand begrub die Hoffnungen jener Kreise im Westen, die geglaubt hatten, die serbische Kriegsmaschinerie würde das schlecht bewaffnete Kroatien schnell überrollen und auf diese Weise seine »freiwillige« Rückkehr unter das Belgrader Joch erzwingen.

Schließlich und nicht weniger wichtig ist: Nachdem das gänzlich unproduktive dreimonatige Moratorium der EG verstrichen war, machte Kroatien auch den letzten staatsrechtlichen Schritt in Richtung Freiheit und Unabhängigkeit. Am 8. Oktober fällte das kroatische Parlament die historische Entscheidung über die Auflösung staatsrechtlicher Verträge, auf deren Grundlage Kroatien und die übrigen Republiken die damalige SFRJ bildeten. Da sich diese Entscheidung auf das vorausgegangene Plebiszit des kroatischen Volkes stützte und da sie mitten im aufgezwungenen Krieg, im Krieg, den Serbien führte, getroffen wurde, war klar, daß diese Entscheidung nicht anfechtbar war. Am nächsten Tag waren sich die deutschen Medien in der Beurteilung einig, daß »Jugoslawien seit heute nicht mehr besteht«.

Am Tag, als der kroatische Regierungssitz Banski dvori mit Raketen beschossen wurde, empfing Genscher wieder seinen kroatischen Kollegen Šeparović und sagte ihm bei dieser Gelegenheit, was die »neue« deutsche Formel der Anerkennung ausmache. Explizit hat sie Genscher dann einige Tage später am 12. Oktober vor dem Landeshauptausschuß der FDP in Nordrhein-Westfalen in Ratingen formuliert. Er sagte damals, daß Jugoslawien »in seiner bisherigen Form« nicht mehr existiere und daß

»1. Die Jugoslawische Volksarmee sich aus Kroatien zurückziehen müsse,

2. daß gewaltsam veränderte Grenzen nicht anerkannt werden,

3. die Rechte der Minderheiten anerkannt und geschützt werden müssen,

4. die Unabhängigkeit jener Republiken, die dies wünschen, und die Anerkennung dieser Unabhängigkeit seitens der Völkergemeinschaft als ein Teil dieser Lösung zu betrachten sei. Slowenien und Kroatien haben ihre Unabhängigkeit proklamiert. Niemand dürfe diesen demokratisch geäußerten Willen eines Volkes als nichtig betrachten.«

Das war die Formel, die im Grundsatz identisch mit prinzipiell anerkannten Standpunkten der EG war. Darin lag auch ihre Stärke, ohne Rücksicht auf den Umstand, daß Lord Carrington versuchte, ständig durch immer neue Eingeständnisse Serbien gegenüber diese Formel im Sinn der Schaffung irgendeiner losen jugoslawischen Assoziation zu verwässern.

Das Bestehen Bonns auf der Verwirklichung dieser angenommenen Grundsätze und die Verteidigung gegen irgendwelche nachträglichen politischen Retuschierungen brachte schließlich den Erfolg. Übrigens, selbst van den Broek mußte in seinem Interviev mit »Die Welt« am 19. Oktober zugeben, daß die EG, sollte sich die Jugoslawische Armee innerhalb einer Frist von einem Monat aus Kroatien nicht zurückziehen, die Anerkennung nicht mehr hinauszögern könne!

Deshalb war es auch in diesem Augenblick so wichtig, an erster Stelle dieses 4-Punkte-Planes die Forderung nach dem Rückzug der Jugo-Armee aus Kroatien zu stellen. Dieses war auf der Haager Konferenz unter Assistenz Lord Carringtons zwischen Tudjman, Milošević und Kadijević vereinbart worden. Der Umstand, daß man mit ziemlicher Gewißheit annehmen konnte, die Serben würden auch dieses Mal ihr Wort nicht halten, gab der Anerkennung einen festeren zeitlichen Rahmen. Die EG konnte ja nicht ewig ihre eigenen Beschlüsse ignorieren und dauernd die Fristen verlängern. Vor dem Ablauf des dreimonatigen Moratoriums ließ man sich die Friedenskonferenz einfallen, und nun bestand Bonn auf endgültigen Ergebnissen oder auf einer Anerkennung. Dadurch wurde dem Verlangen von Paris oder London (die auch von den Amerikanern gestützt wurden), es könne zur Trennung nur auf dem Wege von Verhandlungen kommen, auch formal Genüge getan. Da die Serben eine doppelzüngige Politik führten - einerseits zeigten sie Bereitschaft zu verhandeln, andererseits setzten sie den Krieg fort und schafften Fakten - mußte man sie endlich stoppen. Der vereinbarte Rückzug der Jugo-Armee war eine der Möglichkeiten dafür.

Die Tatsache, daß der Schutz und die Garantie der Minderheitenrechte vor dem Recht auf Selbstbestimmung angeführt wurde, ist nur oberflächlich unwichtig. In der Folge der Grundsätze war in Wirklichkeit die ganze Strategie der Anerkennung verborgen!

Die Gegner der Anerkennung sahen den Krieg in Kroatien als »ethnischen Konflikt«, und zwar in einer radikalen Variante, als einen »Befreiungskrieg« der Serben für ihre nationalen Rechte, die ihnen von »der kroatischen Obrigkeit« angeblich bestritten oder gänzlich versagt worden seien. Im Endeffekt wurde der ganze jugoslawische Konflikt auf »ethnische Rechte der Serben« reduziert. Dies ist zweifellos einer der größten politischen Betrügereien, die je ersonnen und lanciert worden sind. Von den Anerkennungsgegnern wurde dieser Betrug leichthändig aufgenommen und auf der weltpolitschen Bühne als Larve für eigenes Prestige benutzt.

Damit man unter diesen Umständen trotzdem die Anerkennung durchziehen konnte, war es nach allen Erfahrungen mit der EG und der Haager Friedenskonferenz klar, daß diese These »akzeptiert« werden mußte, um den Gegnern den stärksten Trumpf aus der Hand zu schlagen. Diese These anzunehmen, bedeutet nicht, sie auch zu glauben, obwohl sie dazu führte, daß den Serben in Kroatien Rechte zuerkannt wurden, wie sie in Europa keine andere nationale Minderheit besitzt. In Deutschland war man sich seit langem bewußt, daß der serbische Krieg in Kroatien ein klassischer Eroberungskrieg war und daß die ganze Geschichte um nationale Rechte der Serben im

Sinne des imperalistischen Memorandumsprojektes manipuliert und instrumentalisiert worden war. Der Krieg in Bosnien hat dies schließlich bestätigt. Es ist ein Krieg, von dem Reissmüller sagt, er sei insofern ein »Befreiungskrieg«, als er die Städte und Dörfer von ihrer mehrheitlichen Bevölkerung »befreit«!

Sicherlich gab es in Deutschland auch Kritik an der Einstellung der kroatischen Obrigkeit gegenüber den Serben, hauptsächlich in den ersten Tagen des demokratischen Kroatien, aber im ganzen betrachtet war man sich darüber einig, daß in Kroatien einzig und tatsächlich die Kroaten gefährdet seien. Am meisten aber gerade im Jahr des Krieges und der Anerkennung, wovon bildhafter als alles andere die zerstörten kroatischen Städte und Dörfer, Hunderttausende aus ihren Heimen vertriebene Kroaten und Tausende gefallener junger Kroaten zeugen.

Es war sinnlos und illusorisch, all dies jenen, die es ohnehin genau wußten, aber aus einem eigenen besonderen Interesse nicht sehen wollten, beweisen zu wollen. Mit nackter Gerechtigkeit als Fundament war 1991 keine erfolgreiche Politik zu machen. Deshalb sollte man wiederholen: das in die Verfassung aufgenommene Minderheitengesetz für die Serben, und alles was damit verbunden ist, mag zwar irritierend für der verletzten Stolz der Kroaten und das zertrampelte Leben von vielen Tausenden sein, es war aber der einzige Weg zur Anerkennung. Dies war die conditio sine qua non für den kroatischen Staat. Die Situation in Europa und der Welt war in dieser Hinsicht für Kroatien so ungünstig, daß es gezwungen war, mehr zu geben als von irgendjemand anderem verlangt worden wäre. Man braucht kein anderes Beispiel als Kosovo anzuführen, wo zwei Millionen Albaner in reinster Apartheid leben und für die das freiheitsliebende Frankreich und Großbritannien, die sich sonst so um die Serben in Kroatien sorgen, aber auch nicht das geringste getan haben. Sie haben die Albaner dem »Frieden« serbischer Schlagstöcke und Panzerraupen überantwortet.

Diese Formel – zuerst die Rechte für die Serben und dann die Anerkennung Kroatiens – konnte man nicht umgehen. Das haben auch die deutschen Politiker bestätigt, aber sie führte zum Ziel. In diesem Sinne war das timing von entscheidender Bedeutung, und da haben Kohl und Genscher meisterlich gespielt. Der Bundeskanzler ist auch sonst für seinen geradezu unfehlbaren Instinkt für den richtigen Zeitpunkt bekannt. Er weiß ganz genau, wann man stillhalten muß, wann eine Entscheidung zu fällen ist, wann man den Dingen freien Lauf lassen soll und wann diese zu unterbinden sind. Und er ist nicht nur darin Meister, sondern er läßt sich von keiner Macht der Welt aus seinem »Zeitgefühl« treiben. Maastricht stand ins Haus und Kohl »roch« förmlich, daß dies die Chance sei, Paris für sich zu gewinnen. Nicht deshalb, weil er den Sozialisten Mitterand zum Mitstreiter für kroatische und slowenische Unabhängigkeit bekehren hätte können, sondern weil er ihn erweichen konnte.

Sozialistischer »Frieden« für Kroatien

Die parlamentarische Gruppe der deutschen Oppositions-
partei SPD hat sich heute über die Grundsätze zur Lö-
sung der Jugoslawienkrise geeinigt. In diesem »Positions-
papier« von 12 Punkten wird unter anderem festgestellt,
daß der Staat Jugoslawien in seiner bisherigen Form auf-
gehört hat zu existieren, sowie daß Slowenien und Kroati-
en »berechtigterweise« den Jugoslawischen Föderativen
Staat verlassen haben. Die Vertreter der SPD gehen da-
von aus, daß eine Wiederherstellung des alten jugoslawi-
schen Staates nicht mehr möglich sei und daß sich deshalb
die Frage »zukünftiger Strukturen dieses Raumes« stellt.
In dieser Hinsicht, so die Sozialdemokraten, habe Slowe-
nien »die Voraussetzungen für eine völkerrechtliche An-
erkennung erfüllt und demzufolge sollte es auch aner-
kannt werden. Im Falle Kroatiens aber sei die Sachlage
anders. Die EG solle Kroatien nur dann anerkennen,
wenn ein Waffenstillstand nicht erreicht wird und wenn
eine Lösung durch Verhandlungen unmöglich wird. In
diesem Falle sollte sich Kroatien noch verpflichten, die
Prinzipien der KSZE anzuerkennen und eine Verpflich-
tungserklärung abgeben, in der »alle umfassenden Min-
derheitenrechte« der Serben in Kroatien garantiert wer-
den. Dieses »schließe auch die Bereitschaft zu Verhand-
lungen über Grenzkorrekturen bei späterer Lösungen
ein«. *Dienstag, 15. Oktober 1991*

Dies war die sozialdemokratische Position unmittelbar
nach dem Fall von Lipik, der Zerstörung von Pakrac und
nachdem ganz offensichtlich war, daß Serbien einen Eroberungskrieg gegen Kroatien führt.
Grundsätzlich muß man zugeben, daß die deutsche Sozialdemokratie für eine diplomatische Anerkennung Kroatiens und Sloweniens war. Die SPD-Wortführer von
Hans Jochen Vogel bis Björn Engholm sowie die Sprecher der SPD-Fraktion Gansel und Voigt haben sich als
erste in Deutschland offen für die Anerkennung des
Rechts auf Selbstbestimmung ausgesprochen. Vogel hat

dies zum Beispiel schon am 13. März im Bundestag getan. Sie waren auch unter den Ersten, die erkannt haben, daß Jugoslawien in seiner damaligen Form nicht mehr zu halten war und daß für den Zerfall in erster Linie die serbische Seite und die Armee verantwortlich zu machen sind. Monatelang haben sie die deutsche Regierung wegen ihrer Passivität in der Jugoslawienpolitik kritisiert und ihr später auch konzeptionelles Chaos vorgeworfen. Noch im Mai verlangten sie von der Völkergemeinschaft, Kroatien und Slowenien auf ihrem Weg in die Unabhängigkeit zu unterstützen. Andererseits aber hat die SPD, auch in dem vorhin erwähnten Papier, Kohls Regierung und insbesondere Genscher kritisiert, indem sie ihm vorwarf, durch seine Politik zuerst »die Serben zur Obstruktion und anschließend die Kroaten zu illusorischem Verhalten ermuntert zu haben.«

Das war so, aber es war auch nur die eine Seite der sozialdemokratischen Jugoslawienpolitik. Die andere Seite war für Kroatien wesentlich dunkler. Wenn man nämlich ein wenig tiefer hinter diese grundsätzlichen und unzweifelhaften Positionen schaute, war zu erkennen, daß die Sozialdemokraten nahezu gänzlich die Belgrader These von der Gefährdung der Serben in Kroatien übernommen haben und daß sie dazu neigen, die slowenische Frage von der kroatischen zu trennen. So gesehen waren sie eine Stütze für Ljubljana in seinem Versuch, die diplomatische Anerkennung, ohne auf Kroatien zu warten, zu erlangen. Diese Standpunkte hatten ihre Kontinuität.

Noch im Mai, also noch vor dem Slowenischen Krieg und der Unabhängigkeitserklärung, hatte Gansel in einem Bericht über seine Reise durch Jugoslawien, die er im Auftrag seiner Fraktion unternommen hatte, geschrieben: »Während sich in Slowenien ein demokratischer Pluralismus entwickelt, droht in Kroatien die Gefahr eines nationalistischen Populismus.«

Im selben Bericht formulierte er die Ansicht, welche in späteren Etappen maßgeblich war: „Kroatien kann auf seinem Weg in die Unabhängigkeit in dem Maße Anerkennung erwarten, in dem es bereit ist, der serbischen

Minderheit auf ihrem Territorium außer einer kulturellen auch eine gewisse politische Autonomie anzubieten.« Was aber in dem »Positionspapier« vom Oktober noch ausdrücklicher als in den vorherigen SPD-Papieren gesagt wurde, ist das Postulat, Kroatien solle seine Bereitschaft für Verhandlungen über eine Korrektur bisheriger Grenzen erklären. Natürlich zu Gunsten Serbiens beziehungsweise kroatischer Serben, die eine Trennung forderten. Dieser Standpunkt zeigte kaum Unterschied zu jenem aus Belgrad, denn auch dort war man bereit, Kroatien anzuerkennen, aber unter der Voraussetzung, seine östlichen Grenzen wären auf der Linie: Virovitica – Karlovac – Karlobag! Hiermit will ich nicht sagen, daß für diese Korrektur auch die deutschen Sozialdemokraten plädierten, sondern daß ihre Position von der des Memorandums nur graduell, aber nicht qualitativ zu unterscheiden war.

Es stellt sich die Frage, warum die deutsche Sozialdemokratie im Herbst 1991 auf solchen Bedingungen bestand, wenn sehr gut bekannt war, daß ein getrenntes diplomatisches Anerkennen von Slowenien die Serben und die Jugo-Generäle zu noch bestialischeren Zerstörungen und Vertreibungen der kroatischen Bevölkerung angestachelt hätte. Man wußte doch sehr wohl, daß das Stellen der Bedingung seitens der Völkergemeinschaft an Kroatien, zukünftigen Verhandlungen über »Grenzkorrekturen« zuzustimmen, gleiche, wenn nicht schwerwiegendere Effekte zur Folge gehabt hätte: Dies hätte die Serben »angetrieben«, noch mehr Territorien einzunehmen, um bei späteren Verhandlungen eine stärkere Position zu erlangen.

Der sozialistische Internationalismus und ähnliche ideologische Stereotypien spielten hierbei sicherlich eine gewisse Rolle. Schließlich tat sich ein guter Teil der Sozialdemokratie schwer, die deutsche Wiedervereinigung zu akzeptieren. Den einen ging es zu schnell, den anderen schien es, die BRD habe die DDR »angeschlossen«, was selbstverständlich ein Sakrileg war. Der sozialdemokratische Kanzlerkandidat bei den Wahlen von 1990, Oskar

Lafontaine, hatte am zweiten Tag nach der Wiedervereinigung solche Formulierungen bezüglich der nationalen Frage gebraucht, so daß Kroatien unter solchen Gesichtspunkten als zu national einzusehen war. Dabei hat man nie berücksichtigt, in welchem Maße die Kroaten in der eigenen Heimat terrorisiert und in welchem Maße sie in Jugoslawien unterdrückt wurden. Die eigene Sprache durften sie nicht kroatisch nennen und ein Krieg wurde ihnen aufgezwungen, der schon nach Logik der Sachlage eine nationale Umorganisation erforderte. Und zwar nicht, um jemanden zu bedrohen, sondern um das Recht auf freies Leben, ein eigenes Heim und ein Stück Land der Väter zu retten.

Natürlicherweise spielten auch andere Gründe eine Rolle. Die deutschen Sozialdemokraten hatten jahrzehntelang enge und freundschaftliche Kontakte zur jugoslawischen politischen und diplomatischen Elite unterhalten. Sie sahen in der sogenannten »jugoslawischen Selbstverwaltung« eine Art Bestätigung eigener Ziele – eines dritten Weges zwischen Kapitalismus und Kommunismus. Einige der einflußreichsten Sozialdemokraten sind aus dieser Begeisterung heraus sogar zu freiwilligen Arbeitsaktionen der Jugend in Titos Jugoslawien gegangen!

Deshalb hat ein Helmut Schmidt, ehemaliger sozialdemokratischer Kanzler, mit keinem Wort die serbische Aggression auf Kroatien verurteilt. Im Gegenteil. Er kritisierte Bundeskanzler Kohl, weil dieser seiner Meinung nach mit der Anerkennung von Kroatien und Slowenien vorgeprescht sei und damit »deutsche Interessen und die Partnerschaft mit den Franzosen gefährdet habe«. Sogar der legendäre Willy Brandt hat sich nie ernsthaft mit dem Krieg und dem Blutvergießen in Kroatien befaßt, obwohl dieses sich nur einige hundert Kilometer von der deutschen Grenze entfernt abspielte. Nur einmal erklärte er in einem Interview, man drohe nicht mit einer Anerkennung, man vollziehe sie. Aber auch dies hatte mehr den Unterton einer Kritik an Kohls Regierung als einer Fürsprache des kroatischen und slowenischen Rechts auf Freiheit.

Noch skandalöser aber ist, was der Bonner »General Anzeiger« nur einige Tage, nachdem die Sozialdemokraten ihr »Positionspapier« veröffentlicht hatten, aufdeckte. Die Zeitung veröffentlichte einen Artikel über die Jugoslawische Botschaft in Bonn. Die Botschaft war zu diesem Zeitpunkt schon ziemlich isoliert. Die Telephone klingelten praktisch nur, wenn Belgrad anrief oder wenn jemand seine Verbitterung über die Vorgehensweise der Tschetniks und der Armee zum Ausdruck bringen wollte. In diesem Artikel stand, daß die Verantwortlichen in der Botschaft gerade vor einigen Tagen bei der Ausarbeitung des sozialdemokratischen »Positionspapieres« vermittelt hätten. Soweit ich weiß, hat dies niemals irgendwer von der SPD dementiert.

Trotz dieser Haltung und solcher Vorgehen hat die SPD zum Glück im Finale des Anerkennungsprozesses nicht auf Grenzfragen und noch weniger auf einer Abtrennung des kroatischen Anerkennungsverfahren vom slowenischen bestanden. Die Entwicklung der Ereignisse hat gezeigt, daß dies auch unsinnig gewesen wäre.

Aber Spuren dieser sozialdemokratischen Politik blieben im linken Flügel der Partei tief verwurzelt, besonders bei Theoretikern wie Peter Glotz, ebenso bei den SPD-Vertretern im Europaparlament.

Die sozialistische Gruppierung, zu der auch die deutschen Sozialdemokraten gehörten, war nicht nur die stärkste im Europaparlament, sondern auch der entschiedene Gegner einer diplomatischen Anerkennung von Kroatien und Slowenien. In diesem Sinne vertrat sie die führenden politischen Stimmungen in Frankreich, Spanien und zum guten Teil auch in Italien und den Niederlanden. Schließlich befanden sich in diesem Augenblick sogar acht sozialistische Außenminister im Ministerrat der EG!

Wie dies in Straßburg aussah, zeigt auch folgendes Detail. Der Chef der deutschen Liberalen und Vorsitzende der Liberalen Internationale, Otto Graf Lambsdorff, griff am 12. Oktober 1991 die Sozialisten im Europaparlament aufs heftigste an, weil sie eine Resolution über die diplomatische Anerkennung verhindert hatten. Er sagte damals, daß die Sozialisten mit ihrem »Nein« die serbische Führung und die Armee ermunterten, mit »dem Waffengang gegen die Bevölkerung in Kroatien« weiterzumachen und daß ihre Ablehnung der Anerkennung deshalb »ein Skandal« sei.

In dieser Hinsicht hat sich die Sachlage bis heute nicht verändert. Die Sozialisten sind Belgrad auch weiterhin wohlgesonnen und gleichzeitig bereit, bei Kroatien das Haar in der Suppe zu suchen. Im September 1992 hielt der sozialdemokratische Vertreter im Europaparlament und außenpolitischer Sprecher der dortigen sozialistischen Fraktion, Jannis Sakellarion, eine vertrauliche Pressekonferenz ab, an der nur Journalisten aus dem ehemaligen Jugoslawien teilnahmen. Im Bonner Presseclub griff er im Namen der europäischen Sozialisten zuerst die Bonner Regierung wegen zu früher Anerkennung Kroatiens an und bezeichnete dann die Resolution der Generalversammlung der UN, Jugoslawien aus diesem Gremium auszuschließen, als »unsinnig«. Dies aber so nebenbei.

Die eigentliche Mitteilung war, daß das Europäische Parlament – dank der Stimmen der Sozialisten – eine Militärintervention auf dem Boden des ehemaligen Jugoslawien, entgegen dem Antrag der Liberalen, verworfen hatte. Dies geschah nicht nur wegen der Zweifel aus militärischer Sicht, sondern weil ein solcher Einsatz nach der Meinung der Sozialisten »unmoralisch« gewesen wäre. In diesem Zusammenhang wiederholte man die Meinung, daß die Ursache des Krieges in Kroatien in dem selbstverständlich und logisch begründeten Schutz der serbischen Minderheit vor Tudjmans Regime, besonders vor Paraga, lag. Dies gilt in bestimmter Weise auch für den Krieg in Bosnien, und um Bosnien handelte es sich auch bei diesem sozialistischen »Nein« hinsichtlich einer Militärintervention.

Mit einem Wort: Was die deutschen Sozialdemokraten in ihrer Gesamtheit vor der diplomatischen Anerkennung Kroatiens gefordert haben, das fordern europäische Sozialisten, unterstützt von einer kleinen Gruppe deutscher Sozialdemokraten, auch heute: Daß den Serben in der sogenannten Krajina das Recht auf Abspaltung von Kroatien zugesprochen und damit die schon vollzogene »Korrektur« der Grenzen legitimiert wird.

Um jedem Mißverständnis in bezug auf die Kontinuität dieser Standpunkte vorzubeugen, sei noch folgendes vermerkt: Sakellarion ließ unter die Journalisten einen Text verteilen, der im Oktober 1991 - also gerade zum Zeitpunkt der Bekanntmachung des »Positionspapiers« in der Zeitschrift »Sicherheit und Frieden« (Baden-Baden) veröffentlicht wurde. Die Verfasser waren Sakellarion selbst sowie Gerth Williams, ein Mitarbeiter in der sozialistischen Fraktion in Straßburg und natürlich ein Balkanexperte. Sie kämpften schon damals gegen eine diplomatische Anerkennung Kroatiens und schrieben, daß, wenn Kroatien völkerrechtlich anerkannt werden möchte, auch es akzeptieren müsse, daß sich die Serben, die in manchen Gebieten Kroatiens die große Mehrheit stellen, gemäß ihrem Recht auf Selbstbestimmung Serbien anschließen können. Und weiter: »Fällt die Entscheidung, daß Kroatien diplomatisch anerkannt wird, was wird dann aus den 800 000 Serben, die in Kroatien leben und die, wie z. B. in Slawonien, die Mehrheit stellen. Soll man Slawonien auch als unabhängigen Staat anerkennen?«

Diesen Unsinn, die Serben stellten in Slawonien die absolute Mehrheit, hat Sakellarion auch im Bonner Presseclub im September 1992 wiederholt. Als ich ihm sagte, dies sei nicht wahr und man müsse wenigstens altbekannte und offenkundige Fakten akzeptieren, antwortete er, es sei alles Ansichtssache, d. h. alles hinge davon ab, welche Größe des Territoriums man vor Augen habe.

Und dann erklärte er voll Stolz, er stehe auch heute für diesen Text ein, was bedeutet, daß hinter ihm auch die sozialistische Fraktion im Europaparlament stehe. Dabei steht in diesem Text auch noch, daß es überhaupt »fraglich sei, ob das Recht auf Selbstbestimmung an sich, im Verhältnis zu so wichtigen Prinzipien wie es z. B. die Friedenserhaltung sei, Vorrang habe.« Diese Haltung deutet neben anderem daraufhin, daß die europäischen Sozialisten oder zumindest ein guter Teil von ihnen böse sind, weil die Kroaten es gewagt hatten, das Haupt zu erheben und Freiheit einzufordern.

Wären sie unter serbischem Joch geblieben, hätte Europa heute Frieden!

Die diplomatische Bombe vom Tiber

Der deutsche Bundeskanzler Helmut Kohl hat sich vor dem Parlament für eine rasche Anerkennung jener Republiken, die dies wünschen, ausgesprochen. Er hat betont, daß die deutsche Regierung alles tun werde, um weitere Verzögerungen zu vermeiden. Als er seine Überzeugung, die wirtschaftlichen Sanktionen gegen Serbien würden nun in Kraft treten, zum Ausdruck brachte, applaudierten die Parlamentarier laut. Der Sinn der Sanktionen der EG sei, sagte er, »das serbische Lager von der Aussichtslosigkeit seiner Politik der Gewalt zu überzeugen«. Er erwarte auch, daß diesem »ersten Schritt« noch andere Sanktionen, die Deutschland vorgeschlagen habe, folgen würden. Hinsichtlich der Anerkennung Kroatiens und Sloweniens würde seine Regierung auch weiterhin versuchen, dieses zusammen mit den Partnern in der EG zu realisieren, weil es so auch im »Interesse der zukünftigen Unabhängigkeit« der Republiken sei. Im Rahmen dieser außenpolitischen Debatte, nur einen Tag vor dem Gipfel der NATO in Rom, hat sich auch der deutsche Außenminister, Herr Genscher, für eine Durchsetzung der Sanktionen gegen Serbien eingesetzt. Er plädierte auch für eine Ausweitung der Sanktionen auf ein allumfassendes Handels- und Ölembargo, für die Einfrierung aller Konten der Jugoslawischen Zentralbank sowie für einen Abbruch der bilateralen Vereinbarungen mit Jugoslawien. Die Debatte hat gezeigt, daß sich das politische Bonn in elementaren Fragen der Jugoslawienpolitik gänzlich einig ist. Alle Parteien waren der Ansicht, daß der Zeitpunkt für die diplomatische Anerkennung Kroatiens und Sloweniens gekommen sei und daß gegen Serbien schärfste Sanktionen zu verhängen seien, weil das, was die EG bis dahin getan habe, unzureichend sei. Dies um so mehr, weil die »serbischen Machthaber die europäische Friedensinitiative ablehnen, obwohl Europa ihnen bis an die Grenzen des Möglichen« entgegengekommen sei.

Mittwoch, 6. November 1991

Nur einen Tag nach diesen klaren Aussagen im Bundestag reisten Kohl und Genscher nach Rom. Man wußte, daß auf diesem Gipfel der NATO, ebenso wie auch am Freitag auf der Ministersitzung der EG, die »am Rande« des Treffens der Sechzehn geplant war, über die Situation in Jugoslawien verhandelt werden sollte. Man erwartete auch wichtige Entscheidungen von, man könnte sagen, strategischem Charakter.

Wird man die Sanktionen gegen Serbien, wie sie die EG in Form von Sanktionen gegen Jugoslawien schon vorbereitet hatte, proklamieren? Wird die Haager Friedenskonferenz fortgesetzt und welche Erwartungen werden daran geknüpft? Wird es eine diplomatische Anerkennung der Unabhängigkeit Kroatiens und Sloweniens geben, wie es Bonn forderte oder wird neuerlich verzögert und versucht, einen, wie auch immer aussehenden gemeinsamen jugoslawischen Rahmen zu erhalten, für den sich Lord Carrington mächtig ins Zeug gelegt hatte?

Kohl und Genscher kamen nach Rom mit einer breiten Zustimmung des Bundestages im Rücken. Zudem verfügten sie über ziemlich gewichtige Argumente. Serbien hatte den Gegnern der Anerkennung durch sein Verhalten, nämlich die permanente Ablehnung der Friedensinitiativen sowie ständige Verletzungen von Waffenstillstands-Vereinbarungen, erfolgreicher als irgend jemand die Argumente aus der Hand geschlagen. Schließlich mußte die EG am 28. Oktober das Recht der jugoslawischen Republiken auf internationale Anerkennung ihrer Unabhängigkeit, sollte dies durch Vereinbarungen im Rahmen der Friedenskonferenz erreicht werden, als real anerkennen. Lord Carrington hatte sich zwar bemüht, über die Anerkennung der Souveränität hinaus irgendeinen jugoslawischen Rahmen zu retten, indem er forderte, die souveränen Staaten sollten durch einen gemeinsamen Wirtschaftsraum verbunden werden. Dadurch setzte er Kroatien und Slowenien deutlich unter Druck und blockierte gleichzeitig Verhandlungen über die »Entflechtung«, welche von Zagreb und Ljubljana gefordert wurde.

Doch auch so ein lahmer Schritt in Richtung der Souveränität der ehemaligen jugoslawischen Republiken genügte Genscher, um seine Politik der schnellen Anerkennung zu legitimieren, ohne gleichzeitig wegen politischer Soli angeklagt zu werden. Mit einem Wort: Was bis vor kurzem noch gänzlich gegensätzliche Positionen in der EG waren, konnten jetzt auf irgendeinen gemeinsamen Nenner gebracht werden, hinter dem sich natürlich auch weiterhin verschiedene Interessen verbargen. Diese Entwicklung aber brachte einen Konsens über das Prinzip und so konnten Kohl und Genscher auf einer Fortsetzung der Haager Friedenskonferenz bestehen.

Die Bonner Formel für Rom lautete also: Fortsetzung der Haager Friedenskonferenz mit oder ohne Serbien; Beendigung dieser Konferenz so schnell wie möglich, wobei am Ende die diplomatische Anerkennung jener jugoslawischen Republiken zu stehen habe, die dieses wünschen - wie es so schön in der Diplomatensprache hieß - wobei man ausschließlich an Kroatien und Slowenien dachte.

Gegen dieses Rezept waren schwerlich ernsthaftere Argumente aufzubringen. So war eine von Kohls Ansichten, in Rom diesbezüglich so viele Kollegen wie möglich für eine prinzipielle Zustimmung zu gewinnen. Genscher hat wiederum seinerseits schon am 4. November in seiner Rede während des Parteikongresses seiner Partei der Liberalen in Suhl an die Adresse seiner Kollegen in der EG folgende Botschaft gerichtet: »Wir müssen diesem Spiel, einerseits an die Verhandlungstische zu kommen und andererseits den Krieg fortzuführen, ein Ende setzen«!

Ansonsten brachte die FDP auf diesem Kongreß eine Resolution über Jugoslawien ein, in der die völkerrechtliche Anerkennung der nach Unabhängigkeit strebenden jugoslawischen Republiken sowie Sanktionen gegen Serbien gefordert wurden. Zudem wurden auch die übrigen europäischen Forderungen unterstrichen: daß die Grenzen nicht gewaltsam verändert werden dürfen und daß die Minderheitenrechte garantiert werden müssen, aber in allen Republiken gleich. Genscher, der hinter dem Vorschlag dieser Resolution stand, wollte somit den Ball den Serben zuspielen und gleichzeitig seine Kollegen in der EG, deren Argusaugen nur auf die Rechte der Serben in Kroatien gerichtet waren, etwas »dämpfen«. Ein Schachzug, der sehr wichtig war und der, soweit es möglich war, den Druck auf Zagreb abschwächte.

Deshalb wiederholte Genscher nur einen Tag später in seiner Ansprache vor der parlamentarischen Fraktion der FDP in Bonn, die EG würde eine Forderung nach einer einheitlichen Festlegung der Standards des Minderheitenschutzes in allen Republiken, stellen. Wörtlich heißt es: »Es ist unannehmbar, daß den Minderheiten in Serbien Rechte aberkannt werden, die der serbischen Minderheit in Kroatien zuerkannt werden«, und hinsichtlich der Versuche, die Verantwortung für den Krieg in Kroatien zu vernebeln, sagte er, daß Kroatien keinen Krieg in irgendeiner anderen Republik führe, sondern daß dieser Krieg von der Jugoslawischen Armee in Kroatien geführt werde.

Alles dies waren Trümpfe, gegen die es nicht einfach war, offen anzugehen. Bilder schrecklicher Zerstörung, die Schlächtereien der Tschetniks und die Vertreibung der Zivilbevölkerung sowie die verbrecherische Offensive gegen Vukovar und auch andere kroatische Städte einschließlich Dubrovnik gaben den Forderungen Bonns zusätzliches moralisches Gewicht.

Insofern kann man sagen, daß Belgrad zum guten Teil dazu beigetragen hat, daß sich die europäischen Retter Jugoslawiens mit dem Rücken an die Wand gedrückt sahen. Von dieser Stimmung zeugt auf ihre Weise Genschers Drohung vor der Reise nach Rom, »es würde zu einer ernstzunehmenden Krise in der EG führen«, wenn am Freitag keine Sanktionen gegen Belgrad proklamiert würden (die schon vorbereitet waren).

Dies war nicht nur ein Fingerzeig in Richtung Athen, das sich am heftigsten gegen eine Proklamation von Sanktionen stemmte, weil es in Belgrad einen alten Verbündeten und Freund sah, sondern auch in Richtung all jener, die auf jede nur mögliche Weise versuchten, Milošević noch mehr Zeit für seine Aggression zu verschaffen und bis ins Unabsehbare die Friedenskonferenz und somit auch eine endgültige Entscheidung über die Anerkennung hinauszuzögern.

Schon am Donnerstagabend gab der Bundeskanzler in Rom für das Deutsche Fernsehen eine Erklärung ab, die wirklich Mut machte. Er sagte, er habe in seinen Gesprächen mit vielen Staatsmännern die Fortführung der Friedenskonferenz, mit oder ohne Teilnahme Serbiens, gefordert und »es gäbe keinen anderen Weg, als am Ende dieses Friedensprozesses Kroatien und Slowenien völkerrechtlich anzuerkennen und dies nicht irgendwann, sondern in diesem Jahr«.

Trotzdem hatte kaum jemand erwartet, daß gerade Rom der Ort sein sollte, an dem bekanntgemacht würde, für Deutschland sei die Anerkennung praktisch gemachte Sache und es gehe nur noch darum, sie entsprechend zu servieren.

Die Pressekonferenz, die Kohl und Genscher nach dem Gipfel der NATO und der Sitzung des Ministerrats der EG in Rom abhielten, war wirklich eine Überraschung. Es schlug wie eine diplomatische Bombe ein, als der deutsche Bundeskanzler vor Presseleuten bekannt gab, Bonn würde schnellstens »die Präsidenten von Slowenien und Kroatien einladen, um in Gesprächen die diplomatische Anerkennung vorzubereiten«. Ich war nicht in Rom, aber es ist mir gelungen, in den Besitz des Stenogramms von dieser Konferenz zu kommen.

Auf etwa ein Dutzend Seiten dieses Textes wurde am meisten über die Situation in Jugoslawien gesprochen. Soweit man aus diesem Papier schließen konnte, waren Kohl und Genscher zufrieden und entschlossen. Sicherlich waren sie tief gerührt von den Bildern und Nachrichten aus Kroatien, das am ganzen Körper blutete.

Die Debatte über Jugoslawien bekam ihre besondere Note in der Erklärung der NATO, in der »eine klare Absage an die Politik der Gewalt, was in erster Linie an die Adresse Serbiens und der Jugoslawischen Armee als ihrem Partner geht, enthalten« sei. So erklärte Kohl und fügte hinzu: »Wir haben klar zum Ausdruck gebracht, daß eine politische Lösung keinen Aufschub duldet. Sie muß durch Gewalt veränderte Grenzen ausschließen und gleichzeitig die Minderheitenrechte garantieren«. Hier knüpfte Genscher an: »Deutschland konnte sich mit einer Unterbrechung der Friedenskonferenz über Jugoslawien nicht einverstanden erklären. Für uns war es wichtig, daß NATO sowie EG noch einmal klar zum Ausdruck bringen, gewaltsam herbeigeführte Grenzveränderungen würden niemals anerkannt... Deshalb begrüßen wir, daß beide Aussagen (NATO und EG) den Satz enthalten, eine Anerkennung käme nur dann in Betracht, wenn die Minderheitenrechte respektiert würden. Da damit gleichzeitig auch die Bedingungen für eine völkerrechtliche internationale Anerkennung festgelegt wurden, ist klar, daß der Zug in Richtung Anerkennung abgefahren ist und niemand denkt, daß diese am Ende des Friedensprozesses nicht folgen wird. Wir haben betont, wir seien nicht willens, dieses Datum endlos hinauszuzögern, sondern daß eine Entscheidung bald fallen müsse... Deutschland wird für die zur Kooperation bereiten Republiken zusätzlich positive Maßnahmen treffen (– dies betonte Genscher, weil am Freitag die Sanktionen gegen Jugoslawien verhängt worden waren Anm. d. A. –), denn wenn ich bedenke, daß gegen Kroatien in nur einem Tag hundert Luftangriffe erfolgt sind, dann ist vollkommen klar, wie sehr die Menschen in Kroatien wegen dieses Krieges, den die Jugoslawische Volksarmee führt, leiden.«

An dieser Stelle schaltete sich wieder Kohl ein: »Ich möchte nicht den Eindruck entstehen lassen, hier würde eine akademische Debatte geführt. Hier ist die Rede von Krieg oder Frieden, hier geht es um Krieg oder Frieden, um Menschen, um unsägliches Leid, um Tote und um Leben. Dies wäre ein Verrat an allen unseren Prinzipien, auf die wir uns berufen haben und auf die sich auch die EG berufen hat. Es ist nicht nur höchste Zeit, sondern wir haben uns verspätet, um diesen Schreckenstaten und diesem Leid ein Ende zu setzen«.

Diese Worte des Bundeskanzlers waren alles andere als die Pose eines Politikers, der mit billigen Effekten rechnete. Als Mensch war er außerordentlich empfindsam gegenüber menschlichem Leid und auch die Deutschen wußten als Volk nur zu genau, was Krieg und noch mehr, was zerstörte und geteilte Heimat bedeuten.

Genscher, geboren in Halle im Osten, trug sein Leben lang das Drama der Teilung Deutschlands in sich. Viel später erklärte Genscher nach der diplomatischen Anerkennung, aber in einer Zeit, da Kroatien seinen Luftraum noch nicht beherrschte, in Zagreb, er kenne diesen bitteren Geschmack, wenn man nicht normal seine Heimat und ihre Städte bereisen könne. Dabei beschrieb er das Leidensgefühl, das viele Bonner Politiker, aber auch alle anderen empfanden, als sie durch die sowjetische DDR nach West-Berlin reisten und dorthin nicht mit ihren eigenen Linienflügen reisen konnten.

Die Reporter in Rom fragten auch nach den Standpunkten der Amerikaner. Teilten diese auch die Standpunkte der EG über Jugoslawien? Genscher antwortete durch und durch diplomatisch:

»Es ist sehr wichtig, daß in beiden Erklärungen (NATO und EG) gleiche Ansichten betreffs der Anerkennung enthalten sind, d. h. daß die Amerikaner die EG unterstützen. Im übrigen, Washington hat schon im Rahmen der KSZE am 10. Oktober die Formulierung gleichen Inhalts sinngemäß angenommen, obwohl es richtig ist, daß die neueste Formulierung konkret auf die Anerkennung abzielt, weil sie klarer das Verhältnis zwischen diplomatischer Anerkennung der Republiken und der Anerkennung von Minderheitsrechten festlegt. Dies bedeutet, daß mit der Realisierung von Minderheitsrechten der Weg zur Anerkennung freigemacht wird!«

Die Sachlage war natürlich nicht so einfach, wie man es aus Genschers Antworten hätte entnehmen können. Da gab es einige, die dies alles anders interpretierten, hauptsächlich den Zeitpunkt der Anerkennung. Um den Krieg zu gewinnen, mußten noch einige schwere Schlachten in der EG selbst gewonnen werden. Aber Genscher war jedenfalls im Recht, wenn er vom »gebundenen Handel« – Minderheitenrechte für Mehrheitsrechte – sprach. Natürlich war hierbei, in erster Linie, von Kroatien die Rede. Hierum ging das Spiel und durch das Zugeständnis der für die Serben in Kroatien geforderten Rechte konnte man den Gegnern der Anerkennung die letzten Argumente aus der Hand schlagen. Deshalb wurde von nun an auf diese Karte gesetzt.

Schließlich hatte ja Genscher in Rom erklärt, das Ziel der Gespräche mit Tudjman und Kučan sei, »die Voraussetzungen für eine Anerkennung zu schaffen und dies bedeutet, daß wir uns freuen würden, wenn diese zwei Republiken in ihren Gesetzgebungen die Minderheitenrechte gemäß den Vorschlägen der EG festschreiben würden, damit gänzlich Gewißheit geschaffen wird, daß im Augenblick der Anerkennung die Minderheiten in den Anspruch der besagten Rechte kämen.«

Am Ende galt dies natürlich nur für Kroatien, inklusive zusätzlicher Garantien, weil die Gegner bis zum letzten Augenblick versucht haben, den in Rom schon abgefahrenen Zug der Anerkennung zu stoppen.

Es muß zugegeben werden, daß es tatsächlich auch solche gegeben hat, die der Meinung waren, auf diese Weise würde das serbische Problem in Kroatien seine Lösung finden, weil sie nicht begriffen haben, daß der Krieg wegen Territorien und nicht wegen der Minderheitenrechte und der Gefährdung kroatischer Serben angefangen worden ist.

Nach Rom herrschte in Bonn eine Stimmung der »gemachten« Anerkennung. Schon am 12. November brachte Reuter die Meldung, Deutschland würde Kroatien und Slowenien schon Anfang Dezember anerkennen. In dieser Meldung hieß es auch, in den Regierungskreisen in Bonn munkele man, daß Genscher die Chefs der Bundestagsfraktionen benachrichtigt habe, daß die Regierung eine baldige Anerkennung beider Republiken vorbereite und daß man rechne, sie könne in drei Wochen erfolgen. Außerdem hieß es, Tudjman und Kučan würden in der nächsten Woche nach Bonn kommen. Reuter meldete auch noch, die deutsche Regierung sei sehr zufrieden, weil immer mehr Staaten ihrer Anerkennungspolitik folgten, was sich auch in jüngsten Gesprächen in der europäischen Politik offenbart habe. Einige Staaten, wie Großbritannien z. B. hätten von ihrer Haltung der Nichtanerkennung Abstand genommen

Leider kam alles nicht so bald und war auch nicht so einfach. Zudem erschien in Bonn wieder Mitterand.

Frankreichs alte Liebschaften

*Der französische Ministerpräsident Mitterand ist zu der
58. ordentlichen Beratungsrunde nach Bonn gekommen.
Im Mittelpunkt der Gespräche stand die Vorbereitung für
den Gipfel der EG im niederländischen Maastricht (am 9.
und 10. Dezember). Außerdem haben die beiden Staatsmänner auch die Situation in Jugoslawien sowie die in der
EG gegensätzlichen Standpunkte in der Frage der Anerkennung von Kroatien und Slowenien erörtert.*

Donnerstag, 14. November 1991

Diesmal war Mitterand mit großer Begleitung in Bonn
angereist. Premierministerin Edith Cresson sowie drei-
zehn Minister waren dabei mit von der Partie. Dies hatte
seinen Grund. Mitterand, wie übrigens auch Kohl, stand
vor großen, Europa betreffenden Problemen. In gewisser
Weise begünstigte dies die kroatische Sache.
Die beiden Staatsmänner sprachen natürlich auch über
das leidige Jugoslawienthema. Dies wußte man im voraus
und die Kroaten in Bonn empfanden deshalb eine gewisse
Bedrückung. Man wußte in welchem Maße Deutschland
von Frankreich abhängig war und man hatte Mitterands
Septemberbesuch noch lebhaft in Erinnerung.
Wird Kohl straucheln oder wird Mitterand den Zug der
Anerkennung abfahren lassen? Was verbirgt sich hinter
dem kühlen Gesichtsausdruck des ersten Franzosen, der
seiner Statur nach an Napoleon erinnert und der den Eindruck hinterläßt, bei ihm sei kein Raum für menschliche
Schwächen, bei ihm spielten nur Prinzipien und Interessen eine Rolle? Oder schien dies nur so, neben Kohl, diesem Menschenkoloß aus Ludwigshafen, der durch seine
Masse eher Normalität und Alltäglichkeit ausstrahlte?
Nun, so oder so, wir alle hatten ein wenig Angst, was bei
dieser Begegnung herauskommen sollte. Um so mehr, als
allen klar war, daß Kohl wegen Kroatien seine Beziehungen zu Paris nicht aufs Spiel setzen konnte. Andererseits
war nicht ganz deutlich, ob es für die kroatische Sache
doch nicht zuträglich war, daß sich Kohl und Mitterand

so nahe stehen. Diese beiden hatten sich in den letzten zehn Jahren an die hundert Mal getroffen und darin waren sie in der ganzen westlichen Welt einmalig. Auf der anderen Seite war diese Achse immer auf bestimmte Weise auch zerbrechlich. Der ehemalige langjährige außenpolitische Kanzlerberater Horst Teltschik hat dies bei einer Gelegenheit wie folgt beschrieben: Kohl hat immer gesagt, daß wir uns immer erst dreimal vor der französischen Trikolore verbeugen müssen, bevor wir dies vor der eigenen Fahne tun. Man könnte sagen, Bonn befand sich in einer Art ständiger Beweisführung des Goodwill gegenüber Paris, was bei uns selbstverständlich die Ängste um die kroatische Sache vertiefte.

Es war jedoch ermunternd, daß die Presse am Vorabend des Besuchs von einer anfänglichen Annäherung Frankreichs an die Bonner Linie in Fragen der Anerkennung sprach. Zwar war die Annäherung nicht so schnell, wie Kohl und Genscher es wünschten, erfolgte aber dennoch. Dies schien auch deshalb wahrscheinlich, weil man im Bonner Außenministerium angefangen hatte, zu spekulieren, wer denn noch neben Deutschland endlich Kroatien und Slowenien anerkennen könnte. Die Rede war von Dänemark, Belgien, Luxemburg, Portugal und vielleicht auch Italien. Die Deutschen waren also nicht mehr die einsamen Reiter. Außerhalb der EG rechnete man mit Österreich, vielleicht mit Ungarn, aber ganz sicherlich mit dem Vatikan, der in der Sache viel beigetragen hatte und der deutschen Initiative in gewisser Weise moralisches Gewicht verlieh.

Günstig schien auch der Umstand, daß beiden Staatsmännern der Gipfel in Maastricht, auf dem eine Entscheidung über die Vereinigung Europas fallen sollte, ins Haus stand. London war mit seiner europäischen Skepsis das größte Hindernis auf diesem Weg. Kohl und Mitterand waren deshalb gezwungen, in Bonn Einigkeit zu demonstrieren. Einen anderen Weg, London weichzumachen, gab es nicht. Wie sehr diese Angelegenheit in diesen Tagen auf des Messers Schneide stand, sagt uns die Tatsache, daß Kohl und Mitterand darauf aufmerksam machten, daß ein Mißerfolg in Maastricht eine Katastrophe für Europa bedeutete. Um so größer und deprimierender war die Überraschung, als die dpa (Deutsche Presseagentur) gleich nach den Gesprächen über Jugoslawien meldete, die Anerkennung Kroatiens und Sloweniens sei wieder auf unbestimmte Zeit verschoben. Im gleichen Stil reagierten das Fernsehen und am darauffolgenden Tag die Presse. Die Überschriften auf den Titelseiten lauteten: Die Anerkennung ist vom Tisch!

Dieser Schock wurde noch durch die Nachrichten aus Kroatien verstärkt. Die Situation wurde von Stunde zu Stunde dramatischer. Vukovar litt unter fürchterlichen Angriffen und stand vor dem Fall. Bonn erreichte jene berüchtigte »Anklage aus Vukovar«, in der von Verrat und der Tragödie von Abertausenden von Menschen die Rede war. All das wirkte wie ein Hammerschlag mitten ins Bewußtsein. Ich kann mich nicht erinnern, daß jemals so die Telephone klingelten wie zu diesem Zeitpunkt. Basić, Šuljak und ich sprachen uns an die zwanzig Mal am Tag. Es riefen aber auch andere an und fragten, was denn los sei. Beginnt auch Deutschland, in diesem Unglück mit Kroatien Spielchen zu treiben? Soll und kann man überhaupt noch irgend jemandem in diesem kalten und berechnenden Westen glauben? Wie ist es möglich, daß Kohl auf der gemeinsamen Pressekonferenz mit Mitterand am Freitag (15. November) mit keinem Wort die Anerkennung Kroatiens erwähnt hat?

Wobei sie beide gleichzeitig bestätigten, in dieser Frage keine einseitigen Schritte zu unternehmen. Diese Aussage wurde so verstanden, daß die Franzosen uns nicht anerkennen wollen, und die Deutschen nicht können.

Daß auch wir Journalisten uns in dieser Situation nicht gerade am besten zurechtfanden, wird schon aus den bereits erwähnten Mitteilungen der Sachlage seitens der dpa und der Medien überhaupt deutlich. Auch wir kroatische Journalisten waren in keiner besseren Situation. Dabei war für uns typisch, daß wir uns in dieser Zeit fast unbewußt an alles klammerten, was zugunsten Kroatiens sprach, nun suchten wir irgendein Wort, an das wir uns halten konnten. Es gab kein solches Wort. Schon gar nicht auf der besagten Konferenz. Erst einige Tage später klärte sich alles – glücklicherweise zugunsten Kroatiens. An jenem Freitag stellte ein Kollege an die Regierungschefs Kohl und Mitterand die Frage, wie Frankreich und Deutschland weiterhin bezüglich »der Anerkennung Kroatiens zu verfahren gedenken« und wann diese Anerkennung zu erwarten sei. Mitterand antwortete als erster. Einem Verfassungsrechtler gleich, der wenig Rücksicht auf menschliche Seelen und Schicksale nimmt, erklärte er, daß Frankreich für eine »Selbstbestimmung verschiedener Republiken« sei, wenn sie ein auf demokratische Weise entstandener Ausdruck des Volkswillens sei.

Aber, so fuhr der französische Präsident fort, die Selbstbestimmung setze auch gewisse internationale Entscheidungen voraus: »Anerkennung – unter welchen Bedingungen? Grenzen, Schutz der Minderheiten, Anerkennung der Vereinbarung über Sicherheit und Freundschaft. Unser Standpunkt ist also, daß wir im Augenblick, in dieser bewegten Zeit, nicht eilen dürfen. Ich wiederhole noch einmal: wir stehen auf diesem Standpunkt und wir werden keiner Entscheidung hinsichtlich der Selbstbestimmung im Weg stehen, die unter regulären Bedingungen zustandekommt und die von der EG akzeptiert wird. Im Augenblick ist es so, daß die in unseren Augen zwei wichtigsten Probleme in Jugoslawien die Grenzen sowie das Schicksal und der Schutz der Minderheiten sind. Hierbei spreche ich nicht von Slowenien, wo die Bevölkerung homogen ist. Aber dies ist nicht der Fall in Kroatien. In Jugoslawien gibt es Bosnien und Herzegowina, Kosovo oder Mazedonien. Ich glaube, daß dies dort noch viel charakteristischer ist. Wenn man eine ganz bestimmte Verursachung vermeiden will, wenn man ständige Konflikte, die ganz Europa in eine schwierige Situation bringen könnten, meiden will, dann muß die EG, dann müssen unsere Länder, Deutschland und Frankreich, eine wesentliche Rolle übernehmen, und zwar die Rolle des Schlichters, um der Einigkeit und dem Verständnis helfen. Und im Falle einer Notwendigkeit schlagen wir die Einigkeit vor, ja sogar Prinzipien, die die EG und ebenso die UNO anerkennen. Sie wissen, daß die Konfliktparteien in Jugoslawien die UN um Hilfe angegangen haben und daß die UN jetzt das Recht hat, sich in diesen Konflikt einzumischen.

Welche Garantien sind nötig, damit die Selbstbestimmung erfolgen kann? Wenn die Selbstbestimmung nur ein Element besonderer Art ist und nur zur Verschärfung dieses Konfliktes beigetragen hat, dann glaube ich, haben wir nicht die Absicht, uns militärisch zwischen die verfeindeten Seiten zu stellen. Aber es ist nicht so, daß rechtliche Schritte die Eskalation dieses Krieges und seine Fortführung wahrscheinlich nicht verhindert hätten. Deshalb ist es wichtig, daß die Gemeinschaft ihr Engagement fortsetzt. Sie tut dies, indem sie dorthin Beobachter gesandt hat. Die UN kann dies morgen mit Blauhelmen tun, obwohl dieser Akt viele rechtliche Fragen aufwirft. Sie wissen das. Wo sollten die Blauhelme sich engagieren? Die Probleme, die dadurch entstehen, sind schwerwiegend. Aus unseren Gesprächen geht jedenfalls hervor, daß Deutschland und Frankreich bereit sind, gemeinsam zu handeln, damit eine Annäherung der Standpunkte erreicht wird und ihr Gewicht gemeinsam in die Waagschale gelegt wird. Aus dem, was ich gesagt habe, könnte man auch heraushören, was ich nicht gesagt habe. Wenn man beispielsweise die Geschichte unserer beiden Staaten vergleicht, so sind sie verschieden. Jahrhundertelang war unsere Geschichte verschieden. So waren auch unsere Freundschaften in Jugoslawien – und das muß man hier betonen – nicht immer dieselben.«

Am Tisch neben Mitterand saß Helmut Kohl. Er wirkte alles andere als begeistert von solch einem Zugang an das Problem. So erinnerte er nur an seine Aussage in seinem Einführungsstatement. Nämlich daß »wir nicht in der Lage sind, über die Situation in Jugoslawien zu sprechen, ohne uns die Bilder des täglichen Schreckens und des Leidens der Bevölkerung vor Augen zu führen. Dort ist ein böser Krieg im Gange. Wichtige Teile des Landes stehen vor der völligen Zerstörung. Und dadurch stellt sich für jeden denkenden Menschen die Frage, wie sich die Verhältnisse dort entwickeln werden, wenn einmal die Waffen verstummen. Man muß jetzt schon darüber nachdenken... Präsident Mitterand hat die Hauptthemata benannt – die Grenzen, Minderheitenrechte, Selbstbestimmung. Vom deutschen Standpunkt ist klar, daß sich die Situation, wie sie jetzt ist, nicht bis ins Unendliche hinziehen kann. Zusammen mit unseren französischen Freunden plädieren wir dafür, daß die Friedenskonferenz sofort und unverzüglich weitergeführt wird. Im Hinblick auf das fürchterliche Leiden der Bevölkerung kann man einfach nicht hinnehmen, daß das Verfahren anderen Problemen gewidmet wäre. Hier muß schnell gehandelt werden!«

Dann bat er die Journalisten um Verständnis und auch darum, dieses Thema nicht mehr zu vertiefen. Er erklärte, Bonn und Paris würden ihre Zusammenarbeit in dieser Frage »intensivieren«.

Die unterschiedlichen Positionen waren also deutlicher sichtbar, als daß man noch weiter darin wühlen sollte. Kohl und Mitterand waren sich lediglich darin einig, daß man über alles intensiv und unverzüglich sprechen müsse. Aber an diesem Vormittag schien es so, als habe der deutsche Bundeskanzler vor dem französischen Präsidenten einen Rückzieher gemacht. Es stellte sich jedoch heraus, daß es sich um etwas anderes handelte. Der Scheidepunkt, an dem Bonn und Paris verschiedener Meinung waren, berührte die Frage der Grenzen. Mitterand neigte dazu, die Serben in ihrer Forderung nach einer »Korrektur« der Grenzen zu unterstützen, und diese sollte eine Bedingung für eine Anerkennung Kroatiens sein. Lord Carrington war zu diesem Zeitpunkt mit seinem Angebot an die Serben schon an die Öffentlichkeit getreten. Sein Friedensplan sah nicht nur einen Rückzug der Jugoslawischen Volksarmee aus Kroatien, sondern auch die Schaffung von Sicherheitszonen für die Serben vor. In diesem Zusammenhang könnten sie nach ein, zwei Jahren durch ein Referendum entscheiden, ob sie in Kroatien verbleiben wollten oder nicht. Das Angebot war offensichtlich: Grenzen für die Anerkennung. Der Lord hatte damit natürlich das Mandat der EG überschritten. Aber dafür war er gänzlich im Einvernehmen der Erwartungen der Siegermächte aus dem Zweiten Weltkrieg. Genscher reagierte sofort. Er schrieb an van den Broek, indem er gegen solche Züge von Carrington protestierte und verlangte Aufklärung. Dies war eine Episode, die eindrucksvoll illustrierte, worum im November in der Gemeinschaft gekämpft wurde und wie schwierig, objektiv gesehen, die kroatische außenpolitische Lage war. Sie zeigt allerdings auch, warum die Deutschen so sehr auf dem Schutz von Rechten der Minderheiten als einer Bedingung für die Anerkennung bestanden haben. Dies war nicht nur grundsätzlich und gänzlich legitim, sondern auch viel günstiger, als wenn diese Bedingung durch Korrektur der Grenzen ersetzt würde. Das erklärt auch den Umstand, warum Kohl sich Zeit nehmen mußte, und warum er wartete, bis Maastricht vorbei sein würde. Es erklärt auch, warum Tudjman und Kučan nicht schon im November, wie in Rom angekündigt, in Bonn erschienen waren. Es galt abzuwarten, die Allianz und Partnerschaft bezüglich europäischer Themata zu bestätigen, damit dann die Unterschiede in der Jugoslawienpolitik leichter verdaut würden. Genauer gesagt, die Unterschiede in der Politik gegenüber Kroatien. Außerdem brachte der Bundestag am selben Tag, als Mitterand mit Kohl über Jugoslawien sprach, seine zweite Resolution über diesen Balkanstaat ein, in der der Standpunkt der deutschen Regierung in allen Punkten einstimmig bejaht wurde. In diesem Zusammenhang wurde gesagt, daß die jugoslawische Staatsidee gescheitert sei und daß die Hauptschuldigen in dieser Frage in der »jetzigen serbischen Führung« zu suchen seien. Der Bundestag hat sich ausdrücklich für eine Nichtanerkennung gewaltsam veränderter Grenzen ausgesprochen und gab seine volle Unterstützung einer raschen Anerkennung von Kroatien und Slowenien unter der Bedingung, daß die Minderheitenrechte respektiert würden. Mit diesem Rückenwind war es nicht mehr möglich, Kohl von seiner Absicht, »die Kroaten nicht alleine zu lassen«, abzubringen. Um so mehr, als Vukovar gefallen war und die Verbrechen der Tschetniks enthüllt worden waren, um so mehr, als die Zerstörungen die Deutschen an ihre eigene, gar nicht so alte Vergangenheit erinnerten. Das Deutsche Fernsehen zeigte ausführlich Bilder, bei welchen sich einem das Herz verkrampfte. Kolonnen von Vertriebenen, dramatische Berichte von überlebenden Zivilisten, Schreie und Tränen, der fürchterliche kroatische Exodus im eigenen Land. Was Kohl auf dieser Pressekonferenz verschwiegen hatte, sagte er zwei Tage später im Bundestag: Deutschland würde Kroatien und Slowenien bis Weihnachten 1991 anerkennen. Mit erhobener Stimme sagte er, daß Bonn nicht warten würde, bis sich in dieser Frage alle Mitgliedsstaaten der EG einig seien! Zuvor hatte Genscher auf seine Weise Paris ausgetestet. Nur einige Tage nach Mitterands Besuch in Bonn erinnerte der Chef der Bonner Diplomatie vor dem auslandspolitischen Ausschuß der französischen Nationalversammlung, daß die kommunistische Diktatur in den östlichen und südöstlichen Staaten das Bewußtsein der nationalen Identität gestärkt habe. Deshalb sollte man diesen Völkern eine europäische Perspektive anbieten, damit sie nicht in der Sackgasse des Nationalismus landeten. »Und die Entwicklung der Geschehnisse in Jugoslawien verlangt eine europäische Antwort.« Die Republiken, die dies wollten, sollten ihre Unabhängigkeit erlangen, weil dies der Charta von Paris entspricht. Die französischen Parlamentarier konnten andere Interessen haben, aber gegen diese grundsätzliche Rede war nichts einzuwenden. Schließlich handelte es sich um die Charta von Paris!

Moral und System der Jugo-Diplomatie

»Sehr geehrter Minister, lieber Genosse Leko, Ihre Rede auf der Sitzung des Bundesexekutivrates am 18. November hat mich mit Schmerz erfüllt und öffnet in mir die Tür der Hoffnungslosigkeit. Wenn Ante Marković und Sie, und jene, die mit Euch sind, wenn auch die letzten jugoslawischen Politiker, die mir und uns (ich glaube, daß wir immer noch viele sind und daß wir eine mächtige Kraft sind) nicht nur festes Selbstbewußtsein und Hoffnung auf den Sieg des Verstandes, der Demokratie, des Lebens und Miteinanderseins, der Menschlichkeit und Europas einflößen, Hoffnung auf einen Sieg, der am Ende der Tragödie folgen muß, weil für diesen Sieg die große Mehrheit der Menschen auf dem jugoslawischen Raum und die ganze Welt ist – wenn Sie also diesen Kampf aufgeben, dann wird auch jenes letzte Rettungsnetz zerstört und wird sich unter ihm der Abgrund der totalen menschlichen Vernichtung aller in Jugoslawien auftun. Nicht leicht und ungleich ist diese Schlacht, in der Sie die schwersten Stellungen beziehen mußten. Aber haben Sie nicht schon schwerere und anscheinend aussichtslosere gehalten? Tief aus meinem Inneren quellen Fragen voll Gram und ohnmächtiger Wut – des ätzenden Hasses, wie Ujević sagen würde: Wer und warum mit welcher menschlichen, politischen oder militärischen Berechtigung schießt auf mein Osijek, wie auch Sie sich fragen für Ihr Zadar. Auch Dubrovnik ist mein und Ihr Zadar ist mein und Bjelovar und Daruvar – wo ich aufgewachsen bin – sind besonders mein, wie ich auch meine, daß Belgrad und Sarajevo und Skopje mein sind. Osijek aber ist besonders mein, weil ich in der Nähe geboren bin. Wen oder wie soll ich fragen, warum man auf mein Osijek schießt? Bekannte und unbekannte Generäle oder aber die Befehlshaber der anderen Seite? Daß ich sie nach Kindern frage – meine, Ihre, meiner und Ihrer Freunde, nach Ihren und allen unseren Kindern – und was sie ihnen da vorbereiten?
Mich würden Sie, lieber und geschätzter Genosse Leko,

keiner Antwort würdigen. Nur an Sie und jene, die, wie ich fühle, zu Ihnen gehören und Sie zu jenen, kann ich mich wenden. Wenn auch Sie gehen, das wissen Sie, werden Sie gerade jenes verlassen, dessentwegen Sie bis jetzt, trotz aller Qual, durchgehalten haben: daß dem Blutvergießen Einhalt geboten wird, daß sich die jugoslawischen Räume auf friedliche und demokratische, auf eine für alle annehmbare Weise umformieren und daß allen eine menschenwürdige und ehrbare Existenz ermöglicht wird.
D. Trbojević   *Montag, 25 November 1991*

So schrieb nach dem Fall von Vukovar und all der Zerstörung in Kroatien, Drago Trbojević, Geschäftsträger der jugoslawischen Botschaft in Bonn, an Budimir Lončar, den bisherigen Außenminister in Belgrad, wo die Bundesregierung Bundesexekutivrat hieß. Trbojević ist Serbe aus Kroatien, wohnt und arbeitet aber in Belgrad. Sein größter Verdienst für Kroatien, in dem er geboren wurde, ist, daß er zu wenig für Großserbien getan hat. Und hier irgendwo beginnt das Drama dieser Menschen. Doch nicht deshalb, wie es auf den ersten Blick scheint, weil sie ihre Heimat (Jugoslawien) verloren hatten. Bei ihnen war alles viel komplexer. Sie sind in Wirklichkeit ohne einen »Arbeitgeber« geblieben, der bisher gut bezahlte und an dessen Konkurs sie nicht glaubten.

Der neue Herr Milošević wollte sie nicht, weil sie zu wenig für das Memorandum-Serbien getan hatten. Kroatien aber wollten sie nicht. Sie glaubten nicht an Kroatien und wollten es nicht anerkennen. Für sie war Kroatien bloß ein geographischer Begriff, noch unwesentlicher als eine »administrative Einheit« in ihrem sozialistischen Jugoslawien. Im übrigen waren sie der festen Überzeugung, Kroatien würde scheitern, es würde wieder unter das Joch zurückgeholt, und deshalb schrieben sie wie Trbojević an den Genossen Leko und beschworen ihn, Jugoslawien zu retten. Und das im Augenblick, als Kroatien krampfhaft um internationale Anerkennung rang und als dies die einzige Rettung vor einem endlosen Krieg und dem wahrscheinlichen Untergang war.

Aber kehren wir zu diesem in Tränen aufgelösten jugoslawischen Diplomaten zurück. Wie war das denn wirklich? Dieser Herr hat sich, etwa im Frühling 1990, den Kopf zerbrochen, »wie wir den Deutschen Paroli bieten könnten«. Botschafter war damals noch Boris Frlec, während Trbojević Erster Ministerberater war, also der zuständige Mann für politische Fragen und rechte Hand des Botschafters.

Damals wurden in Kroatien erste demokratische Wahlen vorbereitet. Die deutsche Presse schrieb gegen Milošević und die Belgrader Politik, die, wie damals schon abzusehen war, in eine Katastrophe führte. Gleicherweise stießen kroatische und slowenische Freiheitsbestrebungen auf Sympathie.

Trbojević hat damals, zusammen mit dem damaligen Tanjug-Korrespondenten in Bonn, Dušan Reljić, ständig »den Deutschen Paroli geboten«. Sie veranlaßten Frlec, Briefe an die FAZ zu schreiben. In diesen Briefen wurde Viktor Meier, aber auch Politiker, die es wagten, eine andere Meinung in der Kosovo-Frage als Milošević zu haben, angegriffen. Dies allein genügte aber nicht. Man mußte sich etwas effektiveres und durchschlagenderes einfallen lassen. Trbojević hatte schließlich die Idee. Er schlug vor, in der jugoslawischen Presse eine Kampagne gegen Bonn zu starten, indem behauptet wurde, Bonn wolle einen »Anschluß« der damaligen DDR bewirken. Der jugoslawische Diplomat Trbojević hatte also zu einem für Deutschland sehr heiklen Zeitpunkt – als die außenpolitischen Prämissen für eine Vereinigung noch nicht gesichert waren – die Idee, Deutschland als den geistigen Nachfolger des Dritten Reiches darzustellen, der mit der DDR gleiches veranstalten wolle wie Hitler mit Österreich – eben den »Anschluß«. Welche Ausmaße dieses »Paroli bieten« nachher annahm, zeigten die Belgrader Medien. Doch zurück zu Trbojević. Nachdem Milošević und Lončar von der politischen Szene weggefegt waren und Kroatien schon international anerkannt worden war, blieb Trbojević für alle Fälle noch in der Jugo-Botschaft, und zwar bis Mai 1992. Dann mußte er trotzdem seinen Hut nehmen. Aber er kehrte nicht in sein Osijek zurück. Auch nicht in sein Zadar, sein Bjelovar und nicht einmal in sein Belgrad. Er blieb in Deutschland – nur wie?! Er gab eine Erklärung ab, er sei Kroate, und ließ diese samt Photo im »Spiegel« veröffentlichen. Zur Arbeit verhalfen ihm einflußreiche sozialdemokratische Kreise, und so schloß Herr Trbojević seinen Frieden mit Deutschland, wenn er schon keinen mit dem unabhängigen Kroatien schließen konnte.

Hier handelt es sich natürlich nicht um Trbojević als Einzelperson, sondern um die Moral eines Systems, das er so schön verkörperte. Hierin hatte er auch seine Vorläufer. Vor Frlec war Milan Dragović Botschafter, ehemaliger Vizepräsident der serbischen Regierung und ein Pate von Milošević. Nachdem sein Bonner Mandat abgelaufen war und nachdem er, trotz aller seiner Pressekonferenzen, in denen er die Kosovo-Politik des Führers verteidigt hatte, in Belgrad nicht die Stellung bekam, die er erhofft hatte, tauchte er plötzlich als Direktor der Vertretung der Westdeutschen Bank in Belgrad auf. Das war eine kleine Sensation und diese hat »Die Welt« noch versüßt, weil Dragović ihr schon 1989 die Moral der Jugo-Diplomatie offenbart hatte. Er erklärte reuevoll, er sei nie ein richtiger Kommunist gewesen, sondern nur deshalb in die Partei eingetreten, um nicht verfolgt zu werden.

Diese Konvertitengeschichten scheinen heute vielleicht banal, als unwesentliche Zeugnisse der Für-den-Bauch-Kämpfer, welche es immer gegeben hat und immer geben wird. Aber sie erklären in aller Deutlichkeit das Wesen dieser Leute und die Leichtigkeit, mit welcher die Jugo-Diplomatie, besonders hier in Deutschland, in erster Linie die Kroaten verfolgte und malträtierte. Es fing an mit Pässen in kyrillischer Schrift für kroatische Geistliche und reichte bis zur Verflechtung in schwerste kriminelle Delikte. Ich kann an dieser Stelle nicht darüber schreiben. Es gibt Berufenere und Eingeweihtere. Aber ich kann aus eigener Erfahrung berichten, wie dieser antikroatische Betrieb, der sich naiv »jugoslawische Diplomatie« nannte, funktionierte.

Zur Zeit, als ich nach Bonn kam, haben die Jugonationalisten und Großserben sehr genau die Albaner beobachtet. Diese waren zu diesem Zeitpunkt für Serbien der Staatsfeind Nr. 1, während die Kroaten sowieso unter Routinebeobachtung standen. Aber in dieser Angelegenheit waren nicht nur die Diplomaten und das Konsulatspersonal engagiert. Diesem Verband gehörten auch sogenannte »Vertrauenspersonen« an, ein Name für »rote« Gastarbeiter. Das waren alles »ehrliche Jugoslawen«, größtenteils Serben und Montenegriner, aber es gab auch andere, sogar Kroaten. Für diese war die »Genossin« Stojanka Radenović Petković zuständig. Regelmäßig traf sie sich mit ihnen in der Botschaft, sozusagen auf Parteisitzungen, wo man »sicherheitspolitische Probleme« erörterte.

Zu diesem Kreis von Außenmitarbeitern gehörten auch einige Journalisten, hauptsächlich geprüfte und bezeugte »Patrioten«. Sie paßten nicht nur auf ihre Kollegen auf, sondern bildeten auch eine Art Kern der serbischen Lobby in Bonn, die reichlich traurige Spuren hinterlassen hat. Dušan Reljić war einer der herausragenden.

Als Korrespondent von Tanjug hatte er ziemlich große Wirkungsmöglichkeiten, und diese hat er bis zum letzten Atemzug ergebenst genutzt, indem er zu beweisen suchte, das demokratische Kroatien sei in Wirklichkeit nationalistisch, chauvinistisch und faschistisch. Hierbei erklärte er sich als Jugoslawe, sprach aber reinste serbische Sprache, dachte und wirkte serbisch.

Gerade in Bonn angekommen wurde ich im Herbst 1988 Zeuge seines »Patriotismus«. Im Visier war Marijan Rogić, der Anfang der Siebziger Jahre Radio Zagreb verlassen mußte. Er kam nach Köln und arbeitete als Journalist beim WDR in der »serbokroatischen« Redaktion, da eine kroatische damals nicht existierte. Eines Abends rief er mich an (bis dahin kannten wir einander nicht) und bat mich, einen Bericht für seine Sendung zu schreiben und zu verlesen. Ich glaube, es war die Rede von Lončars Besuch in Bonn oder etwas ähnlichem. Ich habe meine Arbeit gemacht, und am nächsten Tag war der Krach da.

Die Serben, die diese Redaktion fest in der Hand hatten, an der Spitze Zoran Ivanović, vergaben solche Aufträge ausschließlich ihren Leuten, also Reljić und seinesgleichen. Da Rogić nun ihr System gestört hatte, sollte er sofort bestraft werden. Zuerst verlangte Reljić vom damaligen Presse- und Kulturattaché im Namen der Botschaft einen Protestbrief an den Redaktionschef, Herrn Wesseler, zu schreiben. Da Zupanc ein Slowene war, der sich in einigen Fragen von Frlec unterschied, wollte er dies nicht machen. Daraufhin schrieb Reljić selbst den Brief und verlangte unter Berufung auf die deutsch-jugoslawische Beziehungen, Rogić zur Räson zu bringen, weil er schon seit geraumer Zeit antijugoslawisch wirke, indem er u. a. unverständliche Ausdrücke wie »gospodarstvo« (Ökonomie, Wirtschaft) benutze.

Heute mag dies vielleicht lächerlich und harmlos erscheinen, aber damals blieb so etwas nicht ohne Folgen, zudem Herr Wesseler mehr als herzliche Verhältnisse zur Jugo-Diplomatie und zum Belgrader Pflaster pflegte. Auf dieser Welle hatte er auch jahrelang Kroaten schikaniert und gedrückt.

Wie groß Reljićs Einfluß tatsächlich ist, erzählt auch die Entflechtung folgender Ereignisse. Nach Ablauf seines Mandats in Bonn kehrte Reljić im Sommer 1990 nach Belgrad zurück. Damals kandidierte er für die Stelle des verantwortlichen Chefredakteurs bei Tanjug. In dieser Kaderschlacht zog er aber den Kürzeren. Er mußte die jugoslawische Agentur verlassen und wurde über Nacht zum oppositionellen Journalisten in »Vreme«.

Da es ihm auch da nicht gefiel, wollte er gern zurück nach Deutschland. Er ersuchte um eine Stelle bei seinen alten Bekannten im WDR und bekam sie sofort. Nun zwar in der serbischen Redaktion, aber Tür an Tür mit jenen selben Kroaten, die er jahrelang denunziert hatte! Um die Sache deutlicher zu machen, sollte man daran erinnern, daß er diese Stelle am 1. Januar 1993 bekam, also zur Zeit der Sanktionen gegen Serbien und Montenegro, als in Deutschland niemand aus der sog. SR Jugoslawien eine Arbeit bekommen durfte. Zumindest war dies die amtli-

che Position Bonns. Wie wir sehen, hat Reljić diese Blok-
kade gebrochen, als sei der WDR irgendeine griechische
Rundfunkstation.

Dies kann man nur mit System und Moral erklären. Als er
noch Korrespondent des Tanjug in Bonn und mit Insigni-
en des jugoslawischen Journalisten versehen war, standen
Reljić viele Türen offen, zumal er im Rücken auch die jugoslawische Botschaft hatte. Und als im Winter 1989 in
der Nähe von München ein großes Symposium über Jugoslawien in der Organisation des Münchner Süd-Ost-
Institutes und unter der Leitung von Jens Reuter abgehalten wurde, hatte man nur Reljić eingeladen. Der Organi-
sator bezahlte auch die Spesen seines zweitägigen Auf-
enthalts, obwohl er nur Berichterstatter war. Wir übrigen
Korrespondenten mußten uns bemühen, dabei zu sein
und mußten selbstverständlich für die Kosten selber Sorge tragen.

Diese unwichtigen Einzelheiten bekamen etwas später
mehr Gewicht. Reljić hatte nämlich seine Kladde, in die
er sorgfältig alles, was die anwesenden Fachleute aus
Deutschland, Jugoslawien und anderen Teilen Europas
sagten, aufgeschrieben hatte, später Dragan *Ignjatijević*,
dem damaligen Ministerberater in der jugoslawischen
Botschaft und späteren stellvertretenden Außenminister
von Serbien, übergeben. Dann prahlte er auch noch, wie
»patriotisch« er war, was am besten verdeutlicht, wie
hoch damals solche geheimpolizeilichen Manieren ge-
schätzt wurden.

Den zweiten Teil dieser Verdeutlichung lieferte im
Herbst 1991 Jens Reuter selbst. In einer Zeit, in der Kroatien auf die Knie gezwungen schien, erklärte dieser Bal-
kan- und Jugoslawienexperte im Deutschen Fernsehen,
cool wie Reljić, in Wirklichkeit seien die Kroaten selbst
an ihrem Schicksal schuld, weil die Serben ihnen durchaus deutlich gemacht hätten, was folge, wenn sie ihre Unabhängigkeit proklamierten. Das ist ein Zynismus, der
neben anderem verdeutlicht, wie weit die giftigen Fühler
der serbischen Lobby reichten, die sich amtlich Bundes-
sekretariat für Auslandsangelegenheiten nannte und so

viele Außenmitarbeiter hatte, daß selbst die ostdeutsche Stasi neidisch gewesen wäre.

In diesen für Kroatien blutigen Tagen wurde der »Jugoslawe« Reljić oft aus Belgrad in die TV-Rundgespräche geholt (einige führte Reuter selbst), um dort die Aggression gegen Slowenien und später den serbischen Kriegszug gegen Kroatien zu rechtfertigen. Nicht selten fehlten in diesen Sendungen kroatische Vertreter, weil die Organisatoren es offensichtlich für genügend hielten, wenn der Jugoslawe Reljić alle vertrat. Dies hier bedeutet in keiner Weise, die deutschen Medien wären der kroatischen Seite nicht zugetan gewesen oder einseitig. Keinesfalls! Dies verdeutlicht nur, daß auch die Serben in Deutschland ihre Fürsprecher hatten, die jahrelang durch die jugoslawische Diplomatie verhätschelt und bearbeitet worden sind. Die große Mehrheit der Journalisten und Fachleute war hier nicht verwickelt, und so kann man guten Gewissens sagen, daß Kroatien in Deutschland eine ausgezeichnete »Presse« hatte. Nicht nur deshalb, weil auf seiner Seite Wahrheit, Gerechtigkeit und menschliches Leid standen, sondern auch, weil die deutschen Journalisten in besonderer Weise sensibilisiert und geradezu prädestiniert waren, schnell zu begreifen, worum es auf dem Balkan ging. Ein Jahr zuvor waren sie auf den Straßen von Leipzig, Dresden und Berlin dabei, wo die ostdeutsche Bevölkerung in einer der großartigsten Revolutionen Honeckers kommunistische Hölle zu Fall brachte. Sie haben einfach gelernt, im Gedränge den Schlagstock vom Schrei nach Freiheit zu unterscheiden. Doch zurück zu System und Moral. In dieser ganzen Zeit waren die Albaner in den Augen der Serben Erzfeinde. In Kroatien herrschte »Schweigen«, während der Konflikt mit den Slowenen nie größere Ausmaße angenommen hatte, weil unter anderem auch Anlässe für einen echten Haß fehlten. Während des ganzen Jahres 1989 und zum großen Teil von 1990 haben die Albaner in ganz Deutschland demonstriert. Sehr oft geschah dies auch in Bonn selbst, d.h. in Mehlem, wo sich die jugoslawische Botschaft befand. Im Frühjahr 1989 veranstalteten sie zum Zeichen der

Solidarität mit den Bergleuten im Kosovo vor der Botschaft einen Hungerstreik. Als Journalist bin ich zu ihnen ins Zelt gegangen, habe mit ihnen gesprochen und einen kürzeren Bericht für »Vjesnik« geschrieben. Nicht lange danach wurde über mich in der Botschaft das Urteil gesprochen. Irgendjemand von den »Vertrauensleuten« hatte mich gesehen und als guter »jugoslawischer Patriot« sofort denunziert. Auf der Sitzung fielen verschiedenste Vorschläge – von der Ansicht, man müsse anläßlich dieses Falles eine Sonderkommission aufbieten, die diese Sachlage zu prüfen hätte, bis zu gröbsten Verurteilungen. Diese Tortur dauerte ziemlich lange, dann meldete sich Dragović zu Wort. Er holte weit aus. Er erzählte, wie Tito seinerzeit in London weilte und wie vor seiner Residenz die Tschetniks demonstrierten. Man riet ihm, einen Nebeneingang zu benutzen, aber er lehnte dies ab. »Wenn zufälligerweise Ivanković dort gewesen wäre und mit Tschetniks gesprochen hätte – ich weiß nicht, wie es ihm bekommen wäre«, sagte Dragović und fügte hinzu, er sei der Meinung, es sei trotz allem die Sache des Journalisten, mit wem er sich unterhalte. Der Serbe wußte, daß die Tito-Zeiten vorbei seien und daß schwerwiegendere Argumente für eine Verurteilung nötig seien. Einige Monate später glaubte er sie in seinen Händen. Im Jugoslawischen Klub in Aachen wurde ein Treffen mit jugoslawischen Bürgern abgehalten. Die meisten unter ihnen waren Albaner. Den Vortrag hielt Mladen Žuvela, der zu dieser Zeit in Bonn weilte. Damals war er Mitglied des Präsidiums des Zentral-Kommitees der Kommunistischen Partei Kroatiens. Das Thema waren die Ereignisse im Kosovo. Die Situation wurde bald gespannt, weil Žuvela die offizielle jugoslawische Politik vertrat. Ein Albaner zeigte ihm den »Vjesnik am Sonntag«, in dem ein Text über die Leiden und Folterungen von Albanern seitens der serbischen Polizei und Armee veröffentlicht worden war. Und als dieser Žuvela die Zeitung unter die Nase halten wollte, fiel ihm ein Messer aus dem Ärmel. Sofort kam es zur Panik. Einer von den Beratern aus der Botschaft, der Žuvela begleitet hatte, ein Dr. Jovanović, lief weg und schloß sich in einem Nebenraum ein. Jemand schlug einen Albaner, weil dieser sich als ehrlicher Jugoslawe bezeichnet hatte. Es kam zu einer Rangelei, die aber bald endete. Das war alles. Dies war aber auch eine glänzende Gelegenheit, diese Episode als einen Beweis des bestehenden albanischen Terrorismus auszunutzen. Jovanović, der in Wirklichkeit gar nichts gesehen hatte, informierte noch am selben Abend Ignatijević über alles. Dieser gab den Bericht sofort an Reljić weiter. Das war am Samstag, dem 17. Juni 1989. Am nächsten Tag veröffentlichte die gesamte jugoslawische Presse einen längeren Bericht von Tanjug, der folgendermaßen begann: »Zehn bewaffnete albanische Chauvinisten drangen am Samstagabend in die Räume des Clubs ›Jugoslavija‹ in der westdeutschen Stadt Aachen und terrorisierten durch Schüsse in die Luft und mit Messern drohend die versammelten jugoslawischen Bürger!«

Nachdem ich dies aus der Redaktion (am Montag) erfahren hatte, habe ich versucht, die Wahrheit herauszufinden. Deshalb rief ich die Aachener Polizei an und fragte, ob es Schießereien gegeben hätte, und erkundigte mich über die Vorkommnisse überhaupt. Ich bekam zur Antwort, eine Schießerei habe nicht stattgefunden und das ganze sei eine harmlose Drängelei gewesen. So schrieb ich dann auch, und so schrieb auch Sedmak, der Korrespondent des slowenischen »Delo«.

Reljić verlangte sofort, die Botschaft solle eine Presseerklärung abgeben, in der seine Version bestätigt und unsere dementiert werde, was Dragović gerne tat. Dann veranlaßte die Botschaft eine Jagd auf Zeugen, um uns ganz an die Wand zu drücken. Über die ganze Angelegenheit wurde auch Belgrad benachrichtigt. Zu unserem Glück benachrichtigte uns Branko Zupanc. Es war klar - es wird eng. Ich wußte, daß Žuvela unter Druck durch die Botschaft lügen würde. Das hatte er schon in gewisser Weise in seinen Erklärungen für Radio Zagreb getan. Da ich zu jener Zeit Kontakte zu einigen albanischen Emigranten pflegte, bekam ich von ihnen Adressen von einigen Leuten, die am fraglichen Abend im Club anwesend waren.

Sie alle gaben mir unter Angabe des vollen Namens Erklärungen, die sich völlig mit meiner Version deckten und zwar mit Details, die nicht umzuwerfen waren.

Daraufhin habe ich für alle Fälle einen Bericht mit allen Einzelheiten und mit Hintergrundinformationen über diesen Fall verfaßt und zusammen mit den Zeugenerklärungen dem damaligen und verantwortlichen Chef-Redakteur des »Vjesnik«, Stevo Maoduš, zugeschickt. Er sicherte mir volle Unterstützung zu und schickte den Text an Žuvela, obwohl er wegen einiger Details für diesen unangenehm war. Die Zeugenaussagen behielt er aber ein, weil ich ihn gebeten hatte – eben wegen der Zeugen – diese vorläufig zurückzubehalten. Nur im äußersten Notfall wollten wir diese veröffentlichen. Im Begleitbrief an Žuvela schrieb Maoduš, es gäbe noch einige interessante Schreibmaschinenseiten, aber diese behielte er im Augenblick für sich.

So hat sich Žuvela beruhigt, rief mich sogar in Bonn an und versuchte, Mißverständnisse aufzuklären. Er erzählte mir eine Version, die auf einmal mit jener für Radio Zagreb nichts mehr gemeinsam hatte. Dann wurde ich in die Botschaft bestellt. Anwesend waren der Chef Dragović, sein Stellvertreter Ignjatijević, Rejić, Sedmak, sowie ein Korrespondent von »Oslobodjenje« aus Sarajevo, dessen Namen ich nie erfahren habe. Alle nannten ihn nur bei seinem Vornamen Feto. Obwohl Sedmak einen gehässigeren Text geschrieben hatte als ich, wurde mein Bericht im »Vjesnik« zum Hauptziel der Angriffe. Reljić verlangte offen unsere Köpfe, Ignjatijević mimte Vischinsky, während sich Dragović das Recht vorbehielt, das Urteil zu fällen. Diese Vorstellung war nicht inszeniert, um die Wahrheit herauszufinden und gegebenenfalls die Sachlage aufzuklären. Die Serben wußten, daß sie gelogen hatten, daß sie diesen angeblichen albanischen Terrorismus frei erfunden und konstruiert hatten. Sie haben dies ja so oft schon früher und dann auch später mit dem kroatischen Terrorismus getan. Was sie wollten, war eine Bestrafung jener, die die einzige Wahrheit, die Wahrheit der jugoslawischen Diplomatie, in Frage gestellt hatten.

Eine Wahrheit, die um so unanfechtbarer war, je mehr gelogen wurde. Deshalb wollten sie uns vor das Ehrengericht des Journalistenverbandes Jugoslawiens stellen. Das sollte der Anfang unseres Unterganges sein. Als ich trotz aller Argumente und Wahrheitsbeteuerungen nicht mehr weiter wußte, begann ich die Zeugenaussagen, die ich mitgebracht hatte, zu verlesen. Die Namen habe ich nicht erwähnt. Wenn ihr Krieg wollt, sagte ich, dann könnt ihr ihn haben. Ich werde alles, auch Žuvela, veröffentlichen. Daraufhin erhob sich Dragović vom Tisch und sagte: In Ordnung, es soll alles unter uns bleiben. Der Serbe hatte begriffen, daß er uns öffentlich der Lügen nicht bezichtigen konnte, deshalb wollte er keine Affäre. Aber zum Glück konnten die Dinge zu der Zeit nicht mehr unter den Tisch gekehrt werden. In der kroatischen Presse konnte man schon einiges veröffentlichen, und das war sicherlich ein Verdienst des schon wackeligen und sterbenden Sozialismus in Kroatien.

So sahen die Methoden, und zwar jene sanften der Jugo-Diplomatie aus. So war es um Wahrheiten bestellt, die des Imprimaturs der serbischen Lobby und seiner Diplomatie bedurften. Wie über Albaner gelogen wurde, so und noch mehr wurde über die Kroaten als die ewige Feinde und Zerstörer Jugoslawiens gelogen. Besonders viel gelogen wurde zur Zeit des Zerfalls von Jugoslawien.

In diesen Jahren und Monaten hat Kroatien großen Schaden erlitten. Die Jugo-Diplomaten in Bonn hatten keine Skrupel. Wie sie ihre Herren tauschten, so logen sie auch leichtfertig über die Zustände in Jugoslawien. Sie versteckten die Wahrheit über das Regime von Milošević. Um so mehr schlugen sie auf Kroatien ein und etwas weniger auf Slowenien. Schließlich erklärte jener Trbojević, der Jugoslawien Krokodilstränen nachgeweint hatte, nach der Anerkennung Kroatiens, der Westen habe den Fehler gemacht, Belgrad nicht ein paar Milliarden Dollar Kredit gewährt zu haben. Dadurch wären alle Probleme gelöst worden und Jugoslawien bestünde noch heute.

So einfach war es für diese Herrschaften. Und deshalb berührte sie auch nicht, wie Kroaten, Slowenen und andere

Völker darüber denken. Aber deshalb ist es wert, wenigstens diese wenigen Zeilen der Wahrheit über sie zu schreiben, damit nicht vergessen wird, daß auch die Serben eine zweite Front in Bonn hatten, die sie jahrelang aufbauten und verfestigten und daß wegen dieser Front, viele in der Heimat sogar ihr Leben lassen mußten.

Tudjman-Kuharić

Der deutsche Bundeskanzler Helmut Kohl und Außenminister Hans-Dietrich Genscher sprachen heute mit dem kroatischen Präsidenten Tudjman. Nach dem Gespräch erklärte Tudjman, dies seien wirklich »ausführliche Gespräche« gewesen und es sei eine wahre Genugtuung, die schon bekannten Versprechen bezüglich der baldigen Anerkennung Kroatiens zu hören. Kohl begrüßte den Beschluß der kroatischen Regierung, nach Beendigung des Krieges Neuwahlen auf Basis der neuen Verfassung durchzuführen. Ebenso begrüßten sie das neue Gesetz über die Rechte der Minderheiten, das tags zuvor vom kroatischen Parlament angenommen worden war. In der Presseerklärung des Pressesprechers im Kanzleramt heißt es, ein wichtiges Thema seien auch »die Schritte bezüglich der internationalen Anerkennung Kroatiens« gewesen und daß der deutsche Kanzler die Bereitschaft seiner Regierung erklärt habe, diese noch vor Weihnachten mit möglichst vielen Staaten der EG durchzuführen. Kohl und Genscher haben ihre schon bekannten Standpunkte in der Jugoslawienpolitik wiederholt: Deutschland, und das sei auch die Ansicht der EG, wird nie gewaltsam veränderte Grenzen anerkennen; die Gewaltanwendung als Mittel zur Lösung von politischen Problemen kann nicht hingenommen werden; sie unterstützten das Recht auf Selbstbestimmung, dessen integraler Bestandteil der Schutz von Menschen- und Minderheitenrechten sei. Aber diese Minderheitenrechte müßten gleichermaßen in allen jugoslawischen Republiken geschützt und praktiziert werden. Donnerstag, 5. Dezember 1991

Tudjmans zweiter Besuch in Bonn stand unter einem guten Stern. Kroatien hatte viel erduldet, der Krieg wütete noch, außenpolitische Fangeisen und Schlingen bedrohten noch Zagreb, aber Kroatien stand nicht mehr allein. Hinter seinen natürlichen Rechten und gerechten Forderungen stand nun auch Deutschland. Und zwar fest. Und obwohl in der Politik nichts gewiß ist, bis es geschehen ist, schien es nur eine Frage zu sein, wer neben Deutschland bis Jahresende Kroatien anerkennen würde.

Kohl war am 7. November im Bundestag so entschieden und entschlossen, daß kaum anzunehmen war, Deutschland würde im letzten Augenblick seine Meinung ändern. Er machte deutlich, Bonn werde eine Entscheidung über die Anerkennung bis Weihnachten fällen und nicht warten, bis alle EG-Mitgliedsstaaten zustimmen würden. Einige Tage später wiederholte er diese Aussage in einem Interview mit dem französichen TV-Programm »Antenne«. Außerdem verwarf Kohl zum ersten Mal offen alle Zweifel in die deutsche Jugoslawienpolitik, indem er betonte, es sei ein Irrtum, die deutsche Regierung wolle Kroatien und Slowenien aus irgendwelchen eigenen Interessen an Machtausweitung anerkennen.

In einer stellenweise emotionalen und barschen Rede erinnerte er die Abgeordneten daran, daß er nur tags zuvor in Brüssel seinen Kollegen in der EG gesagt habe, die Deutschen seien ein Volk, das sich noch sehr gut daran erinnert, was zerstörte Dörfer und Städte bedeuteten, und daß das Fernsehen tagtäglich schreckliche Bilder der Zerstörung und menschlichen Leids aus dem vom Krieg gebeutelten Kroatien bringe. Er erinnerte die Parlamentarier auch daran, daß in Deutschland 700 000 jugoslawische Staatsbürger leben, die alle dazu beigetragen hätten, deutschen wirtschaftlichen Wohlstand zu mehren. Zwei Drittel davon seien Kroaten. Darüber hinaus fühlten sich die Deutschen auch moralisch verpflichtet, weil gerade sie die Vereinigung auf der Basis des Rechts auf Selbstbestimmung und mit Zustimmung ihrer Nachbarn verwirklicht hätten, sagte der Kanzler.

Wie gut diese Zeiten waren, war in der Tatsache zu sehen, daß der deutsche Kanzler für seine Abneigung zu präzisen Terminbestimmungen fast berüchtigt war, wenn er nicht sicher war, diese auch einhalten zu können. So handelte er auch im Verlauf der deutschen Wiedervereinigung. Keine auch noch so delikate Situation und kein noch so großer Druck konnte ihn veranlassen, sich aufs Glatteis zu begeben. Darüber hinaus hatte er aus seiner christlichen und moralischen Einstellung heraus eine besondere Beziehung zu Feiertagen wie Weihnachten und Ostern. Er wußte, wieviel diese Feiertage den Menschen bedeuten und machte nie »Scherze« damit. Wenn er schon einmal sagte, etwas würde bis Weihnachten gemacht, dann war es auch so.

Zugunsten der Überzeugung, Kroatien könnte »über den Berg sein«, sprach auch die nicht alltägliche diplomatische Aktivität bezüglich der Anerkennung vor Tudjmans Besuch in Bonn. So hat Kohl zum Beispiel Ende November, in einer Zeitspanne von nur einigen Dutzend Stunden, mit dem britischen Premier Major, dem niederländischen Ministerpräsidenten Lubbers, dem italienischen Premier Andreotti über die »Jugoslawienkrise« gesprochen. Inzwischen hatte er den bosnischen Präsidenten Izetbegović empfangen, zuvor schon Tudjman und Kučan. Aus Indiskretionen will man erfahren haben, daß Kohl, wann immer auch jemand der Staatsmänner dieser Welt im Kanzleramt anrief und egal aus welchem Anlaß, es nie versäumte, über die »Jugoslawienfrage« zu sprechen.

Bei Genscher war der Rhythmus noch »verrückter«. In Serie empfing er die Bosnier und Šeparović (am 5. November), dann flog er wegen Kroatien nach Paris, Rom, auch in den Vatikan, zu den Sitzungen der EG nach Brüssel… Ohne zu übertreiben kann man behaupten, daß – wo immer er sich auch aufhielt – Kroatien dabei war und der schon bekannte Plan, daß »die Anerkennung der Selbstbestimmung auch die Anerkennung der Grenzen und Minderheitenrechte beinhalte!« Diese Formel stellte auch prinzipiell niemand mehr in Frage, denn es gab keine rechtschaffenen Gegenargumente. So führte man Kämpfe terminologischen Charakters… Die Gegner der Anerkennung (neben den in diesem Zeitraum etwas ruhigeren Franzosen besonders die Niederländer und Briten) kämpften krampfhaft darum, die ganze Sache zu verschieben. Genscher und Kohl andererseits nahmen diese beim Wort. Zu Beginn der Haager Friedenskonferenz hatte van den Broek gesagt, die Konferenz müsse ihre

Aufgabe innerhalb von zwei Monaten beenden und erst dann könne die Anerkennungsfrage auf die Tagesordnung kommen – sei es als Folge von erfolgreichen Verhandlungen, sei es als Folge eines Scheiterns der Konferenz. Diese Frist lief am 10. Dezember ab. Bonn bestand auf diesem Termin und hob hervor, es handele sich nicht um eine kriegerische Auseinandersetzung in Jugoslawien, sondern um einen Angriffskrieg gegen Kroatien, (so Genscher in Venedig am 2. November), was ein guter Grund sei, die Lösung nicht weiter hinauszuzögern. Es ging also nicht darum, daß die EG nach dem 10. Dezember unverzüglich Kroatien und Slowenien anerkenne, sondern daß nach Ablauf dieser Frist diese Frage auf die Tagesordnung komme. Und dies bedeutete, daß jene, die bislang auf Zeit spielten, nunmehr ihre Haltung durch schwerwiegende Argumente zu stützen hatten. Hierin aber waren sie schwach. Von Tag zu Tag wuden sie von der Entwicklung in Kroatien Lügen gestraft, einschließlich des späteren Abschusses eines Hubschraubers mit italienischen Beobachtern.

Wie sehr diese von Kohl und Genscher gemachten Ankündigungen der Anerkennung sowie ihr Insistieren auf der genauen Einhaltung von Fristen die Gegner irritiert haben, zeigt uns die Reaktion des niederländischen Premierministers Lubbers, der am Vorabend von Tudjmans Besuch in Bonn die deutsche Regierung kritisierte, sie stelle die EG unter Druck. Van den Broek versuchte auch auf dem Treffen der EG in Brüssel am 2. Dezember die Sache hinauszuschieben. Er sagte, wenn es Vance gelänge, einen Konsens in der Frage der Stationierung von Friedenstruppen zustande zu bringen, und wenn dies durch den Sicherheitsrat der UN abgesegnet würde, dann erst – in ein bis zwei Wochen – könne man die Haager Friedenskonferenz fortsetzen. In einem unbestimmten Zeitpunkt also und erst nach Ablauf der ursprünglichen Frist. Es war klar, daß sich dahinter die Interessen der britischen Regierung verbargen, weil die Niederländer in der EG (wegen ihrer traditionellen Anlehnung an die britische Außenpolitik) im allgemeinen als ein in Wirklichkeit britisches Sprachrohr angesehen wurden. Aber das Kräfteverhältnis war für die Deutschen mittlerweile nicht mehr so ungünstig. Rom hatte mit dem Gipfel der NATO und der Sitzung des EG-Ministerrates gezeigt, daß eine ganze Anzahl kleinerer Staaten in der EG die Bonner Anerkennungspolitik unterstützte: Belgien, Portugal, Luxemburg und Dänemark. Diesen schloß sich nun auch ganz offen Italien an und erklärte, es werde, sollte es nötig sein, allein mit Deutschland und Österreich bis Weihnachten Kroatien und Slowenien anerkennen. Šeparović erzählte später, er habe zusammen mit Genscher gezählt, welche Staaten sich möglicherweise Bonn anschließen würden, und daß das Kräfteverhältnis Anfang Dezember etwa fifty-fifty gewesen sei. Man wußte aber auch, daß es genügend Staaten außerhalb der EG gab, die einer Anerkennung nicht abgeneigt waren. Dies genügte Bonn nun, sicher zu sein, daß man diesen Schritt nicht alleine machen müsse (wogegen im besonderen die Sozialdemokraten waren), was aber wiederum ermöglichte, diesen Schritt zu tun, ohne die Zustimmung aller EG Mitgliedsstaaten abzuwarten. In diesem Sinne hat Bonn tatsächlich Druck auf die Gemeinschaft ausgeübt, weil sich die Gegner einer Anerkennung, die sich hinter prinzipiell positiven Entscheidungen der EG versteckten, nun gezwungen sahen, sich offen zu bekennen.

So konnte man grob gesagt behaupten, Tudjmans Besuch in Bonn habe im Zeichen einer Zählung von Staaten gestanden, die zusammen mit Deutschland Kroatien diplomatisch anerkennen würden. Auch im Zeichen einer Zustimmung seines Gesetzes über die Minderheiten, damit Kroatien nicht in letzter Minute und kurz vor dem Ziel noch über eine Mine stolperte. Dies wäre auch beinahe geschehen, weil die Badinter-Kommision fünf Minuten vor zwölf noch zusätzliche Garantien forderte. Vor allem stand der Besuch auch im Zeichen zukünftiger bilateraler Zusammenarbeit.

Nur zwei Tage vor Tudjmans Besuch hatte Kučan nach seinem Gespräch mit Kohl verlauten lassen, Slowenien würde ganz sicher bis Weihnachten anerkannt. Er habe dafür die Garantie der Bonner Regierung. Dies bedeutete auch die Anerkennung Kroatiens, unabhängig davon, daß die Slowenen diese ganze Anerkennungsgeschichte immer in einer für sie kennzeichnenden Weise interpretierten.

Zehn Tage früher (am 22. November) wurde Izetbegović von Kohl empfangen, aber er stellte nicht die Frage nach einer diplomatischen Anerkennung von Bosnien und Herzegowina, im Gegenteil. In einem Interview im WDR erklärte er, eine Anerkennung bringe Bosnien keine Lösung. Auch dann nicht, wenn Kroatien und Slowenien anerkannt würden. Auf der Pressekonferenz, die er nach seinen Gesprächen abhielt, demonstrierte er die nicht alltägliche Überzeugung, daß seine Politik der Äquidistanz gegenüber Kroatien, das blutete und der Jugoslawischen Volksarmee, die zerstörte, gute Früchte für Bosnien und Herzegowina bringen werde. »Wir können der kroatischen Politik nicht folgen«, sagte Izetbegović, »weil Kroatien die direkte Konfrontation gewählt hat, während Bosnien und Herzegowina dies nicht will«. In welchem Maße solche Ansichten und Beurteilungen unreal waren, zeigt uns der spätere Krieg in Bosnien und die Lage, in der sich die Moslems nun befinden. Nur Zyniker könnten behaupten, dies sei eine Folge der direkten Konfrontation, für die sich Bosnien und Herzegowina »entschieden haben«!

Nach seinen Gesprächen mit Kohl und Genscher hielt Tudjman vor der Deutschen Gesellschaft für Auswärtige Politik einen gelungenen Vortrag über Kroatien und seine Nachkriegsentwicklung. Obwohl etwas erkältet, war er gut in Form. Nach dem Vortrag antwortete er klar und präzise auf zahlreiche Fragen der prominenten Mitglieder dieser angesehenen Vereinigung. Danach fuhr er mit Šeparović und Nobilo auf den Petersberg, wo die Regierungsgäste untergebracht werden. Trotz dieses erfolgreichen Tages plagte den kroatischen Präsidenten ein Problem. Kohl hatte ihm nämlich zu verstehen gegeben, daß es wünschenswert wäre, daß die Polen zum gleichen Zeitpunkt wie Deutschland Kroatien anerkennen würden, und es wäre aus diesem Grunde günstig, wenn Papst Johannes Paul II. in diesem Sinne auf den Polen Walesa einwirke. Es gäbe nämlich Anzeichen, wonach Warschau nicht gerade bereit wäre, in erster Reihe zu agieren. Es wäre aber politisch gesehen wünschenswert, wenn gerade die Polen dies zum gleichen Zeitpunkt wie die Deutschen täten, weil dadurch die Zweifel beseitigt und der Druck auf Bonn vermindert würde. Zu diesem Zeitpunkt rechnete man damit, daß nur einige Mitgliedstaaten der EG diesen Schritt zusammen mit Deutschland tun würden. Tudjman bestellte einige angesehene Kroaten zu sich ins Hotel – unter ihnen war auch der Bonner Pfarrer Dr. Franjo Basić. Basić hatte jahrelang in Rom studiert und gelebt und hatte gute Verbindungen zum Vatikan. Außerdem war er ein Mensch, der praktisch für Kroatien lebte und der alles unternahm, was helfen konnte. Er schrieb persönlich Briefe an Kohl und Major und betete in seiner Stiftskirche für Kroatien. In dieser Stiftskirche übernachteten übrigens auch die Frauen des »Bollwerks der Liebe«, wenn sie nach Bonn pilgerten, und hier werden auch heute noch Beiträge für Kroatien gesammelt. Basić war die richtige Person und Tudjman fragte ihn, ob er über seine Verbindungen Kardinal Kuharić, der zu diesem Zeitpunkt an einer Synode in Rom teilnahm, erreichen könne. In diesen heroischen Tagen der Schaffung des kroatischen Staates, ohne existierende kroatische Diplomatie, wurden die Probleme so abgewickelt. Einen anderen Weg gab es nicht und handeln mußte man schnell. Nach einigen Versuchen konnte Basić den Rektor des kroatischen Instituts des Hl. Hieronymus in Rom, Msgr. Ratko Perić, erreichen. Dieser war gerade von einer Messe für den Frieden in Kroatien zurückgekehrt. Basić sagte ihm, der Präsident müsse unbedingt mit dem Kardinal sprechen. Eine Stunde später sprach Tudjman mit Kuharić. Die Polen erkannten Kroatien zwar nicht am gleichen Tag wie die EG an, sie waren aber auch nicht unter den letzten.

De Cuellar rettet Jugoslawien

Die Versuche, in letzter Minute die diplomatische Aner-
kennung Kroatiens und Sloweniens zu verhindern, sind in
ihrer abschließenden und somit in ihrer dramatischen
Phase. Der Generalsekretär der UN, Perez de Cuellar,
hat auch nach Genschers Antwort vom Freitag sein Vor-
haben nicht aufgegeben, alle ihm zur Verfügung stehen-
den Mittel anzuwenden, um Deutschland von seiner an-
gekündigten Absicht, die Anerkennung noch vor Weih-
nachten auszusprechen, abzubringen. De Cuellar ant-
wortete Genscher am Samstag mit einem Brief, in
welchem er entschieden fordert, Bonn solle sich nicht in
unkontrollierte und selektive Prozesse der Anerkennung
einlassen. Hierbei beruft er sich auf Briefe der Präsidien
von Bosnien-Herzegowina und von Mazedonien, in wel-
chen die zwei Republiken den Sicherheitsrat bzw. den
Generalsekretär ersuchen, sich gegen eine Anerkennung
von Kroatien und Slowenien einzusetzen. Und zwar, wie
es heißt, wegen der Gefahr, der Krieg könnte auch auf
ihre Republiken übergreifen.

Sonntag, 15. Dezember 1991

In dieser Nacht, von Samstag auf Sonntag, hat Genscher
kaum geschlafen. Die ganze Nacht verbrachte er am Telephon und telephonierte mit vielen seiner Kollegen. Die
Situation war wirklich dramatisch. Der Sicherheitsrat der
UN tagte und die Gegner der Anerkennung wollten mit
de Cuellars Rückendeckung in die Resolution über Jugoslawien auch den Satz gegen die Anerkennung einschie-
ben! Wenn ihnen dies gelungen wäre, dann hätten sich
Deutschland und somit auch Kroatien in einer Zwick-
mühle wiedergefunden, aus der sie sich schwerlich hätten
herauswinden können.
Wie sehr dramatisch dies war und wie selbstlos Genscher
mit seinen Kräften umgegangen war, konnten am Sonn-
tagmorgen auch die Besucher eines Benefizkonzertes, das
in Bonn für alle Leidtragenden des Krieges in Jugoslawi-
en veranstaltet wurde, erfahren. Die Schirmherrschaft

hatte Kohl übernommen, und der Chef der Bonner Diplomatie sollte auch anwesend sein. Doch der Moderator entschuldigte Genscher und erklärte dem Publikum, der Minister könne nicht kommen, weil er die ganze Nacht wegen der Ereignisse in New York nicht habe schlafen können.

Es war also eng. Die Sache konnte jederzeit kippen, und das um so mehr, als am 16. Dezember, am nächsten Tag also, in Brüssel die Entscheidung über die Anerkennung fallen sollte. Die Ankündigung Bonns, und später auch der anderen Staaten, sie würden bald Kroatien und Slowenien diplomatisch anerkennen, hatte bei den Gegnern regelrecht Alarm ausgelöst. Lord Carrington und van den Broek ließen sofort verlauten, die Haager Konferenz würde am 9. Dezember mit ihrer Arbeit fortfahren. Drei Wochen zuvor, als Kohl und Mitterand dies gefordert hatten, hatten sie nicht reagiert. Aber dafür gerade zum Zeitpunkt, als der Gipfel in Maastricht beginnen sollte und nur einen Tag vor Ablauf der Frist der Friedenskonferenz.

Obwohl vereinbart war, daß in Maastricht nicht über Jugoslawien verhandelt werden sollte, hatten die Franzosen, nur so nebenbei und am Rande, die Idee lanciert, man müsse vorher einen Katalog von Kriterien für die Anerkennung ausarbeiten. Mit diesem Vorschlag haben sich sofort die politischen Direktoren der Zwölfergemeinschaft befaßt. Die formelle Seite dieses Vorschlags bestand darin, daß jedes Land, welches Anerkennung forderte, diese prinzipiellen Kriterien zu akzeptieren habe. Erst danach würde eine Schiedskommission entscheiden, ob das betroffene Land die vorgegebenen Bedingungen erfülle.

Es war sofort klar, daß Paris diese Idee in Umlauf gebracht hatte, um vor allem die Anerkennung Kroatiens zu blockieren. Die dpa brachte am gleichen Tag (10. Dezember) die Meldung, in der es hieß: »Die Beobachter gehen davon aus, Frankreich habe die Anerkennungskriterien vorgeschlagen, um in erster Linie die Anerkennung Kroatiens und Sloweniens zu vermeiden.« Für diese Annahme spricht auch der Umstand, daß diese Kriterien ausschließlich im Falle Kroatiens angewendet wurden. Dafür spricht auch die Tatsache, daß die Badinter-Kommission von Kroatien zusätzliche Garantien verlangte, obwohl der Sabor ein mehr als angemessenes Verfassungsgesetz über die Minderheiten verabschiedet hatte.

Im Wissen, daß dieses Gesetz Wort für Wort sehr genau geprüft werde, haben die Deutschen Kroatien mit Rat und Tat bei der Schaffung dieses Gesetzes zur Seite gestanden. Das Bonner Außenministerium beauftragte darüber hinaus den Bonner Professor Tomuschat, einen bekannten europäischen Experten für internationales Recht, eine Expertise des kroatischen Minderheitengesetzes durchzuführen. Tomuschat bewertete das Gesetz als »beispielhaft« für ganz Europa. Er kam zu der Feststellung, dieses Gesetz umfasse breite materielle und prozeßrechtliche Garantien zum Schutz der Minderheiten. So sei die völlige Bewahrung und Entwicklung ihrer physischen und kulturellen Identität gewährleistet. Wie sich gezeigt hat, war auch dies nicht genug.

Genscher hat aus guten Gründen natürlich schon in Maastricht den französischen Vorschlag unterstützt. Aber um alle Mißverständnisse zu vermeiden, soll auch gesagt werden, daß er klar betonte, daß die deutsche Regierung der Meinung sei, Kroatien und Slowenien hätten diese Kriterien schon erfüllt.

Bonn war klug und wollte Paris nicht allzuviel Anlässe geben, sich querzustellen. Vor allem, weil eine ganze Lawine von Druckmechanismen zu erwarten war. De Cuellar hatte schon vor seinen jüngsten Initiativen »mündlich« zu verstehen gegeben, es wäre nicht klug, Kroatien und Slowenien bis Weihnachten anzuerkennen. Nachdem sich Bonn taub gestellt hatte, erfolgte sein erster Brief an van den Broek, den Vorsitzenden des Ministerrates der EG. Das war am 12. Dezember, zwei Tage nach Maastricht und drei Tage nach einer weiteren erfolglosen Verhandlungsrunde auf der Haager Friedenskonferenz. In diesem Brief äußerte er seine Besorgnis hinsichtlich der weiteren Entwicklung der Lage, wenn es zu vorzeitiger Anerkennung käme und er bat van den Broek, dieses an die Zwölf weiterzugeben. Aber allen war sofort klar, daß dieser Brief in erster Linie an Bonn adressiert war. Bonn sollte unter Druck gesetzt und isoliert werden und zwar so, daß diejenigen, die eventuell bereit waren, Bonn zu folgen, entmutigt würden.

Große Irritationen verursachte hierbei, daß gerade de Cuellar monatelang in aller Ruhe den Genozid am kroatischen Volk zur Kenntnis nahm, indem er erklärte, dies seien innere Angelegenheiten Jugoslawiens und die Krise sei für eine UN-Intervention nicht reif. Auch hat er nie und mit keinem Wort den Aggressor verurteilt. Jetzt aber benutzte er alle Mittel und sein ganzes Prestige, um die Anerkennung Kroatiens zu verhindern!

Genscher schrieb am Freitag, also am Tag vor der schlaflosen Nacht, an den Generalsekretär zurück und gab zum Ausdruck, daß eine Ablehnung der Anerkennung »alle Kräfte in Jugoslawien, die sich bisher einer erfolgreichen Beendigung des Friedensprozesses entschieden widersetzt haben, beflügeln würde«. Zugleich bezeichnete er die Serben und die Jugoslawische Volksarmee als die Hauptverantwortlichen für die Nichteinhaltung des Waffenstillstandes. Er schrieb, die Anerkennung sei eine unvermeidbare Folge der Entwicklung in der Jugoslawienkrise selbst. De Cuellar, für den dies die letzten Manöver als Generalsekretär der UN waren und der sich schon vorher kompromittiert hatte, weil er bis zum Schluß bemüht war, Saddam Hussein zu retten, gab nicht auf.

Sofort schrieb er an Genscher einen neuen Brief, daß er weiterhin beunruhigt sei. Seine Sorgen seien in der »vorzeitigen, selektiven und nichtkonzertierten Anerkennung« begründet. Worum es ihm wirklich ging, kann man aus dem Teil des Briefes ersehen, in welchem er an die EG-Sitzung in Rom erinnert, wo man zum Schluß gekommen sei, eine Anerkennung komme nur »im Rahmen einer allumfassenden Lösung« der jugoslawischen Krise in Betracht. Da die Schlüssel »zur allumfassenden Lösung« ausschließlich in serbischer Hand lagen, sollte dies eine Hinausschiebung der Anerkennung ad infinitum bedeuten; gerade das, was Bonn durch sein Insistieren auf der Einhaltung der Fristen nicht zulassen wollte. Zu dieser Zeit wurde in der deutschen Presse viel darüber geschrieben, was sich eigentlich hinter der Formulierung »allumfassende Lösung« verbirgt. Durch sie versuchte man, die Entscheidung des Sicherheitsrates der UNO über das Waffenembargo für ganz Jugoslawien zu erklären, das in erster Linie Kroatien, später auch Bosnien und Herzegowina traf. Es gab auch Ansichten, daß man durch die Bestrebungen, den Krieg auf jugoslawisches Territorium zu begrenzen (so die Gegner der Anerkennung), Serbien und der Armee die Möglichkeit geben wollte, die »allumfassende Lösung« mit Gewalt zu erzwingen. Diese Lösung sollte dann von der Völkergemeinschaft in der Form irgendeines dritten Jugoslawiens mit einem AMEN versehen werden. So also schrieb de Cuellar und berief sich dabei auf Mazedonien und Bosnien-Herzegowina, deren Vertreter kundgetan hatten, sie befürchteten, daß eine vorzeitige und selektive Anerkennung zu einer Ausweitung des jetzigen Konflikts auf diesem politisch höchstsensibilisierten Gebiet führen könne!

Das war eine Botschaft, die in Wirklichkeit nur bedeuten konnte: für uns ist alles in Ordnung, solange der Krieg nur in Kroatien stattfindet. Und als Belohnung dafür, daß bei den anderen alles in Ordnung sei, sollte Kroatien nicht anerkannt werden. Genschers Antwort war ganz ruhig. In einem Interview für den Deutschlandfunk sagte er, daß de Cuellar nur, wie er schreibe, gegen eine selektive und nichtkoordinierte Anerkennung sei und dadurch nur die Ansicht der deutschen Regierung, die sich in der EG seit Monaten um einen Konsens in dieser Frage bemühe, bestätige!

Diesem Druck schlossen sich auch die blockfreien Staaten an. Ihr Koordinationsbüro bei der UN verfaßte eine Erklärung, die dann der jugoslawische Botschafter bekanntgab und in der alle Versuche, die »zu einer Schwächung der Souveränität, der territorialen Integrität sowie der internationalen Subjektivität Jugoslawiens« führten, verurteilt wurden. Mit der Einschränkung, die Blockfreien seien gegen Sanktionen gegen Jugoslawien, gaben sie de Cuellar volle Unterstützung. Leider war dies nicht alles. Bush, der amerikanische Präsident, wachte wieder auf und kritisierte die Anerkennungspläne. Sein Botschafter bei der UNO, Pickering, rief im Namen Washingtons die deutsche Regierung offen auf, ihre Standpunkte bezüglich einer baldigen Anerkennung zu überprüfen. In einer Notiz vom Tage der Sitzung des Ministerrats in Brüssel am 16. Dezember schrieb Viktor Meier in der FAZ: »Die USA haben immer betont, Jugoslawien sei eine Angelegenheit der Europäer. Nun aber erklären sie gerade durch Zimmermann, ihren Botschafter in Belgrad, sie seien gegen eine Anerkennung und zwar in erster Linie gegen eine Anerkennung Kroatiens.« Von allen Seiten mehrte sich der Druck. Diesem Antiorchester schloß sich sehr leidenschaftlich auch Lord Carrington an. Nahezu erpresserisch erklärte er, daß die Anerkennung das »Aus für die Haager Friedenskonferenz« bedeute und einer »faktischen Zerstörung Jugoslawiens« gleichkäme; eines Jugoslawiens, dem, das konnte man in diesen Tagen gut sehen, in erster Linie seine Hebammen – Paris und London – nachweinten.

Belgrad bejahte dies alles lauthals und drohte, eine Anerkennung »würde den Konflikt nur verstärken«! Die dortige Presse schrieb, daß viele Staaten gegen die Anerkennung seien, daß es soweit nicht kommen werde, weil dies weder die USA noch Großbritannien und schon gar nicht Griechenland und die Niederlande wünschten. Das erste Signal, daß sich Belgrad und die jugoslawischen Kreise verrechnet haben könnten, kam einen Tag vor Beginn der EG-Sitzung in Brüssel am 16. Dezember gerade aus New York. Der Sicherheitsrat hatte eine Resolution über Jugoslawien beschlossen. Genscher hatte zwar eine Nacht nicht geschlafen, aber dafür konnte er in ziemlich forciertem diplomatischen Optimismus bekanntgeben, diese Resolution sei ein doppelter Erfolg der deutschen Diplomatie. Er hatte nämlich schon am 2. Dezember die Einberufung einer außerordentlichen Sitzung des Sicherheitsrates, mit dem Ziel eines Beschlusses über Entsendung von Friedenstruppen (wie man es damals diplomatisch formulierte) nach Jugoslawien gefordert. Nun war entschieden worden, Beobachter zu entsenden, die u. a. eine Entsendung von Friedenstruppen – die später auch erfolgte – vorbereiten sollten. Der zweite Erfolg der deutschen Diplomatie bestand darin, daß in der Resolution eine Formulierung gegen die Anerkennung jugoslawischer Republiken nicht enthalten war. »Der Sicherheitsrat hat solche Ideen einstimmig abgelehnt«, sagte der Chef der Bonner Diplomatie vor seiner Abreise nach Brüssel. Statt dessen wurde in diesem Zusammenhang ein Kompromiß erzielt. So wurden alle Staaten und Gruppierungen aufgefordert, nichts zu tun, was zu einer Verschärfung der Spannungen in Jugoslawien führen könne. Das war eine Formulierung, die verschiedene Möglichkeiten der Problembewältigung und Interpretation sicherte. Wenn man berücksichtigt, welch mächtigen Druck Bonn ertragen mußte, konnte Genscher mit dieser Formulierung zufrieden sein.

Er sagte, daß dieser Standpunkt »der EG in Brüssel viel freien Raum lasse« und fügte hinzu: »Der deutsche Standpunkt ist bekannt. Er ist im Einklang mit allem, was die EG bislang beschlossen hat. Die EG hat für einen politischen Prozeß eine Frist von höchstens zwei Monaten gesetzt. Das war am 10. Oktober 1991. Diese Frist ist am 10. Dezember abgelaufen und es ist notwendig, daß sich die EG am Montag, d. h. morgen, mit der Frage der Anerkennung jener Republiken, die eine Anerkennung wünschen, beschäftigt. Frankreich und Deutschland haben für die morgige Sitzung ein gemeinsames Papier vorbereitet. Das ist ein wesentliches Dokument, in dem sämtliche objektiven Kriterien für eine Anerkennung neuer Staaten festgelegt sind«.

Nach diesen Worten flog Genscher nach Brüssel zu einer der dramatischsten Sitzungen der EG überhaupt. Mit einfachen Worten: er ging gemeinsam mit den Franzosen und unterstützte Pariser Kriterien, weil dies notwendig und politisch klug war. Aber im Fangnetz, indem sich ur-

sprünglich Kroatien verfangen sollte, fanden sich schließlich die Gegner der Anerkennung. Man kann darüber
spekulieren, mit welchen Gefühlen Genscher tatsächlich
nach Brüssel abgereist war. Einige seiner Äußerungen
lassen vermuten, er sei nicht ganz sicher gewesen, den
Durchbruch zu schaffen. Er wiederholte immer wieder,
er hoffe, die Partner würden sich an eigene Vorgaben halten. Hierbei dachte er an das Procedere und die Fristen.
Zum gleichen Zeitpunkt begann in Dresden der CDU-
Parteitag. In den Gängen sprach man darüber, daß die
Anerkennung von Kroatien und Slowenien schon zur Tagesordnung der Regierungssitzung am Donnerstag (19.
Dezember) gehöre und daß jetzt in Brüssel nur noch die
Frage zu klären sei, wer mit Deutschland diesen Schritt
tun werde. Aus schon angeführten Gründen war es für
Deutschland wichtig, daß sich möglichst viele diesem
Schritt anschlössen. Deshalb gab der Bundeskanzler dem
österreichischen Außenminister Alois Mock bei der Be-
grüßung in Dresden zu verstehen, daß Deutschland von
Wien ebenfalls die Anerkennung Kroatiens und Sloweniens erwarte.
Dies deutet in gewisser Weise darauf hin, daß Genscher
damit rechnete, die EG könnte den Kriteriumskatalog
akzeptieren, zumal hinter diesem Frankreich stand.
Wenn es dazu kam, dann konnte im äußersten Fall jede
Regierung der Mitgliedsstaaten für sich Entscheidungen
über die Anerkennung treffen. Da Bonn der Ansicht war,
Kroatien und Slowenien erfüllten diese Kriterien schon
jetzt, und da die Anerkennung am Donnerstag durch die
Brüsseler Beschlüsse irgendwie gedeckt würde, könnte
man Deutschland nicht mehr vorwerfen, es habe den
Schritt einseitig gemacht.
Aber es kam anders. In der Nacht vom Montag auf
Dienstag haben Kohl und Genscher eine Schlacht ge-
führt, durch die schließlich der Krieg gewonnen wurde.

Genschers Pokerpartie

Die Außenminister der EG sind in Brüssel übereingekommen, daß sie bis zum 15. Januar 1992 jene jugoslawischen Republiken diplomatisch anerkennen werden, die die dafür vorgesehenen Bedingungen erfüllen. Es geht vor allem um die Einhaltung der Menschenrechte, den Schutz der Minderheiten, Demokratie, den Rechtsstaat und die Anerkennung von Grenzen. Solch einen Ausgang der zehnstündigen, zeitweise von Kontroversen und Emotionen beherrschten Sitzung hatte kaum jemand erwartet. Im Laufe des Montagabend brachte das Fernsehen Meldungen von zähen Verhandlungen, von der Isolierung Genschers und vom Widerstand der Briten und Niederländer, Kroatien schnell anzuerkennen. Am Dienstag in den frühen Morgenstunden erschien Genscher in seinem gelben Pullover und bleich im Gesicht vor Journalisten und erklärte, man hätte eine überraschende Übereinkunft getroffen. Bonn würde bis Weihnachten Kroatien und Slowenien anerkennen und die Gemeinschaft würde drei Wochen später folgen. Es ist außer Zweifel, daß Kohl und Genscher mit dieser Übereinkunft in Brüssel das Maximum erreicht haben: sie konnten ihr Versprechen, Kroatien und Slowenien bis Weihnachten anzuerkennen, einhalten und gleichzeitig war es ihnen gelungen, ihre Linie zur Linie der EG zu machen. Dadurch gehörte Bonn nicht zur Minderheit, noch weniger aber wurde man in eine Isolation getrieben. Nach langer Zeit demonstrierte die Gemeinschaft, wenn auch nach qualvollen Verhandlungen, wieder Einigkeit in wichtigen Fragen. Kroatien und Slowenien aber hatten praktisch gesicherte außenpolitische Unabhängigkeit und Souveränität erlangt.

Dienstag, 17. Dezember 1991

Es war ein Abend für Menschen mit starken Nerven. Genscher war mit kaum fühlbaren Optimismus und mit leisen Befürchtungen nach Brüssel gereist. Er hatte de Cuellars Warnungen, die dann auch der amerikanische Präsident teilte, am Hals. Das erste Resultat dieses Sach-

181

verhaltes war, daß der luxemburgische Minister Poos, wie dies später eine deutsche Zeitung vermerkt hat, »Angst vor der eigenen Courage« bekam. Aus einem sicheren Verbündeten war ein schweigender Mitstreiter der Verzögerungstaktik geworden. Das Brüsseler Drama begann gegen 16 Uhr im fünfzehnten Stock des Charlemagne-Gebäudes, dem Sitz des Ministerrates der EG. Im riesigen, kalten und wie zum politischen Wettstreit geschaffenen Sitzungssaal spielten Prestigefragen nicht selten eine große Rolle. Die Frage war, wer dieses Mal den Sieg davontragen werde.

Obwohl niemand in Bonn erwartet hatte, daß die Sache leicht vonstatten gehen würde, ähnelte die Art und Weise, in der das Fernsehen diese Sitzung sozusagen übertrug, dem politischen Horror.

Ich weiß mit Gewißheit, daß die Kroaten in Bonn Schüttelfrost bekamen, daß sie verzweifelten, um dann wieder zu hoffen. Sie konnten am Ende nicht begreifen, wieso man plötzlich in solch einer Klemme saß. Vor Ort berichteten die Reporter von einer »schweren Position«, in der sich Genscher plötzlich befand. Deutschland sei isoliert. Daß praktisch niemand bereit war, ihrem »rasenden Galopp« zu folgen, wenn es um die Anerkennung ging. Auch sei alles noch durch politische Eitelkeit und persönliche Prestigefragen verkompliziert worden. Dann kam die Meldung, daß sich sechs Staaten, angeführt von Großbritannien, weigerten, einer raschen diplomatischen Anerkennung zuzustimmen und daß lediglich die Dänen und Belgier Sympathien für Genschers Bemühungen bekundeten, endlich einen Strich unter die Rechnung zu ziehen.

In alle diese Beiträge wurden Genschers Erklärungen vor Ort eingestanzt. Daß »wir nicht alleine gelassen werden«, daß er seinen Kollegen ständig wiederholte, man wisse zwar nicht, was die Zukunft bringen werde, aber daß man mit Sicherheit wisse und beurteilen könne, was bislang geschehen sei. Geschehen war, daß der Aggressionskrieg Serbiens durch die Verzögerung der Anerkennung Kroatiens noch brutaler und noch heftiger geworden war. Ein

Reporter erzählte, irgend jemand aus der deutschen Delegation habe die Situation folgendermaßen beschrieben: Genscher sei nicht isoliert worden, sondern er habe die übrigen Elf isoliert. Ein, zwei Stunden später war das Bild schon anders. In den Nachrichten sprach man von zwei Lagern. Das eine führte Deutschland, das sich für eine Anerkennung bis Weihnachten einsetzte, während sich das andere Lager für eine Anerkennung Ende Januar ausgesprochen habe... In späteren Analysen und Beschreibungen dieser stürmischen Sitzung waren sich alle einig, daß Genscher eine diplomatische Spitzenpartie geliefert habe. Einige sagten sogar, er habe seine Kollegen überlistet und sie gegen ihren Willen dazu gebracht, für eine Anerkennung zu stimmen. Die Presse zitierte einen britischen Diplomaten, der, nachdem alles schon gelaufen war, erklärt hatte: »Herr Genscher hat uns alle über den Tisch gezogen!« Die Politiker in Bonn lobten Genschers »diplomatische Meisterleistung«, während der Kanzler mit Genugtuung feststellte, »dies sei ein großer außenpolitischer Erfolg der deutschen Bundesregierung«. Und Genscher selbst?

Er sagte, es sei »sehr, sehr, sehr schwer« gewesen, aber das Resultat übertreffe alle Erwartungen.

Sobald die Minister am riesigen Tisch im Sitzungssaal Platz genommen hatten, stellten Genscher und Dumas ihnen den Prinzipien- bzw. Kriterienkatalog für eine Anerkennung neuer Staaten vor. Genscher benutzte diese französisch-deutsche Initiative, um den Druck, den UNO und Washington ausübten, zu neutralisieren. Anstatt mit dem heißen Thema der Anerkennung begann die Debatte mit einem nahezu gänzlich neutralem Sachverhalt. »Die Welt« schrieb später, Genscher habe durch diesen »Trick« de Cuellar und Bush gänzlich aus dem Rennen geworfen und die FAZ meinte: »Genschers List habe zum Erfolg geführt: Die anderen elf Minister folgten ihm über die aus dem Kriterienkatalog gebaute Brücke bis in das Minenfeld, das Kroatien hieß«.

Es war so, daß sich die Minister über den Katalog sehr schnell geeinigt hatten und fast, »ohne es zu merken« am

Kernpunkt des Problems angelangt waren: Wann sollen Kroatien und Slowenien anerkannt werden? Nun »flogen die Fetzen«! Lord Peter Carrington, heftig unterstützt von van den Broek, war entschieden gegen eine rasche Anerkennung. Er gab zwar zu, der Friedensprozeß habe enttäuscht und die Serben hätten bislang keine der Prinzipien, die die EG vorgegeben hatte, anerkannt, aber er beschwor, man solle kein Risiko eines »nicht koordinierten Verfahrens« eingehen, weil sich dadurch der Konflikt ausweiten könnte. Er sagte offen, eine Anerkennung bis Weihnachten würde die Friedenskonferenz torpedieren, und danach würde alles noch viel schwieriger.

Der britische Außenminister Douglas Hurd kritisierte auch das schnelle Vorgehen Deutschlands, aber nicht so entschieden wie Carrington. Er sagte, »die Anerkennung Kroatiens und Sloweniens« sei »unausweichlich«, so daß hier nur über den zeitlichen Rahmen zu diskutieren sei. Für die Briten bedeutete dies, man solle sich unter keinen Umständen beeilen. Dumas war auch gegen eine schnelle Anerkennung. Aber bei ihm konnte man schon die Auswirkungen von Maastricht und der Zusammenarbeit Bonn-Paris fühlen, womit man auch in Bonn gerechnet hatte.

Dumas forderte seine Kollegen auf, mehr Verständnis für Genschers Position zu zeigen und vor allem dafür sorgen, daß die außenpolitische Einheit der Gemeinschaft, die in Maastricht deutlich zu sehen war, gewahrt bleibe. – Alles in allem hat der Verhandlungsbeginn gezeigt, daß dem Block gegen eine rasche Anerkennung die Briten, Griechen, Spanier, Niederländer und zum guten Teil auch Franzosen angehörten. Genscher bekam nur von dem Dänen Jensen und dem Belgier Eyskens Unterstützung.

Und dann ging Genscher zum Gegenangriff über. Er sagte, daß jede Anerkennungsverzögerung die Situation verschlimmern und einer Eskalation des Krieges Vorschub leisten würde. Er fragte, wie lange man noch warten wolle? Habe denn der EG-Ministerrat am 10. Oktober nicht eine Frist von zwei Monaten, die jetzt abliefe, gesetzt? Die Serben hätten in keinem Punkt nachgegeben bzw. irgendeine Position aufgegeben. Die Zwölfergemeinschaft müsse jetzt kurz und in aller Deutlichkeit zeigen, daß ihre Geduld nun zu Ende sei. Dauernd habe man appelliert, Fristen gesetzt. Sei deshalb das besetzte Territorium kleiner geworden? »Das Ansehen der EG steht auf dem Spiel«, sagte Genscher. In diesen Augenblicken war er kaum in der Lage, seine Emotionen zu steuern. Und dann ließ er den Knaller los. Zur Bestürzung aller forderte er, eine letzte Frist zu setzen: 24 Stunden. Die FAZ schrieb, daß den Ministern auf diesen Vorschlag hin die Luft weggeblieben sei! Als erster kam de Michelis zu sich. Auf »venezianische Weise«, heftig gestikulierend begann er mit erhobener Stimme zu reden. Die EG dürfe sich von den Serben nicht mehr an der Nase ziehen lassen. Alle Fristen seien längst verstrichen. Solle man nun auf ein Wunder warten? fragte er. »Wenn wir zu keiner Einigung kommen, wenn wir zu keiner Einigung kommen, werden wir lächerlich ausfallen«, rief zum Schluß de Michelis. Die Stimmung war entflammt. Verschiedene Vorschläge und Gegenvorschläge trommelten auf den Tisch. Dann unterbrach van den Broek die Sitzung und rief die Minister zum Abendessen. Es war 20 Uhr. Die Zwölf fuhren in den ersten Stock, in einen viel kleineren, intimeren Raum. Das war Genschers Augenblick. Hier ging es zum Nahkampf »Mann gegen Mann«. Hier war kein Raum für Prestigespiele. Hier konnte man sich nicht hinter der Meinung der Mehrheit verstecken. Hier gab es kein »Wenn« und »Aber«. Außerdem galt hier Lord Palmerstones alte Regel, nach der Essen und Trinken die Seele der Diplomatie sind. Die Standpunkte näherten sich einander, weil allen klar geworden war, daß man zu einer gemeinsamen Position kommen müsse. Sonst würde sich die Gemeinschaft selbst delegitimieren. Maastricht wurde zu diesem Zeitpunkt zum Schutzengel Kroatiens. Man suchte einen Kompromiß, der die Bonner Anerkennungslinie bestätigen sollte! Nachdem man endlich übereingekommen war, jene jugoslawischen Republiken, die die Bedingungen erfüllten, anzuerkennen – was demnach nur eine hypothetische Lösung war, startete Genscher einen neuen diplomatischen Angriff. Er wollte erreichen (was ihm schließlich auch gelingen sollte), daß die Kompetenzen der Schiedsgerichtskommission der Gemeinschaft, was die Erfüllung der Bedingungen für eine Anerkennung anging, auf ein Minimum reduziert würden. Dies sollte den Gegnern die Möglichkeit nehmen, sich neu zu entscheiden. Mit anderen Worten bedeutete dies die Einführung einer Art Automatisation. Der andere Knackpunkt war, einen engen Terminplan auszuhandeln, was ihm ebenfalls gelang. Es war schwierig, aber von Stunde zu Stunde war Genscher seinem Ziel nähergekommen. Nachdem van den Broek um 23 Uhr eine halbstündige Pause verkündet hatte, ging Genscher sofort zum Telephon und rief Kohl an. Der Kanzler befand sich auf dem Kongreß seiner Partei in Dresden. Mit einem Ohr aber war er in Brüssel dabei. In diesem Ringen um Kroatien gab er seinem Außenminister volle Rückendeckung und ermutigte ihn, durchzuhalten. Schließlich ging es auch um sein Wort als Kanzler. Auch wäre es zu einer bedeutenden politischen Krise in der Gemeinschaft gekommen, wenn es nicht gelingen sollte, einen Kompromiß auszuhandeln. Nachdem er von Genscher den Stand der Dinge erfahren hatte, sagte der Kanzler: »Es wäre ausgezeichnet, wenn die gemeinsame Position der EG unseren Absichten entspräche!«

Genscher kehrte an den Verhandlungstisch zurück, und die Marathonsitzung wurde wieder aufgenommen. Der dänische Außenminister Ellemann-Jensen hatte in diesen Augenblicken eine Schlüsselposition als Genschers Verbündeter eingenommen. Er schlug vor, daß alle jugoslawischen Republiken, die anerkannt werden wollen, bis zum 23. Dezember, also noch vor Weihnachten, ihre Bereitschaft, die EG-Kriterien zu akzeptieren, erklären müßten. Dieser Vorschlag wurde angenommen und so war der deutsche Anerkennungstermin gerettet. Ohne Rücksicht auf spätere Schlußfolgerungen der Schiedsgerichtskommission.

Das letzte, was zur Entscheidung anstand, war der Termin des »Implements«. Zuerst war die Rede von Ende Januar, aber schließlich gelang es Genscher und seinen Verbündeten, den 15. Januar auszuhandeln. Das war das Datum, an dem die EG Kroatien und Slowenien, sollten diese die Bedingungen erfüllt haben, anerkennen sollte. Da somit ein Automatismus in Kraft gesetzt wurde, konnte die Schiedsgerichtskommission, obwohl sie es später noch versuchte, praktisch nicht mehr auf die Abwicklung des Anerkennungsprozesses einwirken. Die Würfel waren gefallen. Es war 45 Minuten nach Mitternacht. Genscher rief noch einmal Kohl an und bekam sein Einverständnis. Kurz vor zwei Uhr, am Dienstagmorgen, konnte der erschöpfte Profi aus Bonn den Journalisten mitteilen, daß Deutschland schon am Donnerstag die Anerkennung beschließen werde. Diese würde am 15. Januar 1992 in Kraft treten, und dann sollten auch die diplomatischen Beziehungen auf Botschafterebene hergestellt werden. Diese Verzögerung der »Legalisierung« der Anerkennungsentscheidung war zugleich das einzige Zugeständnis in Brüssel. Das war politisch klug und notwendig. Bonn hat damit nicht nur europäische Solidarität demonstriert, sondern auch erreicht, daß an diesem 15. Januar alle EG-Mitgliedstaaten Kroatien und Slowenien anerkannt haben. Diesem Beispiel folgten dann auch zahlreiche Staaten Europas und der übrigen Welt. Die deutsche Anerkennung, die am 19. Dezember de facto und die am 23. Dezember auch de jure erfolgte, wurde zum spiritus movens, der Kroatien über den Berg half. Er sicherte ihm die internationale und staatsrechtliche Subjektivität, und das war der erste schwere Schlag gegen den serbischen Imperialismus. Wie zäh die Deutschen um die Anerkennung Kroatiens gerungen haben, konnte man am besten in Dresden sehen, als der Kanzler den Delegierten seiner Partei mit sichtbarer Erleichterung erklärte, »das Brüsseler Resultat sei eine große Erleichterung« und er fühle sich glücklich, sagen zu können: »Wir haben die Kroaten nicht alleine gelassen.« Nachdem er hinzugefügt hatte, seine Regierung würde schon auf der Sitzung am Donnerstag eine Anerkennung beschließen, erhoben sich die etwa tausend Delegierten und klatschten begeisterten Beifall. – Obwohl dies triumphierende Augenblicke der deutschen Außenpolitik waren, konnte man bei den Bonner Politikern nicht die Spur eines Triumphes feststellen.

Bonn kämpfte in erster Linie für eine gerechte Sache und nicht für seine Interessen. Kohl sagte dies auch den Delegierten: »Ich möchte an dieser Stelle auch allen, die uns andere Motive unterstellen, sagen: für uns Deutsche geht es nur um das Schicksal dieser Menschen, um ihre Zukunft in Frieden, Freiheit und Demokratie, und nichts anderes.« Wir alle, die die deutsche Politik mehr oder weniger aus nächster Nähe erleben durften, waren von der Ehrlichkeit dieser Aussage überzeugt. Schließlich mußten auch jene Kommentatoren, die geneigt waren, dies deutsche Tempo in dieser Politik zu kritisieren, zugeben, daß sie nie und von keinem deutschen Politiker irgend etwas über spezifische deutsche Interessen auf dem Territorium des ehemaligen Jugoslawien gehört hatten. Dies bestätigen auch die Ereignisse nach der diplomatischen Anerkennung. Besonders die deutsche Zurückhaltung im Bezug auf den Krieg in Bosnien und der Herzegowina. Im Gegensatz dazu zeigte sich, daß gerade die anderen, die Gegner der Anerkennung nämlich, gewisse geopolitische und Prestige-Interessen hatten. Diese haben später in aller Ruhe zugesehen, wie die Serben mitten in Europa ein Volk ausmerzten, wie die Moslems zu europäischen Palästinensern wurden und wie ein international anerkannter Staat unterging. Dadurch wollten sie, nachdem sie Genscher in Brüssel »über den Tisch gezogen hatte«, den Schaden begrenzen, der ihrer Meinung nach durch die Anerkennung Kroatiens entstanden war. Sie wollten den Rest Jugoslawiens so groß wie möglich erhalten. Gleichzeitig sollte durch die Vernichtung des bosnischen Staates die geopolitische und jede andere Relevanz Kroatiens geschwächt werden. Am Beispiel der Moslems wollte man verdeutlichen, wie es kleinen Völkern ergeht, wenn sie sich gegen die Interessen der Großen stellen.

Wenn von den Deutschen die Rede ist, kann ich nur sagen, daß ihre Motive gänzlich anders waren. Nicht weil ich ein Germanophiler bin, sondern aus der mehrjährigen Erfahrung meines Aufenthaltes in diesem Land, denn das war die Zeit der dramatischsten und historisch unwiederholbaren Ereignisse – des Zerfalls des Ostblocks, der Kerzenrevolution in der DDR sowie der Deutschen Wiedervereinigung. Die deutschen Motive waren sehr wohl anders. Der einfache Bürger auf der Straße war einfach der Ansicht, daß es moralisch unzulässig sei, ruhig zuzuschauen, wenn ein kleines Land wie Kroatien vernichtet wird. Wenn man untätig zusieht, wie Menschen massenhaft vertrieben, meuchlerisch von einer wahnsinnig gewordenen Armee und einer ebensolchen serbischen Führung ermordet werden. Dies widersprach allen elementaren und tragischen Erfahrungen der Deutschen in und nach dem Zweiten Weltkrieg, die sie mit den neuen demokratischen Erfahrungen in sich aufgesogen haben. Dieses Gefühl der Solidarität kam nicht nur im Bezug auf das kroatische Drama zum Ausdruck. Immer wenn es um Leiden anderer ging, ob um Kurden, um Hungersnot in Rußland oder auch nur um Naturkatastrophen, war die deutsche Solidarität da. Aus diesem kollektiven Gefühl entstand auch dieser mächtige gesellschaftliche Druck, der Deutschland geradezu gezwungen hat, etwas zu unternehmen, um die Katastrophe, die das kroatische Volk bedrohte, zu verhindern. Aus diesem Gefühl heraus – und besonders aus der »Erinnerung« an die Wiedervereinigung, die auf der Basis des Rechts auf Selbstbestimmung zustande gekommen war – erklärt sich die Bonner Politik, die von allen politischen und kulturellen Kräften dieses Landes getragen wurde: Parteien, Gewerkschaften, Kirchen, Intellektuellen, Künstlern, Wissenschaftlern oder Wirtschaft und den Medien. Es wäre unsinnig zu behaupten, alle diese hätten aus irgendwelchen Machtinteressen gehandelt. Wenn etwas in Deutschland unmöglich ist – und das wissen alle, die ihm unlautere und zweifelhafte Motive zu unterstellen versucht haben – dann ist es ein Konsens über einen eventuellen Singularismus der deutschen Außenpolitik oder gar ein Konsens über angebliche imperialistische Aspirationen.

Die glücklichste kroatische Weihnacht

Die deutsche Regierung hat auf ihrer heutigen Sitzung einer Anerkennung jener jugoslawischer Republiken zugestimmt, die bis zum 23. Dezember eine Erklärung abgegeben, sie wollten als unabhängige Staaten anerkannt werden. Diese müßten vorher noch eine Erklärung abgeben, daß sie die von den EG-Außenministern in der Resolution über Jugoslawien vom 16. Dezember vorgegebenen Bedingungen zu erfüllen bereit sind. Laut Presseerklärung des Regierungssprechers Dieter Vogel, die heute abend gesendet wurde, wird das deutsche Außenministerium nach dem 23. Dezember Gespräche mit den Republiken, die die Bedingungen erfüllt haben, aufnehmen. In diesen Gesprächen soll die Aufnahme diplomatischer Beziehungen vorbereitet werden, die am 15. Januar 1992 erfolgen soll. Sollten diese Gespräche erfolgreich verlaufen, werden die schon bestehenden Generalkonsulate in den Rang der Botschaften erhoben. In der Verlautbarung wird unterstrichen, daß diese Entscheidung der deutschen Bundesregierung den in Brüssel bei der EG Ministerratssitzung gefaßten Beschlüssen vom 16. Dezember 1991 entspricht. Weiterhin heißt es: »Im Falle Sloweniens und Kroatiens wird die Anerkennung formell ausgesprochen, sobald die dazu notwendigen Voraussetzungen präsent sind und das heißt, wie es der Bundeskanzler Herr Dr. Helmut Kohl schon am 27. November 1991 angekündigt hat, noch vor Weihnachten.«
Vogel führte noch an, die deutsche Regierung sei bereit, alle jugoslawischen Republiken, die dieses wünschten und die Bedingungen erfüllten, anzuerkennen.

Donnerstag, den 19. Dezember 1991

Diese Sitzung der deutschen Bundesregierung wurde mit großer Ungeduld und der absoluten Gewißheit erwartet, die Anerkennung würde endlich ausgesprochen. Tage zuvor wurde sie in kroatischen Medien immer wieder angekündigt. Und obwohl wir Journalisten schrieben, dies sei nur noch eine Formalität und nichts könne eine Aner-

kennung deutscherseits verhindern, wurden wir von
Zweifeln gebeutelt. In der Politik ist nichts endgültig, bis
es besiegelt ist. Das wußten wir nur zu genau. Doch auch
wir wurden zu Opfern einer allgemeinen Psychose. Zu
Opfern unseres Geschäfts.
Ich weiß noch, wie bestürzt ich war, als ich diese Presseerklärung der deutschen Regierung in die Hände bekam.
Unter Berücksichtigung meiner Erwartungen, daß hier
klar und präzise stehen würde, die deutsche Regierung
erkenne Kroatien und Slowenien an, hinterließ dieses Papier bei mir den Eindruck totaler Konfusion. Kroatien
und Slowenien wurden nur einmal in dem schon zitierten
Absatz erwähnt. Am Textende. Hier war ja gar nicht die
Rede von einer klaren, sondern von einer bedingten Entscheidung: sobald dieses, dann jenes! Andererseits war
alles da. Wir wußten, was dieses Dokument bedeutete,
aber es quälte, daß diese Bedeutung nicht klar und
schriftlich zum Ausdruck kam. Es war eigentlich ein
klassisches Beispiel der Diplomatensprache. Diese Erklärung drückte aus, was nicht geschrieben stand und erzählte weitschweifig von allem, nur nicht was Sache ist.
Sie folgte der Logik des Augenblicks und der Notwendigkeit deutsche Absichten und Brüsseler Beschlüsse zu
verbinden. Sie folgte auch der Notwendigkeit, die Anerkennung in die gemeinsame europäische Formel zu pres-
sen. Kroatien und Slowenien sollten nicht hervorgeho-
ben, aber nur diese beiden sollten bis Weihnachten, wie
Kohl es versprochen hatte, anerkannt werden.
Mein Bericht wurde im »Vjesnik« auf der Titelseite (am
20. Dezember) veröffentlicht und durch einen Satz eingeleitet, der wohl dem Geist, aber nicht wortwörtlich der
Presseerklärung folgte: »Die deutsche Bundesregierung
hat am Donnerstag abend Kroatien und Slowenien anerkannt. Bis Weihnachten wird der Bundespräsident, Herr
Richard von Weizsäcker, diese Anerkennung auch formell aussprechen.« Darauf folgte der Bericht über den Inhalt der Verlautbarung. Erst nachdem R. von Weizsäcker
am 23. Dezember auch formell die Anerkennung verkündet hatte, konnte ich richtig aufatmen. Es war irgendwie

paradox, daß mein Bericht über die Anerkennung am 19. auf der Titelseite stand, während die Meldung über die tatsächliche und formelle Anerkennung am 23. auf einer der Innenseiten, als bloße Formalität, veröffentlicht wurde. In Wirklichkeit war es auch so, auch wenn darüber nicht entsprechend geschrieben wurde. Man schrieb darüber nicht so, weil der Weg zur Anerkennung Kroatiens sehr dornig gewesen war und Deutschland sich in seinem Ringen um die kroatische internationale Subjektivität auch selbst großem politischen Druck und großen Risiken ausgesetzt hatte. Mit einem Wort: während die anderen gleichmütig und offen betonen konnten, die Zeit für eine Anerkennung sei noch nicht reif, war Deutschland gezwungen, so zu tun als ob die Anerkennung »ein Ausrutscher« gewesen sei.

Am selben Tag sandte Präsident Tudjman einen Brief an den Vorsitzenden des EG-Ministerrats van den Broek. Als Beilage zu diesem Brief waren, wie es amtlich hieß, »Antworten auf die Resolution über Jugoslawien und auf die Resolution über die Richtlinien zur Anerkennung neuer Staaten in Osteuropa und der UdSSR« beigefügt. Minister Šeparović sandte ein Telegramm an Genscher: »Ich danke Ihnen sehr herzlich für Ihren persönlichen Beitrag zu den Entscheidungen Europas und Ihrer Regierung, die eine Anerkennung der Souveränität und der Unabhängigkeit der Republik Kroatien ermöglicht haben. Die Regierung der Bundesrepublik hat in ihrem Wunsch und in klarer Absicht, durch die Anerkennung der Souveränität dem ungerechten Krieg in Kroatien Einhalt zu gebieten, eine profunde Weisheit, Tapferkeit und Unerschütterlichkeit bewiesen. Ihr persönlicher Beitrag zu diesen Entscheidungen, Herr Minister, ist von so immenser Bedeutung, daß das kroatische Volk Ihnen ewig dankbar sein wird«. Natürlich sind wir nicht nur deshalb dankbar, weil die Deutschen uns anerkannt und weil Deutschland als erstes Land der EG diesen Schritt gemacht hatte, sondern auch weil seine Anerkennung wie ein Schwungrad wirkte und so die übrigen Elf, später auch die USA, Moskau etc. nach sich zog. Hier muß man in jedem Fall auch die Beurteilung des deutschen Bundeskanzlers erwähnen. Am Tag, als die Gemeinschaft Kroatien anerkannt hat (15. Januar 1992) und als offiziell die diplomatischen Beziehungen zwischen Zagreb und Bonn aufgenommen wurden, sagte Kohl, daß es ohne die deutsche Anerkennung nicht zu einem Waffenstillstand in Kroatien gekommen wäre. Und er hatte sicherlich recht. In dem Augenblick, als Belgrad erkannt hatte, daß Kroatien nicht mehr alleine steht und daß sich hinter seine gerechte Sache auch ein Deutschland gestellt hatte, dem es auch noch, wenn auch mit Mühe und gegen die Intentionen der Europäer, gelungen war, auch diese auf seine Seite zu ziehen, war für Serbien klar, daß sein Eroberungskrieg keinen Sinn mehr habe. Um so mehr, als sich ihm auf diesem Weg, immer effektiver, das ganze kroatische Volk und seine Armee entgegenstellte.

In dieser ganzen Anerkennungsgeschichte war für Kroatien ein glücklicher Umstand von großer Bedeutung. Im Neuen Jahr endete der niederländische Vorsitz in der EG. Dieser Umstand ließ hoffen, es würden in der EG keine neuen Fallen mehr gestellt. Zumindest nicht bis zum 15. Januar.

In dieser Zeit widmeten die deutschen Medien dem niederländischen Premier Ruud Lubber und seinem Außenminister Hans van den Broek ziemlich viel Platz und Zeit. In einer Zeit, die für Kroatien sehr delikate Momente barg, standen diese zwei turnusmäßig sechs Monate lang hinter dem Ruder der EG. Vom Kriegsanfang im August bis zur Anerkennung durch Deutschland im Dezember. Von ihnen waren nicht nur die Kroaten tief enttäuscht. Die deutsche Presse selbst schrieb über sie noch schlimmer. Und nicht nur die deutsche, zumindest dann, wenn es um europäische Fragen ging, in denen sich beide auch blamiert hatten. Nur ein Beispiel sei erwähnt: Am 30. September 1991 waren die Niederlande konsterniert, weil die EG-Minister den Entwurf einer politischen und wirtschaftlich-monetären Union, den ihnen vor Maastricht van den Broek unter die Nase gehalten hatte, abgelehnt haben. Richtig, unter die Nase gehalten... Der Entwurf wurde nicht seines Inhalts wegen abgelehnt, sondern wegen der Art und Weise wie er vorgelegt worden. Diese Sturheit und Taktlosigkeit van den Broeks kamen in der Jugoslawienkrise noch deutlicher zum Ausdruck.

Die Schäden, die Lubbers und van den Broek mit ihrer Jugoslawienpolitik der EG zugefügt haben, hätten nicht größer sein können, schrieb Ende des Jahres die FAZ. Die Haager Friedenskonferenz habe den Krieg »eher verlängert«, als daß sie zu seiner Beendigung einen entsprechenden Beitrag geleistet hätte. Und über van den Broek selbst schrieb die sehr angesehene Frankfurter Tageszeitung, er sei ein Ministerratsvorsitzender gewesen, der »mit dem Aggressor paktiert habe,« auf sein Konto gingen auch die vierzehn gescheiterten Waffenstillstände.

»Die Welt« schrieb, der Niederländer habe oft den Eindruck erweckt, als sei er »der Innenminister des zerfallenen Jugoslawiens« und: er habe sich manches Mal bemüht, »die Kroaten als Aggressoren« darzustellen.

Der Bonner »Generalanzeiger« wiederum schrieb, die Haager Regierung sei durch die Jugoslawienkrise offensichtlich überbelastet gewesen und die Niederlande hätten auch nie irgendwelche historischen Beziehungen zum Balkan gehabt. Deshalb sei für sie entscheidend gewesen, daß die Kroaten »mehrheitlich« auf der Seite von Hitlers Großdeutschland gestanden haben. Deshalb hätten die Niederlande den Bonner Druck, Kroatien und Slowenien anzuerkennen, als »reinste Schamlosigkeit« empfunden. Demgemäß hätte sich auch van den Broek in der EG verhalten. In seine Denkweise paßte dabei nicht, daß der Krieg auf kroatischem Territorium geführt wurde und daß die Serben und die gesamte Armee die Aggressoren waren. Dies sei eine Denkweise gewesen, nach der man nur Vermittler sein kann, solange man »neutral« ist.

Aber in dieser Neutralität, in dieser Suche nach Kompromissen, bewies das Niederländische Außenministerium weitaus mehr Gehör für die serbischen Vorstellungen und Argumente als für die kroatischen oder slowenischen.

Vor allem deshalb, weil Den Haag bis zur letzten Minute versuchte, »einen einheitlichen jugoslawischen Staat« zu erhalten. Dieses begründete man mit der Notwendigkeit einer Sicherung der internationalen Stabilität, ganz nach dem Motto: zuerst Stabilität und Sicherheitsinteressen und dann erst das Recht auf Selbstbestimmung! Der Zerfall Jugoslawiens wurde von der niederländischen Regierung als »ein schwerer Bruch im herrschenden System« empfunden. Schließlich haben sich die Niederlande auch in der Vergangenheit äußerst zurückhaltend gegenüber »sezessionistischen Versuchen« verhalten (besonders in Afrika).

Alledem steuerte auch die niederländische diplomatische Manier ihren Obulus bei. Für die Niederländer war charakteristisch, daß sie sich schon immer in Konflikten so lange wie möglich neutral zu verhalten versuchten und daß sie dazu neigten, Entscheidungen hinauszuschieben. Deshalb diskutierte auch die EG zum guten Teil zu lange über mögliche Maßnahmen, die man schon längst hätte treffen sollen und deshalb wurde sie für den serbischen Aggressor schließlich zum Papiertiger. Darum war es unvermeidbar, daß auch andere einsprangen und die Initiative ergriffen, worauf sich van den Broek in der Regel gekränkt sah und dickköpfig und trotzig reagierte. In dieses unselige Bild der niederländischen Rolle in der Jugoslawienkrise gehört auch mit Sicherheit die traditionelle Anlehnung Den Haags an London sowie seine traditionelle Vorsicht gegenüber den außenpolitischen Intentionen Deutschlands. Es versteht sich von selbst, daß es van den Broek nicht gelungen wäre, mit solcher Sturheit eine verfehlte Politik zu führen, wenn er im eigenen Parlament nicht die notwendige Unterstützung erfahren hätte. Er wurde von den Christ- und Sozialdemokraten unterstützt, die eine Koalition bildeten. Am Ende aber hat aber auch das Parlament die Brüsseler Anerkennungsformel, für die Genscher so geschickt gekämpft hatte, akzeptiert. Nicht ohne seine Unzufriedenheit über das Nachgeben gegenüber dem deutschen Druck deutlich zu zeigen. Ihrer Meinung nach hätte die Suppe, ohne Rücksicht auf den Krieg und seine Opfer in Kroatien, noch kochen müssen. Und warum? Der Sprecher der Christdemokraten Kok erklärte dies nach der Sitzung in Brüssel mit der Befürchtung, der Krieg könnte sich internationalisieren, wenn die Serben auch nach der Anerkennung mit der Aggression fortfahren würden! Außerdem käme die Anerkennung einem Akt der Parteinahme gleich, und dies sei im Widerspruch zur niederländischen Auffassung von einer Vermittlerrolle. Wie schlecht die Stimmung hinsichtlich der kroatischen Sache in diesem sonst freiheitlichen Land, deren Landesfarben übrigens mit den kroatischen übereinstimmen, war, zeigt auch der folgende Sachverhalt: Die Niederländer, die sonst zu Demonstrationen und Protesten neigen und sich gerne Friedens- und anderen Bewegungen anschließen, gingen kein einziges Mal auf die Straße. Stattdessen führten sie an allen möglichen Runden Tischen abstrakte Diskussionen über Gewalt, ohne je eine Stellung zu beziehen, egal ob für den Aggressor oder das Opfer. Die Niederländer gingen also und übergaben am 1. Januar 1992 das Ruder in der EG an die Spanier. Aber der vielfältige Druck gegen eine Anerkennung Kroatiens hörte nicht auf. Auch nicht nach der historischen Sitzung der deutschen Regierung und nach der formellen Anerkennung durch den deutschen Bundespräsidenten. Lord Carrington behauptete auch weiterhin, die Anerkennung sei ein Hindernis für den Frieden und die Verhandlungen, doch diese Behauptung wurde bald durch die Ereignisse widerlegt . Seiner Einstellung schloß sich auch Washington an, während die britische Presse der »verlorenen Schlacht« in Brüssel nachtrauerte. Die dortigen Blätter wiederholten mit Verbitterung, daß in Brüssel »Deutschland gesiegt« habe. Die FAZ bemerkte dazu, die angelsächsische Presse schriebe offen, worüber die britischen Diplomaten bislang nur geflüstert hätten. Nämlich darüber, daß sich die Briten für die Erhaltung Jugoslawiens eingesetzt hätten, weil dies gleichzeitig ein Kampf gegen »die deutsche Einflußzone« auf dem Balkan sei! Nun sei dieser Krieg verloren, weil die Deutschen »ihre Macht demonstriert hätten«. Diese Ansichten haben sich in den Hauptstädten wichtigster europäischer Staaten auch heute noch erhalten und treten jedes Mal, wenn es zu Krisen oder Schwierigkeiten unter den EG-Partnern kommt, offen zu Tage. Dies wird den Deutschen immer wieder unter die Nase gehalten, was die Ansicht, Bonn habe sich nicht ohne Risiko für Kroatien und Slowenien eingesetzt, nur unterstreicht. Das heißt zugleich, daß sich viele bis heute noch mit der Anerkennung Kroatiens nicht versöhnt haben und daß sie auch heute noch versuchen, deren Auswirkungen abzuschwächen. Deshalb mehrten sich damals, nach Neujahr, die Zweifel, ob die Gemeinschaft Kroatien anerkennen würde. Um so mehr, als man anfing, die Brüsseler Beschlüsse vielfach zu interpretieren. Die Laibacher Presse tat sich darin besonders hervor, indem sie behauptete, Kroatien habe die Bedingungen für eine Anerkennung nicht erfüllt. Es ist wahr, daß die Schiedsgerichtskommission von Kroatien zusätzliche Garantien verlangt hat. Aber das beweist nur, daß dieser ganze Kriterienkatalog in Wirklichkeit dazu dienen sollte, die Anerkennung hinauszuschieben. Als das nicht zog, wollte man für die Serben in Kroatien wenigstens möglichst eine große Satisfaktion erwirken. Die Art und Weise, wie die Republiken der ehemaligen UdSSR anerkannt wurden und der Umstand, warum Mazedonien nicht anerkannt wurde (obwohl es allen Kriterien genügt hat), zeichnen ein groteskes Bild vom Kern der Sachlage und der Ideen. Insofern war der Bonner »Generalanzeiger« im Recht, wenn er den 15. Januar, den Tag, an dem die EG und alle ihre Mitgliedsstaaten Kroatien und Slowenien anerkannt hatten, als einen »großen Augenblick für Kroatien, Slowenien, die EG und die deutsche Außenpolitik« bezeichnete. Genscher, dessen Verdienste zu diesem Zeitpunkt besonders gewürdigt wurden, beurteilte die Entscheidung der EG als »ein außerordentliches Ereignis« und als einen Sieg der Menschenrechte. Aber aus dem Blickwinkel des zermarterten Kroatien, seiner geopferten Jugend, vieler hunderttausend Vertriebener, vieler tausend Kriegsinvaliden war dies der Tag, der schon längst hätte kommen müssen. Der

Tag, für den allzuviel Blut vergossen, allzuviele Leiden erduldet werden mußten. Es war der Tag, an dem viele, trotz der Freude und sogar triumphaler Gefühle, erkennen mußten, wieviel Blut und Opfer dieses Europa und diese Gesellschaft am Ende des 20. Jahrhunderts hinzunehmen bereit sind. Im Herzen des alten Kontinents.

Auch er war bei von Weizsäcker

Heute übergab der erste kroatische Botschafter in Bonn, Herr Ivan Ilić, seine Akkreditationsschreiben dem deutschen Bundespräsidenten, Herrn Richard von Weizsäcker. Zur Villa Hammerschmidt, dem Sitz des deutschen Präsidenten, wurde er von einer Polizeieskorte begleitet. Am Eingang der Residenz wurde dem kroatischen Botschafter Militärehre erwiesen. Alsdann trug er sich in das Gästebuch ein. Im Empfangssaal wurde Ilić vom deutschen Präsidenten begrüßt und mit leichter Verbeugung richtete er an diesen die üblichen diplomatischen Worte: »Herr Präsident, es ist mir eine Ehre, Ihnen meine Bevollmächtigung zu übergeben.« Nach dieser Begrüßungsformel und dem Händedruck zogen sich von Weizsäcker und Ilić in den Kaminsaal zu einem kurzen Gespräch zurück. Bei der Verabschiedung aus der Präsidentenresidenz wurde dem neuen kroatischen Botschafter erneut Militärehre erwiesen, und danach wurde die kroatische Staatsfahne gehißt. Mit dieser Zeremonie wurde Ilić auch formell zum höchsten kroatischen Vertreter am Rhein. Nur sieben Monate nach der Unabhängigkeitserklärung befand sich in Bonn ein kroatischer außerordentlicher bevollmächtigter Botschafter! Ein Wunder, auf welches zu dieser Zeit kaum jemand auch nur zu hoffen oder zu denken gewagt hätte!
Dienstag, den 4. Februar 1992

In Begleitung des kroatischen Botschafters waren Stjepan Šulek und Ivan Zbašnik. Šulek war früher jahrelang als Journalist bei der Deutschen Welle tätig und im letzten Jahr galt er auch als erster Mann der Kroatischen Demokratischen Union (HDZ) in Deutschland. Zur Zeit bekleidet er die Stelle des Botschaftsrats für Schule, Kultur und Presse. Der Lebenslauf von Zbašnik war viel »komplizierter«. Er war buchstäblich bis zum letzten Tag in der jugoslawischen Botschaft in Bonn tätig, d. h. auch nach der diplomatischen Anerkennung Kroatiens. Sogar dann nahm er nicht seinen Hut, sondern forderte von Belgrad die Auflösung seines Arbeitsverhältnisses in beiderseitigem Einverständnis und bekam dies auch! Er unterhielt sogar als Mitglied der kroatischen Botschaft mit den Leitern der jugoslawischen Botschaft weiter hausfreundschaftliche Beziehungen, so daß diese – das war ein offenes Geheimnis – ausgiebig und rechtzeitig über alle Beschlüsse in personellen und anderen Fragen in der kroatischen Botschaft während ihrer Konstituierung genauestens unterrichtet waren. Das war aber nicht einmal das Schlimmste, wovon sich viele hiesige Kroaten fast direkt betroffen fühlten.

Zbašnik war vor seinem Jugo-Mandat in Bonn zweimal Generalkonsul in Deutschland gewesen, und in der Zwischenzeit hatte er ein Mandat in Belgrad in der politischen Abteilung des Außenministeriums verbracht. Über seine Tätigkeit in diesem Zeitraum weiß ich nicht viel, aber ich weiß, daß er als Generalkonsul in Frankfurt vielen dort lebenden Kroaten in schlechter Erinnerung geblieben ist. Außerdem ist mir bekannt, daß einige Personen und auch kroatische Organisationen gegen ihn protestiert und mehrfach Beschwerden nach Zagreb geschickt haben.

Ich habe Zbašnik als Jugo-Diplomaten in Bonn kennengelernt und habe bald über ihn eine äußerst schlechte Meinung gewonnen. Das wäre natürlich ohne Belang, wenn nicht auch ich umständehalber für kürzere Zeit in der kroatischen Botschaft eingesetzt gewesen wäre, doch darüber später noch einige Worte mehr.

Hier die Meinung über Zbašnik aus der Sicht des schon erwähnten Oberst Radaković, seines ehemaligen Kollegen und Militärattaches der jugoslawischen Botschaft in Bonn. In einem Text vom Frühjahr 1992, in welchem er mit allen seinen ehemaligen Kollegen soldatisch abrechnet – weil sie nicht bis zum Ende die Interessen Großserbiens verteidigen wollten – ist Radaković nur zu Zbašnik mild und hat gegen ihn kaum etwas einzuwenden.

Im Gegensatz zu schweren Beschuldigungen gegen Zupanc und sogar Frlec schreibt er über Zbašnik folgendes: »In einem Moment emotionaler Eingebung hat Ivanković im ›Vjesnik‹ offen bedauert, daß Kroatien nicht auch einen ›Zupanc‹ habe, wobei er auf die Lahmheit des Herrn Ivan Zbašnik, Wirtschaftsberaters der Botschaft, anspielte, damit auch dieser als kroatischer Funktionär einen größeren Beitrag für ihre ›schöne Heimat‹ leistete. Dieser hat dies natürlich akzeptiert und bekleidet jetzt schon eine Schlüsselposition in der kroatischen Botschaft in Bonn. Sein Pedigree als Kommunist und großer Jugoslawe hat ihn daran nicht gehindert.«

Oberst Radaković hat sich nur in einem geirrt. Zbašnik hat leider keinen Beitrag für »unsere schöne Heimat« geleistet. Zu so etwas war er einfach nicht fähig. Er hatte weder Kontakte noch Einfluß in Bonn, er war ein kompletter diplomatischer Außenseiter. Später, als er in seiner Eigenschaft als kroatischer Diplomat Berichte nach Zagreb schickte, mußte er sich allerlei Tricks und Manipulationen im bezug auf Tatsachen und Personen bedienen, um sich als aktiv und nützlich darzustellen.

Und das Schlimmste war: ein totaler diplomatischer Analphabet, der weiterhin jugoslawisch dachte, was sowohl aus seinem Wortschatz als auch aus seinen Freundschaften zu ersehen war, wurde als nützlicher kroatischer Funktionär präsentiert! Deswegen hat der Fall Zbašnik in jenen Tagen so deprimierend gewirkt und deshalb ist es wert, noch einige Worte darüber zu verlieren.

Diese ganze Sache hat eine Vorgeschichte. Anfang Januar 1992 ist in Bonn eine kroatische Delegation eingetroffen, der Hrvoje Šarinić und der neuernannte kroatische Botschafter Ilić angehörten. Bei dieser Gelegenheit haben sie sich nur mit Zbašnik getroffen, sonst mit niemandem! Obwohl ich schon lange mit Zbašnik weder gesprochen noch ihn gesehen hatte, rief er mich an. Er berichtete mir über seine Zusammenkunft mit den genannten Herren und sagte, sie hätten ihn gebeten, Räumlichkeiten für die zukünftige kroatische Botschaft zu finden. Er bitte nun auch mich, in dieser Sache mitzuwirken!

Ich bin vor Wut fast ohnmächtig geworden. Ich habe ihm geantwortet, es sei skandalös, daß ein jugoslawischer Diplomat Räumlichkeiten für die Kroaten suche (er war zu der Zeit noch jugoslawischer Botschaftsrat!!!) und daß dies einer Ohrfeige für Kroatien und die Kroaten gleichkomme. Weiterhin habe ich ihm gesagt, daß ich mit ihm nichts zu tun haben wolle und daß er mich in der Zukunft nicht mehr anrufen solle. Über diesen leidigen Vorfall habe ich vielen, mit denen ich damals in Kontakt war, berichtet. Die Leute waren ebenso bestürzt und der Bonner Pfarrer Franjo Basić richtete sofort an Šeparović folgenden Brief: »Herr Minister, die kroatische kulturelle, politische und demokratische Kolonie in Bonn ist konsterniert und fühlt sich erniedrigt. Wir finden, daß auch die Heimat Kroatien erniedrigt worden ist. Es ist unglaublich und kaum vorstellbar, in diesen Tagen kroatischer Geschichte erleben zu müssen, daß die Herren Hrvoje Šarinić (aus dem Kabinett des Präsidenten Kroatiens) und Herr Dr. Ivan Ilić (zukünftiger kroatischer Botschafter in Bonn) sich Gesprächspartner (und vielleicht auch Ratgeber!) in der jugo-serbisch-kommunistischen Botschaft in Bonn suchen. Sie dinieren sogar mit diesen!

Wie soll man dies den kroatischen Kriegsopfern, den kroatischen Kämpfern, dem kroatischen Volk erklären? Wie kann man dies der deutschen demokratischen Führung und dem deutschen Volk erklären, die wohl verstanden haben, wer und in wessen Namen Kroatien zerstört und das kroatische Volk massakriert hat?«

Einen ähnlichen Brief schrieb auch Hassan Šuljak, und ähnlich haben sich viele andere geäußert. Es muß gesagt werden, daß sich dies etwa einen Monat, bevor Zbašnik zusammen mit Ilić und Šulek bei von Weizsäcker war, abspielte. Darüber habe auch ich schon vorher mit Ilić gesprochen und den Skandal angekündigt. Ich sagte ihm, daß die kroatische Diaspora in Deutschland besonders empfindlich sei, da sie durch UDBA und Jugo-Diplomatie am meisten zu leiden hatte und daß darüber hinaus Zbašnik als Diplomat unfähig und dadurch unnütz sei. Es handele sich hier nicht um Revanchismus, sondern es sei so, daß die Aussöhnung aller Kroaten nicht so aufgefaßt werden dürfe, daß die alten Funktionäre neue Funktionen übernehmen, insbesondere dann nicht, wenn sie dafür keine Fähigkeiten besäßen. Das alles hat aber nichts genützt. – Am Nachmittag nach der Überreichung des Akkreditationsschreibens trafen sich auf meine Initiative hin Ilić, Zbašnik und Šulek mit einer Gruppe kroatischer Journalisten aus Bonn und Köln. Dieses Zusammentreffen verwandelte sich gleich in einen »Fall Zbašnik«. Danach folgten zahlreiche Proteste, es half aber wiederum nichts. Zbašnik blieb volle sechs Monate Ratgeber in der kroatischen Botschaft und während dieser Zeit gelang es ihm, dem kroatischen Ansehen ziemlichen Schaden zuzufügen und die Tätigkeit der Botschaft in gewissen Momenten in völlig falsche Bahnen zu lenken.

Darüber bin ich aus erster Hand informiert, da mir die Stelle des ersten Minister-Beraters in der kroatischen Botschaft anvertraut wurde und ich diese Tätigkeit kürzere Zeit ausgeübt habe. Obwohl ich meiner Funktion nach über Zbašnik stand, konnte ich nichts tun, um seinen verderblichen Einfluß auf die Entwicklung der Ereignisse zu unterbinden. Ich habe auf seine Berichte aufmerksam gemacht, auf seine Blockade der Bemühungen, adäquate, anständige und repräsentative Räume für die Botschaft zu finden. Er hat ungehindert an verschiedenen Stellen – von der Deutschen Bank bis zum Oberstadtdirektor in Bonn – überall Spuren eines unsoliden, betrügerischen und nur halbwegs schriftkundigen kroatischen Diplomaten hinterlassen. Ende März 1992 habe ich an den Präsidenten Tudjman, der sicherlich keine Ahnung von diesen Vorfällen hatte, einen Brief gerichtet, in welchem ich mich für meinen Posten bedankte und mein Amt niederlegte. Danach habe ich wieder meine journalistische Tätigkeit aufgenommen.

Vier bis fünf Monate später wurde Zbašnik nach Zagreb berufen, wobei er sichtbare Spuren hinterließ. Die kroatische Botschaft – eine von 143 hier vertretenen Botschaften – befand sich lange in Bonn-Beuel in unmittelbarer Nähe von vier hohen Fabrikschornsteinen, der Fabrik- oder Lagerhalle einer ehemaligen Tapetenfabrik, umsäumt von der Eintönigkeit von Eisenbahngleisen, Lagerhallen, weit entfernt von der ersten normalen Stadtstraße. Und dies, obwohl noch im Frühjahr viel geeignetere Räume sogar in Bad Godesberg, dem eigentlichen Diplomatenviertel, zu einem günstigen Preis gefunden worden waren!

Es scheint mir durchaus glaubhaft, daß Zbašnik in dieser für Kroatien schweren und spannungsreichen Zeit irgendeinen Zagreber Funktionär vorführen konnte. Auch scheint es mir klar, daß Kroatien seine Diplomatie praktisch aus dem Nichts aufbauen mußte und daß in diesen ersten Momenten ein jeder, der helfen konnte oder den man für einen solchen gehalten hatte, willkommen war. Was mir aber nicht in den Kopf gehen wollte, war die Tatsache, daß ein halbes Jahr vergehen mußte, ehe man etwas erkannt hatte, was auf den ersten Blick erkennbar war und worüber in der Diaspora so laut gebrummt wurde. Es lag sicherlich auch teils daran, daß man ein Einmischen der Diaspora in die Wahl des Kaders vermeiden wollte, was sich selbstverständlich kein ordentlicher Rechtsstaat erlauben kann. Vielleicht war dies der tatsächliche Grund. Eines ist aber sicher: Zbašnik war ein unglücklicher und ungeschickter Anfang der kroatischen Diplomatie in Deutschland, was leider lange zu spüren war. Es ist der Eindruck vieler, daß Kroatien in Bonn zu schwach präsentiert war, eigentlich weniger als in den heroischen Tagen des Kampfes um die internationale Anerkennung. Deutsche in Bonn sagen im Dialekt: »Et jitt keen schlimmer Leed, als dat wat dr Minsch sisch selvs andeet«!

Fünf Jahre danach

Die diplomatische Anerkennung hatte Kroatien den Frieden gebracht, jedoch einen Frieden, der weiterhin die Okkupation fast eines Drittels des Landes und potentielle Kriegsbedrohung bedeutete. Zumindest noch im vergangenen Jahr. Der Westen, global gesehen, war in erster Linie daran interessiert, daß die Auseinandersetzungen nur innerhalb der Grenzen des ehemaligen Jugoslawiens geführt würden. Der Krieg in Kroatien und später in Bosnien hat für Paris, London und Washington keine Bedrohung ihrer nationalen Sicherheit beinhaltet, weshalb sie auch nicht willig waren, mit militärischen Mitteln dem Blutvergießen ein Ende zu setzen. Deswegen haben sie auch so fest auf ein Waffenembargo für »Jugoslawien« bestanden, obwohl jedem klar war, daß Kroaten und Moslems dieses mit Tausenden und Abertausenden von Leben bezahlen mußten. Der Westen hat Kroatien und Bosnien ihr natürliches und legitimes Recht auf Selbstverteidigung verweigert, weil ihm eigene Interessen wichtiger waren. Das allerwichtigste für ihn war, daß der Krieg nicht auch auf andere Balkanstaaten übergriff und daß ein möglichst großer Teil Jugoslawiens als Einheit erhalten wurde. Die Ausreden, die man sich dabei anhören mußte, die Waffenlieferungen an Zagreb und Sarajevo würden zu neuen Opfern in der Zivilbevölkerung führen, waren lächerlich und zynisch. Gerade die Erfahrung des Kalten Krieges hat offenkundig gemacht, daß der Frieden durch Gleichgewicht von Angst und Bewaffnung erhalten wird. Andererseits hat niemand gezweifelt, daß sich Serbien für den Krieg entschlossen hat, weil es die komplette serbische Armee in seinen Händen hatte und daher sicher war, militärisch hundertmal stärker zu sein als seine Opfer. Insofern sind seine Kriege in Kroatien und Bosnien nicht nur schmutzige Ausrottungskriege, sondern auch die feigesten Kriege, die je in Europa geführt wurden. Nur die Tschetniks und das serbische Heer haben die Ehre gehabt, die Massaker an der unbewaffneten Zivilbevölkerung und an schwach oder gar nicht bewaffneten Gegnern als den Sieg des Serbentums zu feiern.

Anhang: Dokumente

1.

B. Lončar
Über die Situation in Jugoslawien auf der KSZE in Berlin
(19. Juni 1991)

Ausgehend von der Annahme, daß die Stabilität Europas von der Stabilität eines jeden europäischen Landes abhängt, fühle ich mich verpflichtet, einige Worte über die gegenwärtige Krisensituation in Jugoslawien zu sagen, von der man – nicht ohne Grund – meint, sie gefährde den Frieden und die Sicherheit im europäischen Raum.

Ihnen allen braucht man Jugoslawien nicht erst vorzustellen, weil sie es noch gut aus der Zeit kennen, als es der »erste Dissident« in Europa war. Sie kennen es aus der Zeit des Kalten Krieges, und sie kennen es von allen Scheidewegen der europäischen und weltpolitischen Entwicklung der Nachkriegszeit.

Es ist in der Tat ein Paradoxon, daß Jugoslawien, das jahrzehntelang ein Faktor der europäischen Stabilität war, sich heute in einer Lage befindet, die seine eigene Subjektiviät und die europäische Sicherheit gefährdet.

Es gibt, würde ich sagen, zwei objektive Ursachen für die jetzige jugoslawische Krise:

– erstens sind es die unvermeidbaren politischen, ökonomischen und sozialen Schwierigkeiten und Spannungen des Übergangs vom Einparteiensystem in eine demokratische pluralistische Gesellschaft und Marktwirtschaft, die Umwandlung von Gesellschaftseigentum in Privateigentum und in seine rechtliche Vollziehungsgewalt

– zweitens Schwierigkeiten und Spannungen, die unvermeidlich jede Suche nach den für alle Beteiligten annehmbaren Formen der demokratischen Transformation der jetzigen jugoslawischen Staatsgemeinschaft begleiten, unter Berücksichtigung seines Vielvölkergefüges und größerer nationaler ethnischer Vermischung der Bevölkerung als sonstwo in Europa.

Es ist offensichtlich, daß die jetzige Form der jugoslawischen staatlichen und gesellschaftlichen Einrichtung überholt ist und weder den Interessen der jugoslawischen Völker, noch den Erfordernissen der Zeit entspricht.

Die Lage in Jugoslawien wird noch durch einige andere Umstände kompliziert: durch Lähmung der führenden föderalen Institutionen; Zögern in der Durchführung der Wahlen für das föderative Parlament; durch teilweise Obstruktion der ökonomischen Programme und Gesellschaftsreformen, die von der föderativen Regierung angestrebt wurden und schon gute Erfolge aufzuzeigen begonnen haben; Zusammenstöße der Republiken und der nationalen und ethnischen Gruppierungen, die eine Gefährdung und Verletzung der Menschenrechte und der demokratischen Freiheiten in einzelnen Teilen Jugoslawiens zur Folge haben.

Heute befindet sich Jugoslawien zwischen der realen Möglichkeit, eine friedliche und demokratische Lösung für den Ausgang aus der Krise zu finden und der Gefahr, in solche Zusammenstöße verwikkelt zu werden, deren verschiedene Folgen sich auch außerhalb seines engen geopolitischen Raumes reflektieren könnten.

Denn, was würde im Falle eines Zerfalls Jugoslawiens geschehen? Als Grundhypothese gilt, daß die neu entstandenen Staaten nicht nur untereinander in ständigem Konflikt stünden, sondern daß sie auch innerlich ethnisch erschüttert würden. Keiner wäre fähig, wahrhaftig demokratisch und europäisch qualifiziert zu sein. Alle zusammen würden sie eine Zeitbombe im Herzen Europas darstellen, insofern sie nicht schon vorher eine Kettenreaktion auslösten, auf einem Kontinent, wo schon 46 potentielle ethnische Konflikte glimmen.

Der Zusammenhalt des Landes soll bewahrt werden, weil das in gleichem Maße eine Voraussetzung für eine demokratische Entwicklung wie die Demokratie unerläßlich ein Imperativ für den Zusammenhalt ist.

Ich glaube – nicht weil ich ein Optimist bin, sondern weil keine andere vernünftige Option denkbar ist – daß in Jugoslawien jene Kräfte überwiegen werden, die sich für eine friedliche und demokratische Transformation, für die Einrichtung eines Rechtsstaates, Würdigung der Menschenrechte und der demokratischen Freiheiten sowie für die Integration des Landes in einen europäischen politischen, juristischen und ökonomischen Raum einsetzen werden.

Politischer Dialog ist im Gange. Die Optionen, welche ich genannt habe, haben einen festen Halt in der Stimmung der Bevölkerung, was in großem Maße auch dem Interesse, mit dem Europa und die Welt die Ereignisse in Jugoslawien betrachten und um einen schnellen und schmerzlosen Ausgang aus der Krise besorgt sind, zu verdanken ist.

Internationalisierung der jugoslawischen Krise führt zu einem Effekt des positiven Schocks, den wir gebraucht haben. In Jugoslawien gewinnen die gutgemeinten Gesten und konstruktive Auslandshilfe für den Ausgang aus der Krise immer mehr an Wichtigkeit. Einen außerordentlichen Einfluß in dieser Hinsicht hat unlängst die Mission der Europäischen Gemeinschaft auf höchster Ebene gezeigt.

In diesem Moment erwartet Jugoslawien gemäß der Helsinki-Schlußakte und der Charta von Paris von diesem Forum eine Unterstützung seiner territorialen Integrität sowie seiner demokratischen Transformation, die auf den Prinzipien und Maßstäben beruht, auf welchen die neue europäische Architektur gebaut wurde.

Deshalb seien Sie überzeugt: wenn wir schon Ihr Verständnis suchen – vielleicht auch Ihre Geduld strapazieren – und von Ihnen die Unterstützung für diese schwere Aufgabe erwarten, werden wir Sie nicht falsch verstehen – können es auch nicht –, wenn Sie versuchen, auf uns einzuwirken, denn dies liegt vor allem in unserem eigenen Interesse.

2.
Erklärung der KSZE vom 19. Juni 1991 zu Jugoslawien

Konferenz über Sicherheit und Zusammenarbeit in Europa
Der Rat
– Exekutivsekretariat.

Erklärung zur Situation in Jugoslawien

– Die Minister erörtern die Situation in Jugoslawien.
– S.E. der Bundessekretär für Auswärtige Angelegenheiten Jugoslawiens, Herr Budimir Lončar, informierte sie über die jüngsten Entwicklungen in Jugoslawien.
– Die Minister bekundeten ihre freundschaftliche Besorgnis und ihre Unterstützung im Hinblick auf die demokratische Entwicklung, die Einheit und territoriale Integrität Jugoslawiens auf der Grundlage von Wirtschaftsreformen, der uneingeschränkten Anwendung der Menschenrechte in allen Teilen Jugoslawiens, einschließlich der Rechte von Minderheiten, sowie einer friedlichen Lösung der gegenwärtigen Krise im Land. Sie forderten weitere Fortschritte in diesen Bereichen.
– Die Minister unterstrichen, daß es allein den Völkern Jugoslawiens obliegt, über die Zukunft des Landes zu entscheiden. Die Minister riefen daher zu einem fortgesetzten Dialog zwischen allen beteiligten Parteien auf und bekräftigten ihre Ansicht, daß die Möglichkeiten für einen solchen Dialog noch nicht erschöpft sind.
– Sie brachten ihre Überzeugung zum Ausdruck, daß die bestehenden konstitutionellen Streitigkeiten beigelegt werden sollten und daß der Weg aus der gegenwärtig schwierigen festgefahrenen Situation ohne Anwendung von Gewalt und im Einklang mit rechtlichen und konstitutionellen Verfahren gefunden werden sollte. Sie forderten daher alle beteiligten Parteien dringend auf, ihre Bemühungen zur friedlichen Beilegung ihrer Streitigkeiten auf dem Verhandlungswege zu verdoppeln.

– Die Minister verliehen ihrer Zuversicht Ausdruck, daß die internationale Gemeinschaft auf dieser Grundlage jederzeit bereit sei, Jugoslawien in seinen Bemühungen um einen wirtschaftlichen und politischen Wandel zu unterstützen.

3.
Resolution des Deutschen Bundestag vom 19. Juni 1991 zur Situation in Jugoslawien

Deutscher Bundestag
12. Wahlperiode
18. Juni 91

ANTRAG der Fraktionen der CDU/CSU, SPD und FDP und der Gruppe BÜNDNIS 90/ DIE GRÜNEN

Zur Krise in Jugoslawien

Der Bundestag wolle beschließen:
Der Deutsche Bundestag bekräftigt seinen Wunsch nach einer friedlichen Lösung der jugoslawischen Krise und erneuert seine Bereitschaft, innerhalb der vom Völkerrecht gezogenen Grenzen dabei mitzuwirken.
I. Mit zwei Delegationsreisen des Auswärtigen Ausschusses und zusätzlichen Reisen einzelner Abgeordneter hat der Deutsche Bundestag sich bemüht, ein möglichst vollständiges Bild über die Situation in Jugoslawien und seinen einzelnen Republiken zu gewinnen. Er ist besorgt über das Ausmaß der Gegensätze innerhalb Jugoslawiens, über die vorhandene und zunehmende Gewaltbereitschaft und über die Schwierigkeiten, die einer friedlichen Lösung der jugoslawischen Krise entgegenstehen. Er läßt sich davon leiten, daß für einen stabilen Zustand des Friedens in Europa auch politische Stabilität auf dem Balkan und für diese wiederum politische Stabilität in Jugoslawien erforderlich sind und daß für die Herstellung solcher Stabilität die in der Charta von Paris niedergelegten Grundsätze der maßgebliche Maßstab sind.

II. Der Deutsche Bundestag läßt sich davon leiten, daß die Völker Jugoslawiens selbst darüber zu entscheiden haben, auf welcher Grundlage sie künftig zusammenleben wollen. Es ist aber unverkennbar, daß die bisherige Grundlage des Zusammenlebens nicht mehr die ausreichende Zustimmung aller Völker Jugoslawiens findet und daß es deshalb erforderlich ist, eine neue Grundlage zu vereinbaren.
Die Einheit Jugoslawiens kann nur in Freiheit wiedergefunden werden und Bestand haben. Deshalb ist es unabdingbar, daß die Grundsätze freiheitlicher Demokratie, politischer Pluralismus und Rechts-

staatlichkeit, überall in Jugoslawien voll verwirklicht und damit die Bedingungen für eine effektive Wahrnehmung des Rechts auf Selbstbestimmung hergestellt werden. Ebenso wesentlich für die Lösung der jugoslawischen Krise ist die umfassende Gewährleistung der grundlegenden Menschen- und Freiheitsrechte. Diese umfaßt insbesondere auch den Schutz des Rechts der Minderheiten in den einzelnen Republiken Jugoslawiens auf Wahrung ihrer ethnischen und kulturellen Identität. Alle politischen und gesellschaftlichen Kräfte in Jugoslawien sind aufgerufen, an der Verwirklichung dieser Grundvoraussetzungen für die Lösung der jugoslawischen Krise konstruktiv mitzuwirken.

III. Das Bestreben einzelner Republiken, sich vollständig aus dem bisherigen jugoslawischen Staatsverband zu lösen, kann sich darauf berufen, daß die jugoslawische Verfassung das Recht der Selbstbestimmung einschließlich das Recht der Sezession erwähnt.
Das stabilitätspolitische Interesse der europäischen Staatengemeinschaft, daß diese sechs Republiken auch künftig miteinander verbunden bleiben, steht dazu nicht im Widerspruch, da echte Stabilität nur auf der Grundlage einer frei vereinbarten und gleichberechtigten Ordnung gewonnen werden kann. Voraussetzung dafür ist, daß in allen Teilen Jugoslawiens in gleichem Maße freiheitliche Demokratie, die grundlegenden Menschen- und Freiheitsrechte und der Schutz des Rechts von Minderheiten auf Wahrung ihrer ethnischen und kulturellen Identität verwirklicht werden. Eine neue Einheit Jugoslawiens kann nur das Ergebnis freier Selbstbestimmung sein. Der Deutsche Bundestag spricht sich dafür aus, daß ein unter den genannten Voraussetzungen erneuertes Jugoslawien als Vollmitglied in den Europarat aufgenommen und mit der Europäischen Gemeinschaft durch Assoziierung verbunden wird.
Er tritt dafür ein, daß die Europäische Gemeinschaft mit Rat und Tat das Bemühen um einen Ausgleich zwischen den Völkern Jugoslawiens auf dieser Grundlage unterstützt.

IV. Der Deutsche Bundestag fordert alle Verantwortlichen in Jugoslawien auf,
– sich intensiv um eine gewaltfreie Lösung der jugoslawischen Krise zu bemühen und jeglicher Form von Gewaltanwendung entgegenzutreten;
– sich um eine für alle Seiten akzeptable Vereinbarung einer neuen Grundlage des Zusammenlebens zu bemühen. Dies würde im Interesse der Europäischen Staatengemeinschaft sicherstellen, daß die sechs Republiken miteinander verbunden bleiben.
– hierbei überall in Jugoslawien eine freiheitliche demokratische staatliche Ordnung zu verwirklichen, die politischen Pluralismus und Rechtsstaatlichkeit einschließt;

- überall in Jugoslawien umfassend die grundlegenden Menschen- und Freiheitsrechte zu gewährleisten;
- den wirksamen Schutz des Rechts von Minderheiten auf Wahrung ihrer ethnischen und kulturellen Identität zur Grundlage des Zusammenlebens in den einzelnen Republiken zu machen.

V. Der Deutsche Bundestag fordert die Bundesregierung auf;
- im Rahmen der Europäischen Gemeinschaft auf eine Politik hinzuwirken, die den vorstehend genannten Grundsätzen für eine Lösung der jugoslawischen Krise Rechnung trägt; Voraussetzung für die Unterstützung Jugoslawiens durch die Gemeinschaft kann nicht das Festhalten an der jetzigen Form der Föderation sein.
- darauf hinzuweisen, daß eine solche Politik mit Rat und Tat hilft, die jugoslawische Krise zu lösen;
- sich für die Aufnahme Jugoslawiens als Vollmitglied in den Europarat einzusetzen, sobald die Voraussetzungen dafür erfüllt sind;
- sich in absehbarer Zeit für eine Ministerratskonferenz des Europarates zur Erörterung der jugoslawischen Probleme einzusetzen.
- sich alsdann auch für den Anschluß eines Assoziierungsabkommens der Europäischen Gemeinschaft mit Jugoslawien einzusetzen.

Bonn, den 18. Juni 1991

Dr. Alfred Dregger, Dr. Wolfgang Bötsch und Fraktion
Dr. Hans-Jochen Vogel und Fraktion
Dr. Hermann Otto Solms und Fraktion
Werner Schulz (Berlin) und Gruppe

4.
Resolution des Deutschen Bundestages vom 18. Juni 1991 zur Lage im Kosovo

Deutscher Bundestag
12. Wahlperiode

ANTRAG der Fraktionen der CDU/CSU, SPD und FDP

Zur Lage in Kosovo

Der Bundestag wolle beschließen:
Die Lage in dem zur Republik Serbien in Jugoslawien gehörenden Kosovo ist in alarmierender Weise besorgniserregend. Bei ihrem Besuch in Kosovo am 22. und 23. Mai 1991 hat eine Delegation des Auswärtigen Ausschusses des Deutschen Bundestages ausführliche Gespräche mit zahlreichen Vertretern sowohl des albanischen als auch des serbischen Bevölkerungsteils führen können. Sie hat dabei feststellen können, daß das gegenseitige Verhältnis beider Bevölkerungsteile von tiefem Mißtrauen, Angst und Unverständnis geprägt ist und daß es bislang von keiner Seite ernsthafte Bemühungen gibt,

im Wege des Dialogs ein Klima herzustellen, in dem mit Aussicht auf Erfolg die Bedingungen für ein friedliches und konstruktives Zusammenleben von Albanern und Serbern in Kosovo geschaffen werden könnten. Besonders belastet wird das Verhältnis durch gegenseitige Vorwürfe über gravierende Menschenrechtsverletzungen, deren Richtigkeit bisher nicht unvoreingenommen und unparteiisch überprüft worden ist. Es ist nicht auszuschließen, daß es in Kosovo zu folgenschweren Gewaltausbrüchen kommt, vor allem, wenn Informationen zutreffen sollten, daß in erheblichem Umfang Waffen an den serbischen Teil der Bevölkerung verteilt worden seien.

Dem Deutschen Bundestag scheint es vordringlich, daß seitens der europäischen Staatengemeinschaft Initiativen ergriffen werden, die darauf gerichtet sind, die Voraussetzungen für ein friedliches Zusammenleben von Albanern und Serben in Kosovo zu schaffen. Dazu gehört insbesondere, daß die albanische Bevölkerung des Kosovo innerhalb der Republik Serbien gesicherte Minderheitenrechte zur Wahrung ihrer ethnischen und kulturellen Identität eingeräumt erhält, aber auch, daß die serbische Minderheit in Kosovo in gleicher Weise in ihren Minderheitenrechten geschützt wird. Für die Schaffung eines Klimas, das Fortschritte in diesen Fragen möglich macht, erscheint es erforderlich, daß eine unvoreingenommene und unparteiische Überprüfung der gegenseitigen Vorwürfe über Menschenrechtsverletzungen erfolgt und ein Dialog zwischen Albanern und Serben über die Bedingungen ihres künftigen friedlichen Zusammenlebens eingeleitet wird.

Der Deutsche Bundestag fordert deshalb die Bundesregierung auf,

1. im Rahmen der Europäischen Politischen Zusammenarbeit und im Europarat auf eine Initiative hinzuwirken, die darauf gerichtet ist, im Einvernehmen mit der Regierung Jugoslawiens und der Regierung der Republik Serbien eine unvoreingenommene und unparteiische Untersuchung der gegenseitigen Vorwürfe über Menschenrechtsverletzungen in Kosovo durchzuführen;

2. desweiteren darauf hinzuwirken, daß im Rahmen der Europäischen Politischen Zusammenarbeit der Regierung Jugoslawiens, der Regierung der Republik Serbien und den Repräsentanten des albanischen und des serbischen Bevölkerungsteils in Kosovo die guten Dienste der Europäischen Gemeinschaft für das Zustandekommen eines Dialogs zwischen der albanischen und der serbischen Bevölkerung in Kosovo über die Bedingungen des künftigen friedlichen Zusammenlebens angeboten werden.

Bonn, den 18. Juni 1991

Dr. Alfred Dregger, Dr. Wolfgang Bötsch und Fraktion
Dr. Hans-Jochen Vogel und Fraktion
Dr. Hermann Otto Solms und Fraktion

5.
Pressemitteilung des Presse-und Informationsamtes der Bundesregierung zu den Gesprächen Kohl-Tudjman

18. Juli 1991
Nr. 284/91

Der Sprecher der Bundesregierung, Dieter Vogel, teilt mit:
Bundeskanzler Dr. Helmut Kohl empfing heute den kroatischen Präsidenten Dr. Franjo Tudjman zu einem 1¹/₂stündigen Meinungsaustausch.

Präsident Tudjman unterrichtete den Bundeskanzler ausführlich über die Situation in Jugoslawien und insbesondere Kroatien.

Der Bundeskanzler erklärte, in der derzeitigen kritischen Lage komme es vor allem darauf an, daß jede Androhung und Anwendung militärischer Gewalt unterbleibe. Eine dauerhafte politische Lösung der Probleme Jugoslawiens sei nur im Wege des Dialogs möglich. Er rate daher dringend, jede Chance hierfür zu nutzen.

Der Bundeskanzler versicherte, daß die Bundesregierung auch weiterhin zusammen mit ihren Partnern bereit ist, den innerjugoslawischen Dialog zu begleiten und an einem europäischen Beitrag zur Konfliktlösung mitzuwirken.

6.
Information des Pressereferats des Auswärtigen Amts vom 18. Juli 1991

290/91

Der Bundesminister des Auswärtigen, Hans-Dietrich Genscher, hat heute (18.7.) den Präsidenten Kroatiens, Dr. Franjo Tudjman, zu einem ausführlichen Meinungsaustausch empfangen.

Präsident Tudjman unterrichtete den Bundesaußenminister über die Situation und Entwicklung in Jugoslawien.

Bundesaußenminister Genscher sprach die Erwartung aus, daß die Chance, die im Kompromiß von Brioni liege, nun auch zu einem Dialog über alle Aspekte der Zukunft Jugoslawiens genutzt werde. Es müsse alles getan werden, damit dieser Dialog zustande komme. Jede Gewaltanwendung oder Androhung von Gewalt sei inakzeptabel. Die Bundesregierung sei entschlossen, zusammen mit ihren Partnern diesen Prozeß von Dialog und Verhandlungen in Jugoslawien zu unterstützen.

Dies komme auch in der Teilnahme deutscher Mitglieder an der Beobachtermission der Europäischen Gemeinschaft in Jugoslawien zum Ausdruck.

Pressereferat – Auswärtiges Amt
Bonn, den 18. Juli 1991

7.

**Information des Pressereferats des Auswärtigen Amts
vom 8. August 1991**

309/91

Der Bundesminister des Auswärtigen, Hans-Dietrich Genscher, erhielt nach seinem gestrigen (07.08.) Telefonat mit dem kroatischen Präsidenten Dr. Franjo Tudjman heute (08.08.) eine dringliche Botschaft von Präsident Tudjman, in der dieser dem Bundesminister für die am 05. August 1991 beim Außenministertreffen der Europäischen Gemeinschaft in Den Haag unternommene Initiative dankt. Er erachte es für außerordentlich wichtig, daß die Europäische Gemeinschaft ihre Bemühungen mit dem Ziel fortsetze, die bewaffnete Aggression Serbiens gegen Kroatien mit Unterstützung der jugoslawischen Armee zu unterbinden.

Präsident Tudjman teilt mit, seine Regierung akzeptiere den Waffenstillstand sowie die Aufnahme von Verhandlungen zwischen dem jugoslawischen Bundespräsidium und allen Republiken über die Lösung der jugoslawischen Krise zur Verhinderung eines allgemeinen Kriegsausbruchs. Diesem Zweck könne auch ein selektives Verhältnis der Mitgliedsstaaten der internationalen Gemeinschaft gegenüber den Konfliktparteien in Jugoslawien auf wirtschaftlichem und finanziellem Gebiet dienlich sein. Er unterstütze den Vorschlag des Bundesministers, den Krisenmechanismus der KSZE einzuberufen ebenso wie die Befassung des Botschafterrats der Westeuropäischen Union.

Präsident Tudjman begrüßt auch, daß der Sicherheitsrat der Vereinten Nationen von den europäischen Mitgliedern über die Entwicklung der Lage in Jugoslawien befaßt wird.

Von großer Wichtigkeit sei es seines Erachtens, daß die Europäische Gemeinschaft offiziell erklärt, daß die Lösung der jugoslawischen Krise auf der Anerkennung der bestehenden inneren und äußeren Grenzen Jugoslawiens gegründet sein müsse. Zugleich spreche er sich für die Anerkennung aller staatsbürgerlichen und nationalen Rechte von Minderheiten innerhalb der einzelnen jugoslawischen Republiken aus, worunter kulturelle Autonomie, lokale Selbstverwaltung und proportionale Teilnahme von Angehörigen der Minderheiten an der Regierung zu verstehen sei.

Nach seiner Überzeugung, schreibt Präsident Tudjman, sei eine möglichst baldige internationale Anerkennung der Republik Kroatien der kürzeste Weg zur Beendigung des Konflikts und zur Schaffung der Voraussetzungen für Verhandlungen über einen möglichen Verband souveräner Republiken oder ein friedliches Auseinandergehen der verschiedenen Teile Jugoslawiens.

Präsident Tudjman spricht dem Bundesminister, der Regierung der Bundesrepublik Deutschland sowie allen Mitgliedern des Ministerrats der Europäischen Gemeinschaft seinen tiefsten Dank aus für ihren selbstlosen Einsatz im Dienste einer friedlichen Lösung der jugoslawischen Krise und zur Verhinderung einer Ausweitung des Kriegsbrandes in diesem Teil Europas.

Pressereferat – Auswärtiges Amt
Bonn, den 8. August 1991

8.
Information des Pressereferats des Auswärtigen Amtes vom 24. August 1991
331/91

Der Bundesminister des Auswärtigen, Hans-Dietrich Genscher, hat heute morgen (24.8.91) in Bonn den jugoslawischen Botschafter, Prof. Dr. Boris Frlec, einbestellt. Er hat ihm gegenüber die tiefe Besorgnis der Bundesregierung über die gravierenden Verletzungen des Waffenstillstands in Kroatien durch irreguläre bewaffnete serbische Kräfte und die jugoslawische Volksarmee zum Ausdruck gebracht. Der Bundesaußenminister erkärte:
»Wenn das Blutvergießen weitergeht und wenn die Politik der gewaltsam vollendeten Tatsachen mit Unterstützug der jugoslawischen Armee nicht sofort eingestellt wird, muß die Bundesregierung die Anerkennung Kroatiens und Sloweniens in den festgelegten Grenzen ernsthaft prüfen. Sie wird sich für eine entsprechende Prüfung auch innerhalb der Europäischen Gemeinschaft einsetzen.«
Diese Verletzungen des Waffenstillstands stellen einen flagranten Verstoß gegen die Vereinbarungen von Brioni vom 17. Juli 1991 und gegen das »memorandum of understanding« vom 13. Juli 1991 dar. Die militärischen Aktionen verstoßen u.a. gegen den Grundsatz, die inneren Grenzen Jugoslawiens nicht einseitig oder mit Gewalt zu ändern. Die EG-Monitor-Mission in Jugoslawien hat diese Verstöße feststellen können. Sie hat berichtet, daß die jugoslawische Volksarmee häufig mit serbischen Milizkräften in Kroatien zusammenwirkt.
Die Bundesregierung in Bonn weist auf den Beschluß des Ausschusses Hoher Beamter der KSZE vom 8. August 1991 in Prag hin. Dort heißt es:
»Der Ausschuß Hoher Beamter... weist alle Beteiligten mit Nachdruck auf ihre Verantwortung hin, über ihre regulären oder irregulären Kräfte die notwendige Kontrolle auszuüben.«
Die Fortdauer der von der jugoslawischen Armee unterstützten Angriffe der serbischen irregulären bewaffneten Kräfte gefährden den dringend notwendigen Fortgang der Verhandlungen über die Zukunft der Völker Jugoslawiens, deren Beginn am 20. August 1991 von der Bundesregierung nachdrücklich begrüßt wurde. Daher wird

die jugoslawische Regierung mit großem Ernst aufgefordert, die in Kroatien stationierten Streitkräfte der jugoslawischen Volksarmee in die Kasernen zurückzuziehen, und die notwendige Kontrolle über die Aktivitäten der irregulären bewaffneten Kräfte herzustellen. Wenn sich die jugoslawische Armee der Kontrolle der politischen Instanzen entzogen haben sollte, so sollte das von der Bundesregierung in Belgrad und dem Staatspräsidium öffentlich erklärt werden, um die Verantwortlichkeiten klarzustellen.

Der Bundesaußenminister erklärte weiter:

»Niemand soll glauben, daß er im Schatten der Ereignisse in der Sowjetunion in Jugoslawien eine Politik der gewaltsam vollendeten Tatsachen betreiben kann. Die Bundesregierung bekennt sich zu der Feststellung, daß die inneren und äußeren Grenzen Jugoslawiens nicht durch Gewalt verändert werden dürfen.«

9.

Gemeinsame Erklärung des Präsidenten der Französischen Republik, François Mitterand, und des Bundeskanzlers der Bundesrepublik Deutschland, Dr. Helmut Kohl, zu Jugoslawien

(Presse- und Informationsamt der Bundesregierung Nr. 356/91 vom 19. September 1991)

1. Wir sind bestürzt über die Fortdauer der Gewalttätigkeiten in Jugoslawien, die täglich neue Menschenleben fordert, insbesondere auch unter der Zivilbevölkerung, die zur Flucht getrieben wird. Wir sind überzeugt, daß diese Entwicklung die Stabilität in dieser Region bedroht und auch Rückwirkungen auf ganz Europa hat.
2. Wir bekräftigen nachdrücklich unsere Verurteilung jeglicher Gewaltanwendung, von welcher Seite sie auch immer ausgeht. Dem Blutvergießen in Jugoslawien muß unverzüglich ein Ende gesetzt werden. Die Zusammenstöße zerstören jeden Tag mehr jegliche Hoffnung auf ein friedliches Zusammenleben. Wir sind überzeugt, daß kein Staatsgebilde auf Gewalt gründen kann. Wir bekräftigen die Entschlossenheit der Europäischen Gemeinschaft, keine durch Gewalt herbeigeführten Grenzänderungen anzuerkennen.
3. Wir unterstützen die Friedensbemühungen der Europäischen Gemeinschaft, insbesondere die von ihr einberufene Friedenskonferenz. Wir begrüßen nachdrücklich die Vereinbarung der Waffenruhe, die Lord Carrington im Namen der Zwölf am 17. September 1991 ausgehandelt hat. Wir fordern alle Beteiligten auf, diese Waffenruhe unverzüglich und vollständig einzuhalten.
4. Es gilt gleichzeitig, alles daran zu setzen, eine wirksame Überwachung dieses Waffenstillstandes sicherzustellen, was, mit dem Einverständnis aller Beteiligten, sowohl die Schaffung einer Pufferzone als auch die Entsendung einer Friedenstruppe einschließen kann. Jegliche Waffenlieferung nach Jugoslawien muß unterbleiben.

5. Wir drücken den Wunsch aus, daß der vereinbarte Waffenstillstand und unser Vorgehen, das einen wirksamen und dauerhaften Waffenstillstand sicherstellen soll, die nachdrückliche Unterstützung der KSZE und der Vereinten Nationen erhalten.

6. Das Vorgehen, das wir vorschlagen, erfordert den größtmöglichen politischen Zusammenhalt der Mitgliedstaaten der Europäischen Gemeinschaft sowie die laufende Koordinierung der daraus folgenden Maßnahmen im Rahmen der WEU.

7. Wir unterstreichen unsere Überzeugung, daß das Selbstbestimmungsrecht respektiert werden muß und daß es Angelegenheit der Völker ist, es auszuüben, wenn sie dies wünschen, und zwar auf friedlichem und demokratischem Wege. Gleichzeitig gilt es sicherzustellen, daß die Rechte der betroffenen Minderheiten respektiert werden.

8. Wir schlagen daher vor, daß die in diesem Zusammenhang offenen Fragen im Rahmen einer Friedenskonferenz erörtert werden. Dies schließt ein, zwischen den Parteien strittig gebliebene Fragen der im Rahmen dieser Konferenz vorgesehenen Schlichtungskommision zu unterwerfen.

9. Wir drücken die Hoffnung aus, daß unsere Vorschläge von allen Beteiligten als Grundlage für eine gerechte und friedliche, zugleich international garantierte Lösung akzeptiert werden. Diese muß den Wünschen der Völker Jugoslawiens entsprechen, sie muß ebenfalls die Rechte der Minderheiten und alle damit zusammenhängenden Fragen umfassen, und zwar entsprechend der Schlußakte von Helsinki und der Charta von Paris. Eine solche Lösung eröffnet Pespektiven für eine friedliche Zukunft für Jugoslawien.

10. Wir sind schließlich der Auffassung, daß die Europäische Gemeinschaft nach Abschluß eines solchen Prozesses den politischen Dialog und die wirtschaftliche Zusammenarbeit mit allen Beteiligten auf einer neuen Grundlage aufnehmen sollte.

10.
Positionspapier der SPD-Bundestagsfraktion zur Jugoslawienkrise vom 16. Oktober 1991

Die SPD-Bundestagsfraktion hat auf ihrer gestrigen Sitzung nachstehendes Positionspapier zur Krise in Jugoslawien verabschiedet:

1. Wir unterstützen aus Tradition und Überzeugung das Selbstbestimmungsrecht der Völker. Die Ausübung des Selbstbestimmungsrechts setzt demokratische Legitimation, Verzicht auf Gewalt, Dialogbereitschaft und Garantie der Menschen- und Minderheitenrechte voraus. Die Ausübung des Selbstbestimmungsrechts kann, muß aber nicht zu einer staatlichen Unabhängigkeit führen. Selbstbestimmung kann auch in föderativen Strukturen und regionaler

Autonomie Ausdruck finden. Es gibt ebensowenig ein absolutes Recht auf Sezession wie es für jede Sprach- oder Volksgruppe ein absolutes Recht auf einen eigenen Staat geben kann. Der moderne Nationalstaat hat pluralistischen Charakter und strebt grenzüberschreitende Zusammenarbeit sowie weitgehende politische und wirtschaftliche Integration an.

2. Wo sich als Folge des revolutionären Wandels in Osteuropa Nationalitätenstaaten auflösen und neue Nationalstaaten proklamiert werden, ist für die SPD die Beachtung der KSZE-Grundsätze der friedlichen Streitbeilegung und der friedlichen Änderbarkeit von Grenzen maßgeblich. In vielen Siedlungsgebieten leben unterschiedliche Volksgruppen dicht beieinander. Das Selbstbestimmungsrecht darf in diesen Fällen nicht dazu führen, daß eine Volksgruppe einer oder mehreren anderen ihren Willen aufzwingt.

3. Soweit einzelne Völker und Republiken die jugoslawische Föderation verlassen wollen, werden wir ihre Politik an folgenden Kriterien messen:

– Verfolgen sie ihr Ziel mit demokratischer Legitimation auf friedlichem Wege?

– Werden bei der Inanspruchnahme des Selbstbestimmungsrechtes der KSZE-Charta entsprechend auch die Menschenrechte und Rechte nationaler Minderheiten gewährleistet?

– Werden dabei alle Möglichkeiten von Verhandlungen mit der Föderation und den anderen Republiken ausgeschöpft und Verpflichtungen aus der gemeinsamen Vergangenheit anteilig übernommen?

4. In der jugoslawischen Krise stellen wir fest, daß der Staat Jugoslawien in seiner bisherigen Gestalt aufgehört hat zu existieren. Slowenien und Kroatien haben den jugoslawischen Staatsverband verlassen, wozu sie berechtigt waren. Eine Rückkehr zum alten jugoslawischen Bundesstaat ist nicht vorstellbar. Damit stellt sich die Frage nach der künftigen staatlichen Struktur dieses Raumes. Da in Jugoslawien in weiten Teilen verschiedene Völker in einer Region zusammenleben, bleibt ein Modell für das Zusammenleben verschiedener Völker auf jugoslawischem Boden unverzichtbar.

5. Wir unterstützen die von der EG zur Herbeiführung einer friedlichen Lösung unternommenen Anstrengungen, insbesondere die Friedenskonferenz in Den Haag, die Vermittlungsversuche ihrer Vorsitzenden, Lord Carrington, und die Entsendung von Beobachtermissionen. Wir unterstützen die Feststellung der Haager Friedenskonferenz vom 4. Oktober, daß mit Hilfe eines Waffenstillstandes Verhandlungen in der Perspektive der Anerkennung der Unabhängigkeit Sloweniens und Kroatiens geführt werden.

Die SPD fordert von allen Konfliktparteien die Einhaltung der Vereinbarung vom 10. Oktober 1991, derzufolge innerhalb von 4 Wochen alle Truppen der Bundesarmee aus Kroatien abzuziehen und Vereinbarungen zum Schutz der serbischen Minderheit in Kroatien zu treffen sind.

Wir befürworten Assoziationsverträge mit der EG mit den sich auseinanderentwickelnden Republiken des bisherigen Vielvölkerstaates Jugoslawien, allerdings unter der Bedingung, daß die Volksgruppen- und Minderheitenrechte gewahrt und ein gemeinsamer jugoslawischer Markt aufrechterhalten wird.

6. Wir verurteilen die ständigen Verletzungen von Waffenstillstandsvereinbarungen durch alle Konfliktparteien, insbesondere verurteilen wir die massive Intervention der jugoslawischen Bundesarmee und die seit Beginn der Krise anhaltende Obstruktionspolitik der serbischen Führung.

7. Solange die Waffen sprechen, wird eine friedliche Konfliktlösung immer schwieriger. Wir unterstützen deshalb die Aktivitäten von Friedensgruppen in allen jugoslawischen Regionen und treten dafür ein, durch gezielte und konsequente internationale Sanktionen die Fähigkeit und Bereitschaft der Konfliktparteien zur Gewaltanwendung zu vermindern. Wir treten deshalb ein für

– genaueste Befolgung des Rüstungsembargos der UN;
– Verhängung eines Embargos auf Erdöl und Erdölprodukte;
– Verhängung eines Lieferstops für alle Güter von strategischer Bedeutung;
– Beendigung des Technologietransfers.

Wir fordern die Prüfung von Finanzsanktionen, des Rückzugs von Investitionen und eines totalen Handelsembargos.

8. Die Entsendung von Interventionstruppen gleich welcher Herkunft lehnen wir ab. Wir setzen uns für die Entsendung von UN-Friedenstruppen (Blauhelme) zur Überwachung von Waffenstillstandsvereinbarungen und Demarkationslinien ein. Ein solcher Einsatz ist jedoch nur mit Zustimmung der Konfliktparteien möglich. Die Beteiligung deutscher Soldaten scheidet aus historischen und verfassungsrechtlichen Gründen aus.

9. Am Ende der jugoslawischen Krise muß eine neue Struktur entstehen, mit der alle jetzigen Konfliktparteien einverstanden sein können. Diese Struktur wird dann die völkerrechtliche Anerkennung durch die internationale Staatengemeinschaft erfahren. Im Falle Sloweniens sind alle Voraussetzungen zur völkerrechtlichen Anerkennung sogar schon jetzt gegeben; sie kann deshab erfolgen.

10. Sollte der Waffenstillstand in Jugoslawien erneut gebrochen werden und damit eine Verhandlungslösung nicht zustandekommen, so ist neben der gezielten Verhängung von Sanktionen auch die Anerkennung der Unabhängigkeit Kroatiens durch die Europäische Gemeinschaft erforderlich. Die Bundesrepublik Deutschland sollte sich dafür in der EG einsetzen.

Bestandteile der Anerkennung sind

a) die Verpflichtung Kroatiens auf die KSZE-Grundsätze

b) eine Erklärung zur Wahrung von umfassenden Minderheitenrechten für die innerhalb Kroatiens lebenden Serben einschließlich der Bereitschaft zu Verhandlungen über Grenzkorrekturen bei späteren übergreifenden Lösungen

c) eine Vereinbarung über die Formen der internationalen wirtschaftlichen Zusammenarbeit, insbesondere mit der EG.

11. Wir kritisieren die widersprüchliche, konfuse und teilweise auch direkt schädliche Haltung der deutschen Bundesregierung in der Jugoslawienkrise. Dies gilt namentlich für den Bundesaußenminister selber, dessen Politik zuerst Serbien zur Obstruktion und dann Kroatien zu illusionärem Verhalten ermutigt hat. Der Bundesaußenminister hat die Sorge vor deutschen Alleingängen, vor denen er ständig warnt, selber heraufbeschworen, indem er die Regeln der partnerschaftlichen Zusammenarbeit in der EG mehrfach grob verletzt hat.

12. Wir sind uns bewußt, daß die Einwirkungsmöglichkeiten der EG oder der Mitgliedsstaaaten auf die Zerfallsprozesse in Jugoslawien begrenzt sind. Wir bieten die Hilfe an, welche wir leisten können. Ob dieses Hilfsangebot akzeptiert wird oder nicht, liegt in der Entscheidung der betroffenen Völker selbst.

11.

Resolution des 12. ordentlichen F.D.P.-Bundesparteitages in Suhl zur Situation in Jugoslawien vom 1. – 3. November 1991

Liberale Politik für Selbstbestimmung, Menschen- und Minderheitenrechte in Jugoslawien

I. Die F.D.P. hat sich nach dem Zweiten Weltkrieg in besonderer Weise für die Aufnahme diplomatischer Beziehungen und später für die Wiederaufnahme diplomatischer Beziehungen mit Jugoslawien eingesetzt. Sie hat die führende und verdienstvolle Rolle Jugoslawiens in der Bewegung der Blockfreien nachhaltig unterstützt. Nach dem Zweiten Weltkrieg ist Schritt für Schritt ein neues Verhältnis der Zusammenarbeit und der Freundschaft zwischen Deutschen und den Völkern Jugoslawiens entstanden.

700 000 Angehörige der jugoslawischen Völker leben als geachtete Mitbürger in Deutschland. Millionen von Deutschen haben in den letzten Jahrzehnten Jugoslawien besucht. Deutschland hat sich in der Europäischen Gemeinschaft stets für eine enge Zusammenarbeit mit Jugoslawien eingesetzt. Die deutsche Politik ist darauf gerichtet, daß in Jugoslawien für alle Menschen die Menschenrechte, die Minderheitenrechte und das Selbstbestimmungsrecht verwirklicht werden. Von diesem Ziel und von den Gefühlen der Freundschaft läßt

sich die Freie Demokratische Partei bei ihrer Politik gegenüber den Völkern Jugoslawiens leiten.

II. In Achtung des Selbstbestimmungsrechts fordert die F.D.P., wie das auch von der EG in Aussicht gestellt ist, diejenigen jugoslawischen Republiken völkerrechtlich anzuerkennen, die das wollen.

Deshalb fordert die F.D.P. die Europäische Gemeinschaft auf, entsprechend den Vorschlägen des Bundesministers des Auswärtigen, Hans-Dietrich Genscher,

1. auf der Grundlage der Achtung und des Schutzes der Minderheitenrechte und der Unverletzlichkeit der Grenzen, die Unabhängigkeit derjenigen Republiken Jugoslawiens, die das wollen, ohne Aufschub durch Verhandlungen herbeizuführen und den Gegnern der Unabhängigkeit in Jugoslawien kein Vetorecht dagegen einzuräumen; alle Minderheiten müssen in allen Republiken die gleichen Rechte genießen,

2. Umfassende Sanktionen gegen diejenigen zu beschließen, die sich dem Friedensprozeß der Europäischen Gemeinschaft verweigern oder die Waffenstillstandsvereinbarungen – wie die Jugoslawische Volksarmee – beharrlich brechen,

3. die umfassende Zusammenarbeit mit denjenigen Republiken aufzunehmen, die den Friedensprozeß unterstützen,

4. Jugoslawien als Ganzes vorerst von den Hilfeleistungen der G 24 auszuschließen und stattdessen die friedensbereiten Republiken in diese Zusammenarbeit einzubeziehen,

5. mit den friedensbereiten Republiken des bisherigen Jugoslawiens unverzüglich Assoziierungsverträge mit dem Ziel des späteren Beitritts zur Europäischen Gemeinschaft abzuschließen, und

6. sich für die Aufnahme der souveränen jugoslawischen Republiken in die KSZE und in die Vereinten Nationen einzusetzen.

III. Die F.D.P. hält es für erforderlich, daß der UN-Sicherheitsrat zusätzlich zu den Maßnahmen der Europäischen Gemeinschaft mandatorische Sanktionen entsprechend der UN-Satzung verhängt.

IV. Die F.D.P. fordert zum Schutz der Stadt Dubrovnik, die in die UNESCO-Liste des kulturellen Welterbes aufgenommen wurde, daß die UNO auf die Einhaltung internationaler Schutzabkommen, wie z.B. der »Haager Konvention zum Schutz von Kunst und Kulturgut in Falle bewaffneter Konfikte« dringt, wenn diese nicht für immer mit dem Odium der Wirkungslosigkeit belastet sein sollen.

12.
Resolution des Deutschen Bundestages vom 14. November 1991

Deutscher Bundestag
12. Wahlperiode
Drucksache 12/1591
14. 11. 91

ANTRAG der Fraktionen der CDU/CSU, SPD, FDP und der Gruppe BÜNDNIS 90/ DIE GRÜNEN

Zur Lage in Jugoslawien

Der Bundestag wolle beschließen:
Der Deutsche Bundestag bekräftigt seinen Wunsch nach einer friedlichen Lösung der jugoslawischen Krise und erneuert seine am 19. Juli 1991 ausgesprochene Bereitschaft, innerhalb der vom Völkerrecht gezogenen Grenzen dabei mitzuwirken.

I.   Für ein Weiterbestehen Jugoslawiens in seiner bisherigen Form und Verfassung gibt es keine Chance mehr. Die Staatsidee Jugoslawiens, das gleichberechtigte Zusammenleben der südslawischen Völker in einem Staat, ist gescheitert. Hauptverantwortlich für diese Entwicklung, die mit der Aufhebung der Autonomie des Kosovo und der Vojvodina begann, ist derzeit die serbische Führung. Verschärft wird der Konflikt durch das Unvermögen der Konfliktparteien, den Teufelskreis von gegenseitigen Vorwürfen, schwer überwindbarem Mißtrauen und eskalierender Gewalt zu durchbrechen. Es gibt in Jugoslawien keine Staatsgewalt, die Recht, Ordnung und inneren Frieden für alle durchsetzen könnte. Es muß und es wird daher zu einer neuen Ordnung kommen. Da in weiten Teilen Jugoslawiens verschiedene Völker in enger Nachbarschaft leben, bleibt ein Modell für ihr Zusammenleben unverzichtbar.

Tag für Tag werden wir mitten in Europa Zeugen von kriegerischen Auseinandersetzungen, die mit beispielloser Härte und ungleichen Waffen ausgetragen werden, in denen Menschen brutal niedergemacht werden und, wie es insbesondere am Beispiel Dubrovnik deutlich wird, das Kulturerbe der Menschheit mißachtet wird. Waffenstillstandsabkommen werden von beiden Seiten gebrochen, kaum daß sie vereinbart worden sind.

Während Serbien Autonomie für die serbische Minderheit in Kroatien als nicht zureichend ablehnt, verweigert es gleichzeitig diese Autonomie den Albanern im Kosovo. Kroatien verteidigt sein Unabhängigkeitsbestreben und seine Grenzen gegen serbische Freischärler und gegen eine der politischen Kontrolle entglittenen Armee. Aber auch auf kroatischer Seite kämpfen Kräfte, die sich einer politischen Kontrolle entziehen.

223

Durch Landnahme und Vertreibung wird versucht, vollendete Tatsachen zu schaffen, an denen, so das Kalkül, keine internationale Konferenz zur unausweichlichen Neuordnung des jugoslawischen Raumes etwas ändern können soll.

Der Krieg in Jugoslawien droht zu einer wachsenden Gefahr für die friedliche Entwicklung und die Stabilität Europas zu werden. Das Ausmaß der Auseinandersetzungen in Jugoslawien und der Kämpfe in und um Jugoslawien machen es notwendig, daß die KSZE, die Europäische Gemeinschaft und ihre Mitgliedstaaten einen Beitrag zur friedlichen Beilegung des Konfliktes leisten. Ihnen kommt auch nach der Auffassung der jugoslawischen Parteien bei der Bewältigung der Krise eine wichtige Rolle zu. Am Vorabend des Abschlusses der Regierungskonferenz zur Politischen Union steht die Europäische Gemeinschaft vor einer Herausforderung ersten Ranges. Es gilt, entschlossen, schnell und vor allem gemeinsam zu handeln.

II. Der Deutsche Bundestag

– läßt sich davon leiten, daß es allein den Völkern Jugoslawiens obliegt, über die Zukunft ihres Landes zu entscheiden;

– unterstreicht die Verpflichtungen der Schlußakte von Helsinki und der Pariser Charta für ein neues Europa; zu diesen gehören vor allem die Achtung der Menschenrechte, der Schutz und die Förderung von nationalen Minderheiten sowie die Demokratie, das Selbstbestimmungsrecht und die Forderung, daß in Europa keine Streitfrage mehr durch Gewalt gelöst werden darf;

– stellt fest, daß er in diesem Konflikt nicht Partei ergreift für die eine oder andere Republik oder das eine oder andere Volk in Jugoslawien, sondern für Freiheit, Demokratie, Selbstbestimmung, Minderheitenschutz und friedliche Konfliktlösung und sich gegen Unterdrückung, das Streben nach nationaler Vorherrschaft, den Einsatz militärischer Gewalt und den Versuch stellt, gewaltsam vollendete Tatsachen zu schaffen;

– verurteilt nachdrücklich jede Gewaltanwendung und die ständigen Verletzungen von Waffenstillstandsvereinbarungen durch alle Konfliktparteien, insbesondere die massive und ungerechtfertigte Intervention der jugoslawischen Bundesarmee und die anhaltende Obstruktionspolitik der serbischen Führung;

– unterstreicht seine Überzeugung, daß das Selbstbestimmungsrecht aller Völker in Jugoslawien respektiert werden muß und daß es Angelegenheit der Völker ist, es auf friedlichem und demokratischem Wege auszuüben, wenn sie dies wünschen. Das Selbstbestimmungsrecht kann nicht losgelöst von den Interessen und Rechten der Minderheiten innerhalb der einzelnen Republiken ausgeübt werden. Daher gilt es, die Menschenrechte und die Rechte der Minderheiten umfassend und europäischem Standard entsprechend zu garantieren;

– erkennt, daß die Staaten der Europäischen Gemeinschaft in diesem Konflikt herausgefordert sind, ihre Handlungsfähigkeit zu beweisen. Kurz vor Abschluß der Regierungskonferenz zur Politischen Union und angesichts der umwälzenden Veränderungen in den mittel- und osteuropäischen Staaten, die ihre Hoffnungen auf die Europäische Gemeinschaft richten, muß diese ihre Bereitschaft und Fähigkeit zu außenpolitischem Handeln unter Beweis stellen, wie sie dies bisher schon unter KSZE-Mandat getan hat.

III. Der Deutsche Bundestag

– fordert die Bundesregierung auf, zusammen mit ihren Partnern in der Europäischen Gemeinschaft dafür einzutreten, daß der innerjugoslawische Dialog über die Zukunft des Landes, einschließlich einer staatlichen Neugestaltung, friedlich, unter Verzicht auf jegliche Anwendung oder Androhung von Gewalt und mit dem Ziel einvernehmlicher Lösungen geführt wird;

– drückt die Hoffnung aus, daß am Ende der Haager Friedenskonferenz eine Lösung steht, die auf den Prinzipien der Demokratie, des Selbstbestimmungsrechtes der Völker und des Minderheitenschutzes in Jugoslawien beruht. Eine Anerkennung von durch Anwendung von Gewalt veränderten Grenzen innerhalb Jugoslawiens durch die Mitgliedstaaten der Europäischen Gemeinschaft darf und wird es nicht geben; damit sind Grenzveränderungen als Ergebnis friedlicher Verhandlungen bei späteren übergreifenden Lösungen nicht ausgeschlossen;

– begrüßt, daß der Sicherheitsrat der Vereinten Nationen ein weltweites Waffenembargo gegen Jugoslawien beschlossen hat und die Friedensbemühungen der Europäischen Gemeinschaft und anderer Staaten im Rahmen der KSZE nachdrücklich unterstützt. Nachdem der jüngste EG-Friedensplan von Serbien abgelehnt wurde, stellt sich die Frage der Entsendung von UN-Friedenstruppen mit besonderer Dringlichkeit. Nachdem Kroatien dies seit längerem gefordert hat, begrüßt der Deutsche Bundestag die Bereitschaft der serbischen Seite, einer Entsendung von UN-Friedenstruppen zuzustimmen. Ziel sollte die Gewährleistung eines dauerhaften Waffenstillstandes und die Überwachung des vollständigen Abzugs der Bundesarmee aus Kroatien sein. UN-Friedenstruppen dürfen nicht zur Absicherung eroberter Gebiete mißbraucht werden;

– bestärkt die Bundesregierung, bei der Europäischen Gemeinschaft und ihren Mitgliedstaaten darauf hinzuwirken, daß das Instrument wirtschaftlicher Sanktionen bis hin zu einem umfassenden Handelsembargo diejenigen Konfliktparteien trifft, die eine Verhandlungslösung verhindern wollen. Diejenigen Konfliktparteien, die zu einer friedlichen Lösung beitragen, sollten von den Sanktionen ausgenommen und darüber hinaus im Rahmen der bestehenden Möglichkeiten wirtschaftlich unterstützt werden;

– bestärkt die Bundesregierung in der Absicht, über die europäischen Mitglieder des Sicherheitsrates der Vereinten Nationen den Sicherheitsrat einzuladen, ohne Verzug die notwendigen Schritte zur Verhängung mandatorischer Sanktionen, insbesondere zur Verhängung des Erdölembargos zu unternehmen;

– fordert die Bundesregierung auf, sich dafür einzusetzen, daß die Friedenskonferenz über Jugoslawien gegebenenfalls nur mit den kooperationswilligen Konfliktparteien weitergeführt wird. Friedensunwilligen Parteien darf nicht die Möglichkeit eingeräumt werden, den Friedensprozeß durch die Verweigerungspolitik zu stören oder aufzuhalten;

– unterstützt die Bemühungen der Bundesregierung, parallel zu der Friedenskonferenz die Voraussetzungen für eine völkerrechtliche Anerkennung Sloweniens und Kroatiens sowie derjenigen Republiken zu schaffen, die ihre politische Unabhängigkeit anstreben, die Rechte der Minderheiten garantieren und zu Vereinbarungen über Formen internationaler Zusammenarbeit insbesondere mit der Europäischen Gemeinschaft bereit sind;

– geht davon aus, daß jetzt dem Wunsch Ungarns entsprochen wird, EG-Beobachter an die ungarisch-jugoslawische Grenze zu entsenden.

Bonn, den 14. November 1991

Dr. Alfred Dregger, Dr. Wolfgang Bötsch und Fraktion
Hans-Ulrich Klose und Fraktion
Dr. Hermann Ulrich Solms und Fraktion
Werner Schulz (Berlin) und Gruppe

13.
**Mitteilung des Sprechers der Bundesregierung
vom 5. Dezember 1991**
Nr. 476/91

Der Sprecher der Bundesregierung, Dieter Vogel, teilt mit:

Bundeskanzler Dr. Helmut Kohl empfing heute den kroatischen Präsidenten Dr. Franjo Tudjman zu einem einstündigen Gespräch über Lage und Stand der Friedensbemühungen in der jugoslawischen Krise. An dem Gespräch nahmen auch die beiden Außenminister Genscher und Šeparović teil. Mit dieser Begegnung setzte der Bundeskanzler seine Bemühungen um eine Lösung der Jugoslawienkrise fort, die bereits zu früheren Treffen mit Präsident Tudjman, dem Präsidenten Sloweniens Kučan und dem Präsidenten Bosnien-Herzegowinas Izetbegović geführt hatten.

Präsident Tudjman erläuterte dem Bundeskanzler eingehend die Lage in Kroatien. In diesem Zusammenhang hob er das vom kroatischen Parlament am 4. Dezember einstimmig angenommene Minderheitengesetz hervor und erklärte, daß Kroatien nach Beendigung des Krieges Wahlen auf Grundlage der neuen Verfassung durchführen werde. Der Bundeskanzler begrüßte die Verabschiedung des Minderheitengesetzes, die eine wichtige Botschaft auf dem Weg zur Befriedung darstelle.

Wichtiges Thema des Meinungsaustausches waren die bevorstehenden Schritte zur internationalen Anerkennung Kroatiens. Der Bundeskanzler bekräftigte die Bereitschaft der Bundesregierung, den entscheidenden Schritt zusammen mit einer größtmöglichen Anzahl von Staaten in der Europäischen Gemeinschaft und darüber hinaus noch vor Weihnachten zu tun.

BM Genscher erläuterte die von der EG am 2. Dezember beschlossenen positiven Maßnahmen für die kooperationsbereiten Republiken wie Kroatien und die vom Bundeskabinett am 4. Dezember zusätzlich beschlossene Suspendierung der Verkehrsabkommen gegenüber dem serbischen Block.

Der Bundeskanzler brachte abschließend die Hoffnung zum Ausdruck, daß die Friedensbemühungen der Vereinten Nationen und der Europäischen Gemeinschaft bald zum Erfolg führen, damit den Leiden der Menschen endlich ein Ende gesetzt wird.

14.
Pressemitteilung des Auswärtigen Amtes vom 17. Dezember 1991

Der Bundesminister des Auswärtigen informiert
Mitteilung für die Presse Nr. 1276/91

Dokumentation

– Eingangserklärung von Bundesaußenminister Genscher anläßlich einer Pressekonferenz im Auswärtigen Amt am 17. Dezember 1991 zu den Ergebnissen der EG-Außenministerkonferenz am 16./17. Dezember 1991 in Brüssel

– Erklärung der EG-Außenminister über Jugoslawien vom 17. Dezember 1991

– Erklärung der EG-Außenminister zu dem »Kriterienkatalog für die Anerkennung neuer Staaten in Osteuropa und in der Sowjetunion«

Eingangsstatement von Bundesminister Hans-Dietrich Genscher
Meine sehr verehrten Damen und Herren, ich wollte Sie über die Entscheidungen, die die Europäische Gemeinschaft gestern und heute – heute heißt, heute morgen – getroffen hat, informieren. Zunächst möchte ich die große Befriedigung der Bundesregierung zum Ausdruck bringen, daß gestern die Europa-Verträge mit Polen,

der Tschechoslowakei und Ungarn unterzeichnet werden konnten. Diese Europa-Verträge sind Assoziierungsverträge der Europäischen Gemeinschaft mit dem besonderen Ziel, die neuen Demokratien Mittel- und Südosteuropas an die Europäische Gemeinschaft heranzuführen und sie auf die volle Mitgliedschaft vorzubereiten.

Die Europäische Gemeinschaft stellt sich damit der Verantwortung, durch besonders vorteilhafte Verträge für diese Staaten den Prozeß der ökonomischen Reformen zu unterstützen und einen Beitrag zur Stabilität und zur europäischen Einheit zu leisten.

Für Deutschland ist die gestrige Unterzeichnung ein Anlaß zu besonderer Befriedigung deshalb, weil wir uns von Anfang an für die Entwicklung eines solchen neuen Vertragsinstruments eingesetzt hatten und weil wir Wert darauf legen, daß die Verträge mit Polen, der Tschechoslowakei und Ungarn ein Anfang sind. Verträge sollen folgen mit Rumänien und Bulgarien und auch mit den baltischen Staaten.

Wir haben dann – gestern nachmittag beginnend bis heute morgen 2 Uhr – über die Frage der Anerkennung von neuen Staaten in Europa gesprochen und sind dabei zu einer übereinstimmenden Meinung gekommen. Die Bundesregierung begrüßt es, daß es gelungen ist, wenige Tage nach dem Europäischen Rat in Maastricht in einer für Europa so wichtigen, in der Sache komplizierten Frage, in der die Mitgliedstaaten von unterschiedlichen Ausgangspunkten kommend zu entscheiden hatten, eine gemeinsame Position zu finden.

Das Ergebnis der Beratungen ist Ausdruck der Handlungsfähigkeit der Europäischen Gemeinschaft. Für die Bundesregierung ist diese Entscheidung von besonderer Bedeutung. Sie hat sich seit Monaten dafür eingesetzt, in Achtung des Selbstbestimmungsrechts der Völker diejenigen Republiken Jugoslawiens als unabhängige Staaten anzuerkennen, die das wünschen und die Voraussetzungen dafür erfüllen.

Die Bundesregierung war dabei immer von dem Wunsch bestimmt, diesen Schritt nicht allein zu tun, sondern ihn mit der größtmöglichen Zahl von Mitgliedstaaten der Europäischen Gemeinschaft zu tun. Sie ist darum um so mehr befriedigt, daß dieser Schritt jetzt mit allen Mitgliedstaaten der Europäischen Gemeinschaft getan werden kann.

Nach ersten Reaktionen aus europäischen Staaten außerhalb der Europäischen Gemeinschaft habe ich Anlaß zu der Annahme, daß eine große Zahl anderer Staaten sich diesem Schritt anschließen wird. Unser Angebot zur Anerkennung richtet sich an alle Republiken Jugoslawiens – ohne Ausnahme –, die das wünschen und die Voraussetzungen dafür erfüllen.

Ich lege auf diese Feststellung besonderen Wert, denn die Bundesregierung hat von Anfang an die Auffassung vertreten, daß wir gute und freundschaftliche Beziehungen auch in Zukunft mit allen Republiken und allen Völkern Jugoslawiens entwickeln wollen.

Ich darf an dieser Stelle daran erinnern, daß es die Bundesrepublik Deutschland war, die sich in den vergangenen Jahrzehnten mit besonderem Nachdruck für die Heranführung Jugoslawiens an die Europäische Gemeinschaft eingesetzt hat – und dies mit Erfolg. Sie wird diese Anstrengungen fortsetzen auch für die Republiken, die nunmehr die Anerkennung nach Erfüllung der Voraussetzungen erlernen werden.

Bei uns in Deutschland leben mehr als 700 000 Staatsangehörige des bisherigen Jugoslawiens, die hier als geschätzte Mitbürger leben und arbeiten. Dieses Zusammenleben und die zahlreichen Besuche von Millionen von Deutschen in den letzten Jahrzehnten in Jugoslawien sind Ausdruck unserer freundschaftlichen Verbundenheit mit allen Völkern und allen Menschen in Jugoslawien.

Wir erwarten, daß nach der gestrigen Entscheidung die Führung der jugoslawischen Volksarmee endlich bereit sein wird, die Kampfhandlungen einzustellen und den Friedensprozeß der Vereinten Nationen und der Friedenskonferenz zu unterstützen.

Wir hoffen auch, daß die serbische Führung die Chance erkennt, die für das serbische Volk in einer engen Zusammenarbeit mit der Europäischen Gemeinschaft liegt.

Wir begrüßen die Entscheidung des Weltsicherheitsrates vom Sonntag, sich um die Entsendung von Friedenstruppen zu bemühen. Diese Entscheidung ging auf einen Antrag zurück, den ich am 2. Dezember dieses Jahres an den Weltsicherheitsrat gerichtet habe. Ich darf ausdrücklich begrüßen, daß der Sicherheitsrat in seine Entschließung keine Bestimmungen aufgenommen hat, die den Entscheidungsraum für die Europäische Gemeinschaft eingeschränkt hätte.

Wir haben gestern folgendes beschlossen:

Ausgehend von einem deutsch-französischen Kriterienkatalog über die Anerkennung neuer Staaten in Osteuropa und in der Sowjetunion, der Grundlage des Beschlusses zu Jugoslawien geworden ist, wird die Unabhängigkeit all derjenigen Staaten anerkannt, die das wünschen und die die Bedingungen dafür erfüllen.

Es hat sich in der Vorbereitung der gestrigen Sitzung gezeigt, daß wiederum eine enge deutsch-französische Zusammenarbeit Voraussetzung für den erfolgreichen Ablauf und ein gutes Ergebnis der Beratungen war.

Die Umsetzung dieser Entscheidung wird zum 15. Januar 1992 stattfinden. Alle jugoslawischen Republiken sind eingeladen, bis zum 23. Dezember, also noch vor Weihnachten, zu erklären, ob sie bereit sind, die genannten Bedingungen zu erfüllen.

Die Mitgliedstaaten der Europäischen Gemeinschaft unterstützen auch in Zukunft die Bemühungen des Weltsicherheitsrates um die

Entsendung von Friedenstruppen. Sie sprachen sich auch für die Fortsetzung der Friedenskonferenz aus, in der es darum geht, daß die Republiken ihr künftiges Verhältnis untereinander friedlich regeln.

Nach Absprache mit dem Bundeskanzler – Sie werden verstehen, daß ich angesichts der Bedeutung dieser Entscheidung gestern und auch in der letzten Nacht in engem Kontakt mit dem Bundeskanzler stand – wird das Bundeskabinett auf der Grundlage des von der EG beschlossenen Verfahrens in der Kabinettssitzung am 19. Dezember 1991 beschließen:

Die Bundesregierung wird diejenigen Republiken anerkennen, die bis spätestens 23.Dezember 1991 ihre Bereitschaft erklären, die EG-Prinzipien anzunehmen. Die Umsetzung dieser Entscheidung erfolgt am 15. Januar 1992 mit der Aufnahme diplomatischer Beziehungen dieser Republiken. Das Auswärtige Amt wird unmittelbar nach dem 23. Dezember Gespräche mit diesen Republiken aufnehmen, um die Aufnahme diplomatischer Beziehungen für den 15. Januar vorzubereiten.

Am 15. Januar werden bei erfolgreichem Ausgang dieser Gespräche die vorhandenen Generalkonsulate in diesen Republiken in Botschaften umgewandelt. Soweit Generalkonsulate nicht bestehen, werden entweder Botschaften errichtet oder für eine Übergangszeit eine Doppelakkreditierung vorgenommen.

Die Bundesregierung ist der Auffassung, daß die Zusammenarbeit der Europäischen Gemeinschaft mit denjenigen Republiken, die anerkannt werden, ausgebaut und vertieft werden sollte. Es kommt jetzt darauf an, bei der Überwindung der Schäden Hilfe zu leisten, die der Krieg verursacht hat, und durch eine solche enge Zusammenarbeit den Wiederaufbau zu fördern.

Die Bundesregierung würde es begrüßen, wenn die Europäische Gemeinschaft diesen neuen Staaten Europa-Verträge im Rahmen einer Assoziierung anbietet, so wie das gestern durch Unterzeichnung mit Polen, Ungarn und der Tschechoslowakei vollzogen worden ist. Das, meine Damen und Herren, ist unsere Bewertung. Es hat sehr viele Spekulationen verständlicherweise während der gestrigen Beratungen gegeben, auch Vermutungen, die Bundesregierung könne in dieser Frage isoliert sein. Sie können aus dem Ergebnis erkennen, daß das Gegenteil der Fall ist. Ich muß sagen, daß der Beschluß die Erwartungen der Bundesregierung übertroffen hat. Wir hatten ja gesagt, daß wir uns um eine größtmögliche Zahl bemühen wollten, und ich muß sagen, es ist ein gutes Ergebnis und ganz sicher auch eine positive Auswirkung des Europäischen Rates von Maastricht, daß wir uns auf eine Entscheidung zu zwölft verständigen konnten.

Das ist wichtig für die künftige Zusammenarbeit und es zeigt, daß die Bundesregierung gut beraten war, in der Vergangenheit keine übereilten und isolierten Schritte zu vollziehen, sondern geduldig, häufig sehr geduldig, um zunehmendes Verständnis und Unterstützung bei unseren Nachbarn und bei den Mitgliedstaaten zu werben. Dieses Werben, diese Geduld haben sich ausgezahlt, und es ist erneut deutlich geworden, daß Deutschland seine Verantwortung in Europa auch im Sinne eines durch und durch europäischen, abgestimmten und übereinstimmenden Verhaltens in der Europäischen Gemeinschaft sieht.

Dies wollte ich Ihnen als eine Bewertung nach den Beratungen von gestern und heute geben, und ich stehen Ihnen natürlich gern jetzt zur Beantwortung Ihrer Fragen zur Verfügung.

Rohübersetzung:

Erklärung über Jugoslawien
(Brüssel, 17. Dezember 1991)

Die Europäische Gemeinschaft und ihre Mitgliedstaaten erörterten die Lage in Jugoslawien im Lichte ihrer Richtlinien über die Anerkennung neuer Staaten in Osteuropa und in der Sowjetunion. Sie legten einen gemeinsamen Standpunkt im Hinblick auf die Anerkennung jugoslawischer Republiken fest. In diesem Zusammenhang beschlossen sie das Folgende:

Die Europäische Gemeinschaft und ihre Mitgliedstaaten vereinbaren, die Unabhängigkeit all der jugoslawischen Republiken anzuerkennen, die alle die unten ausgeführten Bedingungen erfüllen. Die Umsetzung dieser Entscheidung wird am 15. Januar 1992 stattfinden.

Sie fordern deshalb alle jugoslawischen Republiken auf, bis zum 23. zu erklären,

– ob sie als unabhängige Staaten anerkannt zu werden wünschen;
– ob sie die Verpflichtungen akzeptieren, die in den oben erwähnten Richtlinien enthalten sind;
– ob sie die Bestimmungen akzeptieren, die in dem Abkommensentwurf enthalten sind, der der Jugoslawienkonferenz vorliegt, insbesondere die Bestimmungen in Kapitel II über Menschenrechte und Rechte nationaler oder ethnischer Gruppen.
– ob sie weiterhin
  – die Bemühungen des UN-Generalsekretärs und des UN-Sicherheitsrats und
  – die Fortsetzung der Jugoslawienkonferenz unterstützen.

Die Ersuchen derjenigen Republiken, die positiv antworten, werden durch den Vorsitz der Konferenz der Schiedskommision zur Begutachtung vor dem Termin der Umsetzung unterbreitet werden.

In der Zwischenzeit ersuchen die Gemeinschaft und ihre Mitgliedstaaten den UN-Generalsekretär und den UN-Sicherheitsrat, ihre Bemühungen fortzusetzen, einen wirksamen Waffenstillstand herbeizuführen und auf dem Verhandlungsweg ein friedliches Ende des Konflikts zu fördern. Sie messen weiterhin der baldigen Entsendung einer UN-Friedenstruppe, die in der UN-Sicherheits-Resolution 724 angesprochen wird, größte Bedeutung bei.

Die Gemeinschaft und ihre Mitgliedstaaten ersuchen eine jugoslawische Republik, sich zu verpflichten, vor Anerkennung die verfassungsmäßigen und politischen Garantien zu beschließen, die sicherstellen, daß sie keine territorialen Ansprüche gegen einen benachbarten Gemeinschaftsstaat hat und daß sie keine feindlichen Propaganda-Aktivitäten gegen einen benachbarten Gemeinschaftsstaat unternehmen wird, einschließlich des Gebrauchs einer Bezeichnung, die territoriale Ansprüche impliziert.

Arbeitsübersetzung:

Erklärung zu dem »Kriterienkatalog für die Anerkennung neuer Staaten in Osteuropa und in der Sowjetunion«

Auf Bitte des Europäischen Rates haben die Minister die Entwicklungen in Osteuropa und in der Sowjetunion im Hinblick auf die Ausarbeitung eines Konzeptes für die Beziehungen zu neuen Staaten erörtert.

In diesem Zusammenhang haben sie die folgenden Richtlinien für eine förmliche Anerkennung neuer Staaten in Osteuropa und in der Sowjetunion beschlossen:

»Die Gemeinschaft und ihre Mitgliedstaaten bekräftigen ihre Verpflichtung auf die Prinzipien der Helsinki-Schlußakte und der Charta von Paris, insbesondere das Prinzip der Selbstbestimmung. Sie bekräftigen ihre Bereitschaft, in Übereinstimmung mit den normalen Standards internationaler Praxis und den politischen Resultaten jedes Falles jene neuen Staaten anzuerkennen, die sich als Folge der historischen Veränderungen in der Region auf einer demokratischen Grundlage konstituiert haben, und die sich nach Treu und Glauben zu einem friedlichen und einem Verhandlungsprozeß verpflichtet haben.

Deshalb legen sie einen »gemeinsamen« Standpunkt zum Prozeß der Anerkennung dieser neuen Staaten fest, was folgendes erfordert:

– Achtung der Bestimmungen der UN-Charta und der Verpflichtungen aus der Schlußakte von Helsinki und der Charta von Paris, insbesondere im Hinblick auf Rechtsstaatlichkeit, Demokratie und Menschenrechte;

– Gewährleistung der Rechte der ethnischen und nationalen Gruppen und Minderheiten entsprechend den im Rahmen der KSZE eingegangenen Verpflichtungen;

– Achtung der Unverletzlichkeit aller Grenzen, die nur auf friedlichem Wege und durch gemeinsame Vereinbarung geändert werden dürfen;

– Übernahme aller einschlägigen Verpflichtungen in bezug auf Abrüstung und nukleare Nicht-Verbreitung sowie auf Sicherheit und regionale Stabilität;

– Verpflichtung zur Regelung durch Vereinbarung und, wo angebracht, durch Rückgriff auf Schiedsgerichtsverfahren aller Fragen im Zusammenhang mit Staatennachfolge und regionalen Streitigkeiten.

Die Gemeinschaft und ihre Mitgliedstaaten werden Einheiten, die das Ergebnis von Aggression sind, nicht anerkennen. Sie werden Auswirkungen einer Anerkennung auf Nachbarstaaten berücksichtigen.

Die Verpflichtung auf diese Prinzipien eröffnet den Weg für die Anerkennung durch die Gemeinschaft und ihre Mitgliedstaaten und für die Aufnahme diplomatischer Beziehungen. Sie könnte Eingang finden in Vereinbarungen.«

15.
Mitteilung des Presse- und Informationsamtes der Bundesregierung vom 17. Dezember 1991
Nr. 487/91

Bundeskanzler Dr. Helmut Kohl erklärte heute in Dresden zu den Ergebnissen der EG-Außenminister-Konferenz:

Die Außenminister der Europäischen Gemeinschaft haben sich heute nacht geeinigt, die Unabhängigkeit aller jugoslawischen Republiken, die bestimmte Voraussetzungen erfüllen, völkerrechtlich anzuerkennen.

Voraussetzung für die Anerkennung ist, daß diese Republiken einen Prinzipienkatalog erfüllen, den wir zusammen mit Frankreich vorgeschlagen und unsere EG-Partner sich zueigen gemacht haben.

Dabei geht es insbesondere um die Achtung der Menschenrechte, den Schutz der Minderheiten, Demokratie und Rechtsstaatlichkeit und nicht zuletzt um den Verzicht auf gewaltsame Grenzänderungen.

Nach dem jetzt beschlossenen Verfahren werden alle jugoslawischen Republiken aufgefordert, bis zum 23. Dezember zu erklären, ob sie unter Achtung dieser Prinzipien als unabhängige Staaten anerkannt werden möchten.

Die Bundesregierung wird am Donnerstag – auf der Grundlage dieses von der EG beschlossenen Verfahrens – entscheiden, diejenigen Republiken anzuerkennen, die sich bis zum 23. Dezember verpflichten, diese Prinzipien anzunehmen.

Die Umsetzung dieser Entscheidung wird am 15. Januar 1992 erfolgen. Das bedeutet für uns: Wir werden von diesem Tage an diplomatische Beziehungen mit Slowenien und Kroatien aufnehmen.

Selbstverständlich sind wir bereit, diesen Schritt auch gegenüber anderen Republiken zu tun, die die von der EG aufgestellten Prinzipien erfüllen.

Liebe Freunde, dies ist ein großer außenpolitischer Erfolg der Bundesregierung, die sich, wie Sie wissen, seit langem mit großem Nachdruck für die Anerkennung Sloweniens und Kroatiens eingesetzt hat.

Wir haben von Anfang an deutlich gemacht, daß wir in dieser Frage keinen Alleingang wollten. Daß es jetzt gelungen ist, alle Mitgliedstaaten der Europäischen Gemeinschaft für dieses Verfahren zu gewinnen, beweist unsere Entschlossenheit, die gemeinsame Außenpolitik, zu der wir uns in Maastricht bekannt haben, in die Tat umzusetzen.

Die Entscheidung der EG-Außenminister ist ein deutliches Signal an die serbische Führung und die Militärs in Belgrad. Die Verantwortlichen sind jetzt aufgefordert, dem sinnlosen Blutvergießen endlich ein Ende zu setzen und den Weg freizumachen für die Stationierung einer UNO-Friedenstruppe.

Die Entscheidung von Brüssel ist zugleich ein Zeichen der Hoffnung vor allem für die leidgeprüften Menschen in den Kampfgebieten Kroatiens. Sie ist zugleich eine klare Unterstützung für die demokratisch gewählten Regierungen in Slowenien und Kroatien und deren Streben nach Freiheit und Unabhängigkeit.

Ich möchte an dieser Stelle auch an die Adresse derjenigen, die uns andere Motive unterstellen, sagen: Für uns Deutsche geht es vor allem um das Schicksal der Menschen, um deren Zukunft in Frieden, Freiheit und Demokratie – und um nichts anderes.

16.
Beschluß der Deutschen Regierung über die diplomatische Anerkennung Kroatiens und Sloweniens vom 19. Dezember 1991
Nr. 490/91

Der Sprecher der Bundesregierung, Dieter Vogel, teilt mit:

Das Bundeskabinett hat heute der völkerrechtlichen Anerkennung der jugoslawischen Republiken zugestimmt, die bis zum 23. Dezember 1991 erklären, daß sie als unabhängige Staaten anerkannt werden wollen und daß sie die in der Erkärung der Außenminister der Gemeinschaft über Jugoslawien vom 16. Dezember 1991 ausgeführten Bedingungen erfüllen, nämlich:
- die Verpflichtungen akzeptieren, die in den Richtlinien der EG-Außenminister vom 16. Dezember 1991 enthalten sind;
- die Bestimmungen akzeptieren, die in dem Abkommensentwurf enthalten sind, der der Jugoslawien-Konferenz vorliegt, insbesondere die Bestimmungen in Kapitel II über Menschenrechte und Rechte nationaler und ethnischer Gruppen;

– weiterhin die Bemühungen des UN-Generalsekretärs und des UN-Sicherheitsrates und die Fortsetzung der Jugoslawien-Konferenz unterstützen.

Der Bundesminister des Auswärtigen wird unmittelbar nach dem 23. Dezember mit den Republiken, die die o.g. Voraussetzungen für die Anerkennung erfüllen, in Gespräche über die Vorbereitung der Aufnahme diplomatischer Beziehungen eintreten, die am 15. Januar 1992 erfolgen soll. Bei erfolgreichem Verlauf dieser Gespräche werden die bereits vorhandenen deutschen Generalkonsulate in Botschaften umgewandelt. Soweit deutsche Generalkonsulate nicht vorhanden sind, werden Botschaften errichtet; für eine Übergangszeit wird eine Doppelakkreditierung vorgenommen.

Diese Entscheidung des Bundeskabinetts entspricht den am 16. Dezember 1991 in Brüssel getroffenen Beschlüssen der Außenminister der Europäischen Gemeinschaft. Mit diesen Beschlüssen wird dem Umstand Rechnung getragen, daß eine Reihe jugoslawischer Republiken sich in freier Selbstbestimmung auf demokratischer und rechtsstaatlicher Grundlage für die Unabhängigkeit ausgesprochen hat.

Im Falle Sloweniens und Kroatiens wird, sobald die eingangs genannten Voraussetzungen vorliegen, die Anerkennung, wie von Bundeskanzler Dr. Helmut Kohl am 27. November 1991 angekündigt, noch vor Weihnachten förmlich ausgesprochen werden können.

Gleichzeitig wird die Bundesregierung sich für eine Fortführung und den erfolgreichen Abschluß der Friedenskonferenz in Jugoslawien einsetzen.

Unsere Bereitschaft zur Anerkennung gilt für alle Republiken in Jugoslawien, die dies wünschen und die Voraussetzung hierfür erfüllen. Die Bundesregierung hat von Anfang an betont, daß wir gute und freundschaftliche Beziehungen zu allen Republiken und Völkern Jugoslawiens entwickeln wollen.

Die Bundesregierung ist der Auffassung, daß die Zusammenarbeit der Europäischen Gemeinschaft mit denjenigen Republiken, die anerkannt werden, ausgebaut und vertieft werden sollen. Es kommt jetzt darauf an, Hilfe bei der Überwindung der Schäden zu leisten, die der Krieg hinterlassen hat, und den Wiederaufbau zu fördern.

17.
Protokoll über die Aufnahme diplomatischer Beziehungen zwischen der Bundesrepublik Deutschland und der Republik Kroatien

Die Regierung der Bundesrepublik Deutschland und die Regierung Kroatiens haben vereinbart, mit Wirkung vom 15. Januar 1992 diplomatische Beziehungen aufzunehmen.

Diese Beziehungen richten sich nach dem Wiener Übereinkommen vom 18. April 1961 über diplomatische Beziehungen. Sie schließen auch die konsularischen Beziehungen ein, für die das Wiener Übereinkommem vom 24. April 1963 über konsularische Beziehungen maßgebend ist. In diesem Sinne nehmen die diplomatischen Missionen beider Staaten auch konsularische Aufgaben wahr.

Beide Seiten werden Botschafter austauschen.

Es wurde vereinbart, über die Aufnahme diplomatischer Beziehungen ein Kommunique zu veröffentlichen, welches folgenden Wortlaut hat.

Kommunique:

»Die Regierung der Bundesrepublik Deutschland und die Regierung der Republik Kroatien, in dem Wunsch, Beziehungen auf der Grundlage freundschaftlicher Zusammenarbeit und der Partnerschaft in Europa zu entwickeln, sind übereingekommen, mit dem heutigen Tage diplomatische Beziehungen auf Botschafter-Ebene zwischen ihren beiden Ländern aufzunehmen.«

Karten

Die Republik Kroatien Ende 1991

Von den Serben okkupierte Gebiete Kroatiens

0   50   100 km

Die Republik Kroatien
nach den Befreiungsoperationen
»Blitz« und »Sturm« 1995

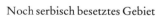

Noch serbisch besetztes Gebiet